城市轨道交通建设管理系列丛书

城市轨道交通工程计量与计价实例解析

林　涛　应一可　李春云　主编

中国建筑工业出版社

图书在版编目(CIP)数据

城市轨道交通工程计量与计价实例解析/林涛，应一可，李春云主编. —北京：中国建筑工业出版社，2017.7（2025.1重印）

（城市轨道交通建设管理系列丛书）

ISBN 978-7-112-20734-3

Ⅰ. ①城… Ⅱ. ①林… ②应… ③李… Ⅲ. ①城市铁路-铁路工程-工程造价 Ⅳ. ①U239.5

中国版本图书馆CIP数据核字（2017）第098917号

本书重点对城市轨道交通土建的工程量计算、定额套用和编制清单、控制价等具体操作进行了阐述，包括概述、土石方工程、围护结构及地基处理工程、地下结构工程、桥涵工程、隧道工程、辅助工程和轨道工程计量与计价这八章内容，主要通过量价分离的工作思路，每章都部分成计量与计价和实例两部分。本书可作为广大工程造价专业人员执业参考，也可作为高等学校教学以及专业培训的重要参考资料。

责任编辑：李玲洁　王　磊　田启铭

责任设计：谷有稷

责任校对：李欣慰　王雪竹

城市轨道交通建设管理系列丛书
城市轨道交通工程计量与计价实例解析
林　涛　应一可　李春云　主编

*

中国建筑工业出版社出版、发行（北京海淀三里河路9号）

各地新华书店、建筑书店经销

北京红光制版公司制版

建工社（河北）印刷有限公司印刷

*

开本：787×1092毫米　1/16　印张：16¼　字数：389千字

2017年11月第一版　2025年1月第七次印刷

定价：**56.00**元

ISBN 978-7-112-20734-3

（30384）

《城市轨道交通工程计量与计价实例解析》

主　编：林　涛（中汇工程咨询有限公司）

应一可（杭州市地铁集团有限责任公司）

李春云（宁波市轨道交通集团有限公司）

副主编：陈　努（宁波市轨道交通集团有限公司）

马甜芳（中汇工程咨询有限公司）

陈　秋（温州市铁路与轨道交通投资集团有限公司）

秦　嘉（杭州市建设工程造价和投资管理办公室）

王云江（浙江建设职业技术学院）

参　编：（按姓氏笔画排序）

卢佳君　李双燕　吴宗尉　张苏琴

韩　萍　周晓南　郭显明　胡艳艳

徐耀文　董君英　蔡慧琳

总　序

随着我国国民经济的不断发展，城市化进程步伐的加快，城市"出行难"的社会问题越来越突出，而城市轨道交通以其运能大、能耗低、污染少、速度快、安全、按时的优点，让它成为深受广大市民欢迎的交通工具。当前各大城市的轨道交通建设均进入了快速发展期，而建设、勘察、设计、施工及监理等专业技术和管理人才紧缺的问题却日益突出。城市轨道交通是集土木、水文、机械、线路、车辆、供电、通信信号、自动售检票等多个专业工种于一体的综合系统工程。各种新工艺、新技术在城市轨道交通各个专业中也得到充分运用。这些都相应地要求城市轨道交通建设从业人员必须掌握一定的专业知识和具备知识更新能力。为了提高轨道交通建设管理水平、保证工程的质量和施工安全，同时也便于现场一线技术管理人员、政府质量安全监督管理人员和内业资料人员的查找对照，我们编写了这套《城市轨道交通建设管理系列丛书》。本系列丛书主要是总结近十年来杭州城市轨道交通工程建设的经验和教训，同时依据建设主管部门的相关法规和规章，以及参考了诸多兄弟城市的先进做法，按照施工现场的安全生产文明施工标准化的实施、工程的质量安全风险监管、现场的安全管理、内业资料的整理、安全台账的编制，工程计量计价的实例解析以及养护维修等进行分类编写。本系列丛书主要包括：

（1）《城市轨道交通工程安全生产文明施工标准化实施手册》；

（2）《城市轨道交通工程质量安全风险监管要点》；

（3）《城市轨道交通工程施工安全管理》；

（4）《城市轨道交通工程计量与计价实例解析》；

（5）《城市轨道交通工程资料与编制范例》；

（6）《城市轨道交通工程安全台账编制》；

（7）《城市轨道交通工程养护维修》。

本系列丛书可作为城市轨道交通工程的建设、施工、监理相关专业技术管理人员学习的读本，或作为城市轨道交通工程专业大中专教材或课外学习资料。

本系列丛书编写过程中，得到了杭州市建设工程质量安全监督总站、杭州市地铁集团有限责任公司、杭州市钱江新城投资集团有限公司、浙江大成建设集团有限责任公司、宏润建设集团公司杭州分公司、中铁建电气化局集团有限公司市政分公司、铁四院工程监理咨询公司杭州分公司、上海隧道工程股份有限公司浙江分公司、中铁一局集团公司杭州办事处、萧宏建设集团有限公司、鲲鹏建设集团有限公司、杭州市路桥集团股份有限公司、中铁四局集团电气化工程有限公司等单位的大力支持和热情帮助，在此一并表示衷心的感谢。

由于时间仓促，本系列丛书中难免存在一些疏漏、不足，真诚希望广大读者和同行提出宝贵意见。

前　言

随着当今中国城市面临的交通拥堵、城市外扩、雾霾污染等环境问题愈加恶化。轨道交通环保性、便捷性和发展性的认可度逐渐提高，中国城市轨道交通建设已进入黄金发展期。根据《交通运输"十二五"发展规划》，"十二五"期间将加快综合交通运输枢纽的建设，以高速铁路、轨道交通等建设为契机，重点建设一批集多种运输方式于一体的综合客运枢纽。未来十年，中国轨道交通市场将建7395km地铁线，总价值达38000亿元，截至2020年，中国将有33个城市配有177条地铁线。

浙江省杭州市、宁波市和温州市三地已开工建设轨道交道。除温州S1线正在建设过程中，杭州市、宁波市都陆续开通地铁线路，快捷的地铁通行，拉近城市、开发区、机场和铁路的距离，改变市民的出行方式与出行理念，生活品质也得到极大提升，引领着一场城市生活方式的变化。

杭州地铁1号线于2007年3月28日开工建设，2012年11月24日开通试运营，是浙江省的首条地铁线路。杭州市地铁初期规划总计为13条线路，总长为375.6km。截至2015年2月2日，杭州市开通杭州地铁1号线48km，车站31座；杭州地铁2号线东南段18.2km，车站12座；杭州地铁4号线9.6km，车站9座。共75.9km，车站48座。

宁波市轨道交通1号线一期工程工程线路长20.878km，其中高架线5.63km、地下线路15.32km、过渡段0.35km，共设车站20座，其中高架站5座，地下站15座，平均站距1082m。宁波市轨道交通1号线一期工程已于2009年6月全面开工建设，建设工期为5年，到2014年通车试运营。

中汇工程咨询有限公司，在2007年6月份开始参与了杭州地铁1号线全过程跟踪审计工作，在现场技术部门相关专业人员的指点和帮助下，培养成熟了一批轨道交通的专业咨询人员。以此为契机，我们还参加了2010版杭州地铁定额修编，发表了招标控制价和全过程跟踪等论文，编制了地铁工程计价基础和案例，同时入围了周边城市宁波、温州、苏州和厦门等地轨道交通建设的投资咨询工作。

目　　录

第一章 概 述

第一节 《建设工程工程量清单计价规范》GB 50500—2013

一、《建设工程工程量清单计价规范》编制的原则

（一）政府宏观调控、企业自主报价、市场竞争形成价格

按照政府宏观调控、企业自主报价、市场竞争形成价格的指导思想，为规范发包方与承包方计价行为，确定工程量清单计价原则、方法和必须遵循的规则，包括统一项目编码、项目名称、计量单位、工程量计算规则等。留给企业自主报价，参与市场竞争的空间，将属于企业性质的施工方法、施工措施和人工、材料、机械的消耗量水平、取费等应该由企业来确定，给企业充分的权利，促进生产力的发展。

（二）与现行定额既有机的结合又有区别的原则

由于现行预算定额是我国经过几十年长期实践总结出来的，有一定的科学性和实用性，从事工程造价管理工作的人员已经形成了运用预算定额的习惯，计价规范以现行的全国统一工程预算定额为基础，特别是项目划分、计量单位、工程量计算规则等方面，尽可能与定额衔接。与工程预算定额有所区别的原因：预算定额是按照计划经济的要求制定、发布贯彻执行的，其中有许多不适应"计价规范"编制指导思想的，主要表现在：（1）定额项目按国家规定以工序划分项目。（2）施工工艺、施工方法是根据大多数企业的施工方法综合取定的。（3）人工、材料、机械消耗量根据"社会平均水平"综合测定。（4）取费标准是根据不同地区平均测算的。因此企业报价时就会表现为平均主义，企业不能结合项目具体情况、自身技术管理自主报价，不能充分调动企业加强管理的积极性。

（三）既考虑我国工程造价管理的现状，又尽可能与国际惯例接轨的原则

"计价规范"要根据我国当前工程建设市场发展的形势，逐步解决定额计价中与当前工程建设市场不相适应的因素，适应我国社会主义市场经济发展的需要，适应与国际接轨的需要，积极稳妥地推行工程量清单计价。因此，在编制中，既借鉴了世界银行、菲迪克（FEDIC）、英联邦国家以及我国香港地区等的一些做法和思路，同时，也结合了我国现阶段的具体情况。

二、《建设工程工程量清单计价规范》的主要内容

清单计价规范（2013）版共10册，具体如下：

《建设工程工程量清单计价规范》GB 50500—2013、《房屋建筑与装饰工程工程量计算规范》GB 50854—2013、《仿古建筑工程工程量计算规范》GB 50855—2013、《通用安装工程工程量计算规范》GB 50856—2013、《市政工程工程量计算规范》GB 50857—2013、《园林绿化工程工程量计算规范》GB 50858—2013、《矿山工程工程量计算规范》GB 50859—2013、《构筑物工程工程量计算规范》GB 50860—2013、《城市轨道交通工程

工程量计算规范》GB 50861—2013、《爆破工程工程量计算规范》GB 50862—2013。

（一）《建设工程工程量清单计价规范》GB 50500—2013

包括正文和附录两大部分，二者具有同等效力。

正文共 16 章，包括总则、术语、一般规定、工程量清单编制、招标控制价、投标报价、合同价款约定、工程计量、合同价款调整、合同价款期中支付、竣工结算与支付、合同解除的价款结算与支付、合同价款争议的解决、工程造价鉴定、工程计价资料与档案、工程计价表格。

附录包括：附录 A 物价变化合同价款调整方法；附录 B 工程计价文件封面；附录 C 工程计价文件扉页；附录 D 工程计价总说明；附录 E 工程计价汇总表；附录 F 分部分项工程和措施项目计价表；附录 G 其他项目计价表；附录 H 规费、税金项目计价表；附录 J 工程计量申请（核准）表；附录 K 合同价款支付申请（核准）表；附录 L 主要材料、工程设备一览表。

（二）《城市轨道交通工程工程量计算规范》GB 50861—2013

包括正文和附录两大部分，二者具有同等效力。正文共 4 章，包括总则、术语、工程计量、工程量清单编制。

附录共分为 13 章 112 节 610 个清单项目，基本涵盖了轨道工程编制工程量清单的需要。

附录包括：附录 A 路基、围护结构工程；附录 B 高架桥工程；附录 C 地下区间工程；附录 D 地下结构工程；附录 E 轨道工程；附录 F 通信工程；附录 G 信号工程；附录 H 供电工程；附录 J 智能与控制系统安装工程；附录 K 机电设备安装工程；附录 L 车辆基地工艺设备；附录 M 拆除工程；附录 N 措施项目。附录中包括项目编码、项目名称、项目特征、计量单位、工程量计算规则和工作内容，其中项目编码、项目名称、计量单位、工程量计算规则作为四个统一的内容，要求招标人在编制工程量清单时必须执行。

附录 A 路基、围护结构工程：包括土方工程、石方工程、地基处理、基坑与边坡支护、基床、路基排水，共 6 节 50 个清单项目。

附录 B 高架桥工程：包括桩基工程、现浇混凝土工程、预制混凝土、箱涵工程、砌筑工程、钢筋工程、钢结构、其他、相关问题及说明，共 9 节 86 个清单项目。

附录 C 地下区间工程：包括区间支护、衬砌工程、盾构掘进、相关问题及说明，共 4 节个 24 清单项目。

附录 D 地下结构工程：包括现浇混凝土、预制混凝土、防水工程、相关问题及说明，共 4 节 22 个清单项目。

附录 E 轨道工程：包括铺轨工程、铺道岔工程、铺道床工程、轨道加强设备及护轮轨、线路有关工程、相关问题及说明，共 6 节 27 个清单项目。

附录 F 通信工程：包括通信线路工程、传输系统、电话系统、无线通信系统、广播系统、闭路电视监控系统、时钟系统、电源系统、计算机网络及附属设备、联调联试运行、相关问题及说明，共 11 节 95 个清单项目。

附录 G 信号工程：包括信号线路工程、室外设备、室内设备、车载设备、系统调试、相关问题及说明，共 6 节 31 个清单项目。

附录 H 供电工程：包括变电所、接触网、接触轨、杂散电流、电力监控、动力照明、电缆及配管配线、综合接地、感应板安装、相关问题及说明，共 10 节 82 个清单项目。

附录 J 智能与控制系统安装工程：包括综合监控系统、环境与机电设备监控系统（BAS）、火灾报警系统（FAS）、旅客信息系统（PIS）、安全防范系统（SPS）、不间断电源系统（UPS）、自动售检票（AFC）、相关问题及说明，共 8 节 83 个清单项目。

附录 K 机电设备安装工程：包括自动扶梯及电梯、立转门、屏蔽门（或安全门）、人防设备及防淹门、相关问题及说明，共 5 节 14 个清单项目。

附录 L 车辆基地工艺设备：包括车辆段停车列检库工艺设备安装工程、车辆段联合检修库设备安装工程、车辆段内燃机车库设备安装工程、车辆段洗车库、不落轮镟库设备安装工程、车辆段空压机站设备安装工程、车辆段压缩空气管路设备安装工程、车辆段蓄电池检修间设备安装工程、综合维修设备安装工程、物资总库设备安装工程、相关问题及说明，共 11 节 56 个清单项目。

附录 M 拆除工程：包括拆除路面及砖石结构工程、拆除混凝土工程，共 2 节 10 个清单项目。

附录 N 措施项目：包括围堰及筑岛，便道及便桥，脚手架，支架，洞内临时设施，临时支撑，施工监测，监控，大型机械设备进出场及安装，施工排水，降水，设施，处理，干扰及交通导行，安全文明施工及其他措施项目，共 11 节 30 个清单项目。

三、《建设工程工程量清单计价规范》的特点

（一）强制性

主要表现在，一是由建设行政主管部门按照强制性标准的要求批准颁发，规定全部使用国有资金或国有资金投资为主的大、中型建设工程按计价规范规定执行；二是明确工程量清单是招标文件的组成部分，并规定了招标人在编制工程量清单时必须遵守的规则，做到了四统一，即统一项目编码、统一项目名称、统一计量单位、统一工程量计算规则。

（二）实用性

附录中工程量清单项目及计算规则的项目名称表现的是工程实体项目，项目明确清晰，工程量计算规则简洁明了；特别是其还包括项目特征和工程内容，易于编制工程量清单。

（三）竞争性

一是计价规范中的措施项目，在工程量清单中只列"措施项目"一栏，具体采用什么措施，如模板、脚手架、临时设施、施工排水等详细内容由投标人根据企业的施工组织设计，视具体情况报价，因为这些项目在各个企业间各有不同，是企业可竞争的项目，是留给企业竞争的空间；二是计价规范中人工、材料和施工机械没有具体的消耗量，投标企业可以依据企业的定额和市场价格信息，也可以参照建设行政主管部门发布的社会平均消耗量定额报价，计价规范将报价权交给企业。

（四）通用性

采用工程量清单计价将与国际惯例接轨，符合工程量清单计算方法标准化、工程量计算规则统一化、工程造价确定市场化的规定。

第二节　预算定额计量与计价

一、工程量计算

（一）工程量计算的一般规则

（1）计算工程量的项目必须与现行定额的项目一致。

（2）计算工程量的计量单位必须与现行定额的计量单位一致。

（3）工程量必须严格按照施工图纸进行计算。

（4）工程量计算规则必须与现行定额规定的计算规则一致。

（二）工程量计算

1. 施工图预算的列项

在列项时根据施工图纸与预算定额按照工程的施工程序进行。一般项目的列项与预算定额中的项目名称完全相同，可以直接将预算定额中的项目列出；有些项目和预算定额中的项目不一致时要将定额项目进行换算；如果预算定额中没有图纸上表示的项目，必须按照有关规定补充定额项目及进行定额换算。在列项时，注意不要出现重复列项或漏项。

在编制路基、围护结构工程施工图预算时，要了解在编制中经常遇到的一些项目，如地基处理工程中：有换填垫层、铺设土工合成材料、水泥稳定土、抛石挤淤、预压地基、强夯地基、深层搅拌桩、喷粉桩等项目。

基坑与边坡支护中：有地下连续墙、咬合灌注桩、锚杆、土钉、深层搅拌桩成墙、喷射混凝土支护等项目。

盾构掘进中：有盾构吊装及吊拆、盾构掘进、衬砌壁后压浆、预制钢筋混凝土管片、钢管片、钢筋混凝土复合管片、管片设置密封条、柔性接缝环、管片嵌缝、盾构机调头、盾构机过站、盾构机转场运输、盾构基座、反力架、疏散平台、泥水处理系统、冷冻加固等项目。

2. 列工程量计算式并计算

工程量是编制预算的原始数据，也是一项工作量大又细致的工作。实际上，编制轨道工程施工图预算，大部分时间是花在看图和计算工程量上，工程量的计算精确程度和快慢直接影响预算编制的质量与速度。

在预算定额说明中，对工程量计算规则作出了具体规定，在编制时应严格执行。工程量计算时，必须严格按照图纸所注尺寸为依据计算，不得任意加大或减小、任意增加或丢失。工程项目列出后，根据施工图纸按照工程量计算规则和计算顺序分别列出简单明了的分项工程量计算式，并循着一定的计算顺序依次进行计算，做到准确无误。分项工程计算单位有米、平方米、立方米等，这在预算定额中都已注明，但在计算工程量时应注意分清楚，以免由于计量单位搞错而影响工程量的准确性。对分项单位价值较高项目的工程量计算结果除钢材（以吨为计量单位）、木材（以立方米为计量单位）取三位小数外，一般项目水泥、混凝土可取小数点后两位或一位，对分项价值低项如土方可取整数。

在计算工程量时，要注意将计算所得的工程量中的计量单位（米、平方米、立方米或千克等）按照预算定额的计算单位（$100m$、$100m^2$、$100m^3$或$10m$、$10m^2$、$10m^3$或t）进行调整，使其相同。

工程量计算完毕后必须进行自我检查复核，检查其列项、单位、计算式、数据等有无遗漏或错误。如发现错误，应及时更正。

3. 工程量计算顺序

一般有以下几种：

（1）按施工顺序计算：即按工程施工先后顺序计算工程量。

（2）按顺时针方向计算：即先从图纸的左上角开始，按顺时针方向依次进行计算到右上角。

（3）按先横后直计算：即在图纸上按先横后直、从上到下、从左到右的顺序进行计算。

二、预算定额计价的编制

（一）轨道工程造价的组成

轨道工程造价由直接费、间接费、利润和税金组成。建设工程费用构成见表1-1。

建设工程费用构成表

表 1-1

建设工程造价	直接费	直接工程费	1. 人工费
			2. 材料费
			3. 施工机械使用费
		措施费	施工技术措施费
			1. 大型机械设备进出场及安拆费
			2. 混凝土、钢筋混凝土模板及支架费
			3. 脚手架费
			4. 施工排水、降水费
			5. 其他施工技术措施费
			施工组织措施费
			1. 安全文明施工费
			2. 夜间施工增加费或缩短工期增加费
			3. 二次搬运费
			4. 已完工程及设备保护费
			5. 其他施工组织措施费
	间接费	规费	1. 工程排污费
			2. 定额测定费
			3. 社会保障费（养老保险费、失业保险费、医疗保险费）
			4. 住房公积金
			5. 危险作业意外伤害保险费
		企业管理费	1. 管理人员工资
			2. 办公费
			3. 差旅交通费
			4. 固定资产使用费
			5. 工具用具使用费
			6. 劳动保险费
			7. 工会经费
			8. 职工教育经费
			9. 财产保险费
			10. 财务费
			11. 税金
			12. 其他
	利润		
	税金：1. 营业税；2. 城乡维护建设税；3. 教育费附加		

注：浙江省相关规定组织措施费中增加"工程定位复测费"；规费中取消"定额测定费"、增加"农民工工伤保险费"；"危险作业意外伤害保险费"计入管理费，单独列项。

5

（二）预算定额计价法及工程费用计算程序

1. 预算定额计价法

预算定额计价一般采用工料单价方法计价。

工料单价法是指项目单价由人工费、材料费、施工机械使用费组成，施工组织措施费、企业管理费、利润、规费、税金、风险费用等按规定程序另行计算的一种计价方法。

项目合价＝工料单价×项目工程数量

工程造价＝Σ[项目合价＋取费基数×（施工组织措施费率＋企业管理费率＋利润率）＋规费＋税金＋风险费用]

2. 工料单价法计价的工程费用计算程序

（1）以人工费加机械费为计算基数的工程费用计算程序见表1-2。

以人工费加机械费为计算基数的工程费用计算程序表   表 1-2

工程名称：

序号	项目名称	取费说明	金 额
一	直接工程费	Σ（分部分项工程量×工料单价）	
	其中：1. 人工费		
	2. 机械费		
二	施工技术措施费	Σ（技术措施项目工程量×工料单价）	
	其中：3. 人工费		
	4. 机械费		
三	施工组织措施费	Σ[（1＋2＋3＋4）×施工组织措施费率]	
四	综合费用	（1＋2＋3＋4）×综合费用费率	
五	规费	（一＋二＋三＋四）×规费费率	
六	危险作业意外伤害保险	（一＋二＋三＋四）×相应费率	
七	农民工工伤保险费	（一＋二＋三＋四）×相应费率	
八	总承包服务费	分包项目工程造价×相应费率	
九	税金	（一＋二＋三＋四＋五＋六＋七＋八）×税率	
十	建设工程造价	一＋二＋三＋四＋五＋六＋七＋八＋九	

（2）以人工费为计算基数的工程费用计算程序见表1-3。

以人工费为计算基数的工程费用计算程序表   表 1-3

工程名称：

序号	项目名称	取费说明	金 额
一	直接工程费	Σ（分部分项目工程量×工料单价）	
	其中：1. 人工费		
	2. 机械费		
二	施工技术措施费	Σ（技术措施项目工程量×工料单价）	
	其中：3. 人工费		
	4. 机械费		

序号	项目名称	取费说明	金 额
三	施工组织措施费	Σ[(1+3)×施工组织措施费率]	
四	综合费用	(1+3)×综合费用费率	
五	规费	(一+二+三+四)×规费费率	
六	危险作业意外伤害保险	(一+二+三+四)×相应费率	
七	农民工工伤保险费	(一+二+三+四)×相应费率	
八	总承包服务费	分包项目工程造价×相应费率	
九	税金	(一+二+三+四+五+六+七+八)×税率	
十	建设工程造价	一+二+三+四+五+六+七+八+九	

【例 1-1】某市区欲建设城市轨道，二期工程长 3.5km。根据施工图纸，并按正常的施工组织设计、正常的施工工期，并结合市场价格计算出直接工程费为 7500 万元（其中人工费加机械费为 2100 万元），施工技术措施费为 1200 万元（其中人工费加机械费为 400 万元），试按照工料单价法编制施工图预算造价。按照费用定额中取费计算规则第八条规定，施工组织措施费、综合费用，在编制概算、施工图预算时，应按弹性区间费率的中值计取。通过工程类别划分，该工程综合费率按桥涵工程二类计取。按工料单价法，该工程施工图预算造价计算见表 1-4。

工程施工图预算造价计算   表 1-4

序号	费用项目		费率	金额（万元）	计算方法
一	直接工程费			7500	
	其中	1. 人工费＋机械费		2100	
二	施工技术措施费			1200	
	其中	2. 人工费＋机械费		400	
三	施工组织措施费			168.75	(3+4+5+6+7+8+9)
	其中	3. 环境保护费	0.20%	5	(1+2)×相应费率
		4. 文明施工费	0.95%	23.75	(1+2)×相应费率
		5. 安全施工费	0.70%	17.5	(1+2)×相应费率
		6. 临时设施费	4.55%	113.75	(1+2)×相应费率
		7. 夜间施工增加费	0.05%	1.25	(1+2)×相应费率
		8. 材料二次搬运费	0.25%	6.25	(1+2)×相应费率
		9. 已完工程保护费	0.05%	1.25	(1+2)×相应费率
四	综合费用		39.00%	975	(1+2)×相应费率
五	规费		3.30%	324.84	(一+二+三+四)×相应费率
六	危险作业意外伤害保险		0.11%	10.83	(一+二+三+四)×相应费率
七	农民工工伤保险费		0.114%	11.22	(一+二+三+四)×相应费率
八	总承包服务费				分包项目工程造价×相应费率
九	税金		3.513%	358	(一+二+三+四+五+六+七+八)×相应费率
十	轨道工程造价			10548.64	一+二+三+四+五+六+七+八+九

（三）编制方法

1. 施工图预算的编制依据

（1）工程施工图纸和标准图集等设计资料；

（2）经过批准的施工组织设计和施工方案及技术措施等；

（3）市政工程消耗量定额和市政工程费用定额；

（4）预算手册；

（5）招投标文件和工程承包合同或协议书。

2. 施工图预算的组成内容

（1）封面；

（2）编制说明；

（3）工程费用计算程序表；

（4）工程预算书（分部分项、技术措施）；

（5）组织措施费计算表；

（6）主要材料价格表。

3. 施工图预算的编制步骤

（1）收集和熟悉编制施工图预算的有关文件和资料，以做到对工程有一定的初步了解，有条件的还应到施工现场进行实地勘察，了解现场施工条件、施工场地环境、施工方法和施工技术组织状况。这些工程基本情况的掌握有助于后面工程准确、全面地列项，计算工程量和工程造价。

（2）计算工程量。

（3）计算直接工程费：

1）正确选套定额项目。

2）填列分项工程单价：通常按照定额顺序或施工顺序逐项填列分项工程单价。

3）计算分项工程直接工程费：分项工程直接工程费主要包括人工费、材料费、机械费，具体按下式计算：

$$分项工程直接工程费＝消耗量定额基价×分项工程量$$

其中：

$$人工费＝定额人工单价×分项工程量$$
$$材料费＝定额材料费单价×分项工程量$$
$$机械费＝定额机械费单价×分项工程量$$

4）计算直接工程费：

$$直接工程费＝\Sigma 分项工程直接工程费$$

（4）工料分析

工料分析表项目应与工程直接费表一致，以方便填写和校核，根据各分部分项工程的实物工程量和相应定额项目所列的工日、材料和机械的消耗量标准，计算各分部分项工程所需的人工、材料和机械需用数量。

（5）计算工程总造价

根据相应的费率和计费基数，分别计算其他各项费用。

（6）复核、填写封面及施工图预算编制说明

单位工程预算编制完成后，由有关人员对预算编制的主要内容和计算情况进行核对检

查，以便及时发现差错、及时修改，从而提高预算的准确性。在复核中，应对项目填列、工程量计算式、套用的单价、采用的各项取费费率及计算结果进行全面复核。编制说明主要是向审核方交代编制的依据，可逐条分述。主要应写明预算所包括的工程内容范围、所依据的定额资料、材料价格依据等需重点说明的问题。

（四）预算定额套用方法

市政工程消耗量定额是编制施工图预算、确定工程造价的主要依据，为了正确使用消耗量定额，应认真阅读定额手册中的总说明、分部工程说明、分节说明、定额附注和附录，了解各分部分项工程名称、项目单位、工作内容等，正确理解和应用各分部分项工程的工程量计算规则。

在应用定额的过程中，通常会遇到以下几种情况：定额的直接套用、换算和补充。

1. 定额的直接套用

当施工图的设计要求与拟套用的定额分项工程规定的工作内容、技术特征、施工方法、材料规格等完全相符时，可直接套用定额。套用时应注意以下几点：

（1）根据施工图、设计说明和做法说明，选择定额项目。

（2）要从工程内容、技术特征和施工方法上仔细校对，才能较准确地确定相对应的定额项目。

（3）分项工程的名称和计量单位应与预算定额一致。

2. 定额的换算

当施工图设计要求与拟套用的定额项目的工作内容、施工工艺、材料规格等不完全相符时，则不能直接套用定额，这时应根据定额规定进行计算。如果定额规定允许换算，则应按照定额规定的换算方法进行换算；如果定额规定不允许换算，则不能对该定额项目进行调整换算。

3. 预算定额的补充

当分项工程的设计要求与定额条件完全不相符或者由于设计采用新结构、新材料、新工艺，在预算定额中没有这类项目，属于定额缺项时，可编制补充预算定额。

第三节　工程量清单计量与计价（综合单价法）

一、工程量清单的编制

（一）工程量清单的组成

工程量清单由分部分项工程量清单、措施项目清单、其他项目清单、规费项目清单和税金项目清单组成。

（二）分部分项工程量清单的编制

1. 分部分项工程量清单的编制依据

（1）《建设工程工程量清单计价规范》GB 50500—2013，以下简称"计价规范"；

（2）招标文件；

（3）设计文件；

（4）有关的工程施工规范与工程验收规范；

（5）拟采用的施工组织设计与施工技术方案。

2. 分部分项工程量清单格式

分部分项工程量清单格式见表1-5。

分部分项工程量清单与计价表　　　　　　　　　　　　表 1-5

工程名称：　　　　　　　　　　　　标段：

序号	项目编码	项目名称	项目特征描述	计量单位	工程量	金额（元）		
						综合单价	合价	其中：暂估价
本页小计								
合　计								

（1）分部分项工程量清单编码

工程量清单的编码，主要是指分部分项工程量清单的编码。

分部分项工程量清单项目编码按五级编码设置，用12位阿拉伯数字表示，一至九位应按计价规范附录的规定设置；十至十二位应根据拟建工程的工程量清单项目名称由其编制人设置，并应自001起顺序编制。一个项目的编码由以下五级组成：

1）第一级编码：分两位，为分类码；房屋建筑与装饰工程为01、仿古建筑工程为02、安装工程为03、市政工程为04、园林绿化工程为05、矿山工程为06、构筑物工程为07、城市轨道交通工程为08、爆破工程为09。

2）第二级编码：分两位，为章顺序码。

3）第三级编码：分两位，为节顺序码。

4）第四级编码：分三位，为清单项目码。

上述四级编码即前九位编码，是计价规范附录中根据工程分项在附录中分别已明确规定的编码，供清单编制时查询，不能作任何调整与变动。

5）第五级编码：分三位，为具体清单项目码，由001开始按顺序编制，是分项工程量清单项目名称的顺序码，是招标人根据工程量清单编制的需要自行设置的。

6）以080101004001为例，各级项目编码划分、含义如下所示：

08：第一级分类码，表示"城市轨道交通工程"；

01：第二级为专业工程章顺序码，表示"第一章土方工程"；

01：第三级为分部工程节顺序码，表示"第一节土方工程"；

004：第四级为清单项目码，表示"围护基坑挖土方"；

001：第五级为具体清单项目码，由清单编制人从001开始编制。

（2）分部分项工程量清单项目名称

项目名称应以计价规范、各专业工程工程量计算规范、《浙江省建设工程工程量清单计价指引》相应项目名称为主，并结合该项目的规格、型号、材质等项目特征和拟建工程的实际情况填写，形成完整的项目名称。

（3）项目特征描述

工程量清单的项目特征是确定一个清单项目综合单价不可缺少的重要依据，在编制工程量清单时，必须对项目特征进行准确和全面的描述。但有些项目特征很难用文字进行描述，在描述工程量清单项目特征时，可按以下原则进行：

1）项目特征描述的内容应按计价规范附录中的规定，结合工程的实际，能满足确定综合单价的需要。

2）若采用标准图集或施工图纸能够全部或部分满足项目特征描述的要求，项目特征描述可直接采用详见××图集或××图号的方式。对不满足项目特征描述要求的部分，仍应用文字描述。

3）计量单位

计量单位应采用按计价规范附录中规定的计量单位，除专业有特殊规定以外，按以下单位计量：

① 以重量计算的项目：吨或千克（t 或 kg）。

② 以体积计算的项目：立方米（m^3）。

③ 以面积计算的项目：平方米（m^2）。

④ 以长度计算的项目：米（m）。

⑤ 以自然计量单位计算的项目：个、块、套、台等。

附录中有两个或两个以上计量单位时，应结合工程项目的实际选择其中一个。

4）工程数量

工程数量应按计价规范附录规定的工程量计算规则进行计算。除另有说明外，所有清单项目的工程量以实体工程量为准，并以完成后的净值计算；投标人投标报价时，应在单价中考虑施工中的各种损耗和需要增加的工程量。

工程数量有效位数规定如下：

① 以吨为单位，应保留小数点后三位数字，第四位四舍五入。

② 以米、平方米、立方米为单位，应保留小数点后两位数字，第三位四舍五入。

③ 以个、项等为单位，应取整数。

3. 分部分项工程量清单的编制步骤和方法

（1）做好编制清单的准备工作。

（2）确定分部分项工程的分项及名称。

（3）拟订项目特征的描述。

（4）确定工程量清单项目编码。

（5）确定分部分项工程量清单项目的工程量。

（6）复核与整理清单文件。

（三）措施项目清单的编制

措施项目是为完成工程项目施工，发生于该工程施工前和施工过程中的技术、生活、安全等方面的非工程实体项目。

1. 施工项目清单的设置

首先，要参考拟建工程的施工组织设计，以确定安全文明施工（含环境保护、文明施工、安全施工、临时设施）、二次搬运等项目；其次，参阅施工技术方案，以确定夜间施工、大型机械进出场及安拆、混凝土模板与支架、施工排水、施工降水、地上和地下设施及建筑物的临时保护设施等项目。另外，参阅相关的施工规范与验收规范，可以确定施工技术方案没有表述的，但为了实现施工规范与验收规范要求而必须发生的技术措施。此外，还包括招标文件中提出的某些必须通过一定的技术措施才能实现的要求；设计文件中一些不足以写进技术方案，但要通过一定的技术措施才能实现的内容。轨道工程措施项目一览表见表1-6、表1-7。

轨道工程措施项目一览表　　　　　　　　　　　　　　表1-6

序号	项目名称	序号	项目名称
1	安全文明施工（含环境保护、文明施工、安全施工、临时设施）	6	工程定位复测
		7	特殊地区施工增加措施
2	夜间施工	8	优质工程增加措施
3	二次搬运	9	已完工程及设备保护
4	冬雨期施工	10	行车、行人干扰增加费
5	提前竣工措施	11	地上、地下设施、建筑物的临时保护设施

轨道工程专业措施项目一览表　　　　　　　　　　　　表1-7

序号	项目名称	序号	项目名称
1	围堰	12	洞内供电及照明设施
2	筑岛	13	洞内通信设施
3	便道	14	洞内外临时轨道铺设
4	便桥	15	临时混凝土支撑
5	临时路面铺盖系统	16	临时钢支撑
6	单排脚手架	17	施工监测、监控
7	双排脚手架	18	大型机械设备进出场及安拆
8	满堂脚手架	19	成井
9	桥梁支架	20	排水、降水
10	洞内通风设施	21	大型预制梁场设施
11	洞内供水设施	22	地下管线交叉处理

措施项目清单应根据拟建工程的具体情况，参照措施项目一览表列项，若出现措施项目一览表未列项目，编制人可作补充。

要编制好措施项目清单，编制者必须具有相关的施工管理、施工技术、施工工艺和施工方法等的知识及实践经验，掌握有关政策、法规和相关规章制度。例如对环境保护、文明施工、安全施工等方面的规定和要求，为了改善和美化施工环境、组织文明施工就会发生措施项目及其费用开支，否则就会发生漏项的问题。

编制措施项目清单应注意以下几点：

（1）既要对规范有深刻的理解，又要有比较丰富的知识和经验，要真正弄懂工程量清单计价方法的内涵，熟悉和掌握计价规范对措施项目的划分规定和要求，掌握其本质和规律，注重系统思维。

（2）编制措施项目清单应与分部分项工程量清单综合考虑，与分部分项工程紧密相关的措施项目编制时可同步进行。

（3）编制措施项目应与拟订或编制重点难点分部分项施工方案相结合，以保证措施项目划分和描述的可行性。

（4）对一览表中未能包括的措施项目，还应给予补充，对补充项目应更加注意描述清楚、准确。

2. 措施项目清单的编制依据

（1）拟建工程的施工组织设计；

（2）拟建工程的施工技术方案；

（3）与拟建工程相关的施工规范与工程验收规范；

（4）招标文件；

（5）设计文件。

3. 措施项目清单的基本格式

（1）措施项目中可以计算工程量的项目清单，宜采用分部分项工程量清单的方式编制，见表1-8。

措施项目清单与计价表（一）　　　　　　　　　　　表1-8

工程名称：　　　　　　　　　　标段：

序号	项目编码	项目名称	项目特征描述	计量单位	工程量	金额（元）	
						综合单价	合价
本页小计							
合　计							

（2）措施项目中不能计算工程量的项目清单，以项为计量单位，清单格式见表1-9。

措施项目清单与计价表（二）　　　　　　　　　　　表1-9

工程名称：　　　　　　　　　　标段：

序号	项目名称	计算基础	费率（%）	金额（元）
1	安全文明施工（含环境保护、文明施工、安全施工、临时设施）			
2	夜间施工			
3	二次搬运			
4	冬雨期施工 提前竣工措施			
5	工程定位复测 特殊地区施工增加措施			

序号	项目名称	计算基础	费率（%）	金额（元）
6	优质工程增加措施			
7	已完工程及设备保护			
8	行车、行人干扰增加费			
	合　计			

（四）其他项目清单的编制

1. 其他项目清单的编制规则

其他项目清单应按照下列内容列项：

（1）暂列金额：招标人在工程量清单中暂定并包括在合同价款中的一笔款项。用于施工合同签订时尚未确定或不可预见的所需材料、设备、服务的采购，施工中可能发生的工程变更、合同约定调整因素出现时的工程价款调整，以及发生的索赔、现场签字确认等的费用。

（2）暂估价：招标人在工程量清单中提供的用于支付必然发生但暂时不能确定价格的材料的单价及专业工程的金额，包括材料暂估价、专业工程暂估价。

（3）计日工：在施工过程中，完成发包人提出的施工图纸以外的零星项目或工作，按合同约定的综合单价计价。

（4）总承包服务费：总承包人为配合协调发包人进行的工程分包自行采购的设备、材料等进行管理、服务以及施工现场管理、竣工资料汇总整理等服务所需的费用。编制其他项目清单，出现计价规范未列项目，可根据工程实际情况补充。

2. 其他项目清单基本格式

其他项目清单基本格式见表1-10～表1-15。

其他项目清单与计价汇总表　　　　　　　　　　表1-10

工程名称：　　　　　　　　　　标段：

序号	项目名称	计量单位	金额（元）	备注
1	暂列金额			详见明细表
2	暂估价			
3	材料暂估价			详见明细表
4	专业工程暂估价			详见明细表
5	计日工			详见明细表
6	总承包服务费			详见明细表
	合　计			

暂列金额明细表　　　　　　　　　　表1-11

工程名称：　　　　　　　　　　标段：

序号	项目名称	计量单位	暂定金额（元）	备注
1				

材料暂估单价表

表 1-12

工程名称：　　　　　　　　　　　　　　标段：

序号	材料名称、规格、型号	计量单位	单价（元）	备注

专业工程暂估价表

表 1-13

工程名称：　　　　　　　　　　　　　　标段：

序号	工程名称	工程内容	金额（元）	备注

计日工表

表 1-14

工程名称：　　　　　　　　　　　　　　标段：

编号	项目名称	单位	暂定数量	综合单价	合价
一	人工				
1					
2					
	人工小计				
二	材　料				
1					
2					
	材料小计				
三	施工机械				
1					
2					
	施工机械小计				
	总计				

总承包服务费计价表

表 1-15

工程名称：　　　　　　　　　　　　　　标段：

序号	项目名称	项目价值（元）	服务内容	费率（%）	金额（元）
1	发包人发包专业工程				
2	发包人供应材料				
	总计				

（五）规费、税金项目清单的编制

1. 规费、税金项目清单应按照下列内容列项：

（1）工程排污费；

15

（2）工程定额测定费；

（3）社会保障费，包括养老保险费、失业保险费、医疗保险费；

（4）住房公积金；

（5）危险作业意外伤害保险；

（6）税金。

2. 规费、税金项目清单基本格式见表 1-16。

规费、税金项目清单与计价表 表 1-16

工程名称：　　　　　　　　　　　　　标段：

序号	项目名称	计算基础	费率（％）	金额（元）
1	规费			
1.1	工程排污费			
1.2	社会保障费			
（1）	养老保险费			
（2）	失业保险费			
（3）	医疗保险费			
1.3	住房公积金			
2	危险作业意外伤害保险			
3	税金	分部分项工程费＋措施项目费＋其他项目费＋规费		
合　计				

（六）工程量清单的整理

工程量清单按规范规定的要求编制完成后，应当反复进行校核，最后按规定的统一格式进行归档整理。计价规范对工程量清单规定的格式及填表要求如下：

1. 工程量清单的格式

（1）工程量清单封面；

（2）总说明；

（3）分部分项工程量清单与计价表；

（4）措施项目清单与计价表（一）；

（5）措施项目清单与计价表（二）；

（6）其他项目清单与计价汇总表；

（7）暂列金额明细表；

（8）材料暂估单价表；

（9）专业工程暂估价表；

（10）计日工表；

（11）总承包服务费计价表；

（12）规费、税金项目清单与计价表。

2. 填表须知

（1）工程量清单及其计价格式中所有要求签字、盖章的地方，必须由规定的单位和人员签字、盖章。

（2）工程量清单及其计价格式中的任何内容不得随意删除或涂改。

（3）工程量清单计价格式中列明的所有需要填报的单价和合价，投标人均应填报，未填报的单价和合价，视此项费用已包含在工程量清单的其他单价和合价中。

3. 工程量清单的填写规定

（1）工程量清单应由招标人或受其委托，具有相应资质的工程造价咨询人编制。

（2）封面应按规定的内容填写、签字、盖章，造价员编制的工程量清单应由负责审核的造价工程师签字、盖章。

（3）总说明应按下列内容填写：

1）工程概况：建设规模、工程特征、计划工期、施工现场实际情况、自然地理条件、环境保护要求等；

2）工程招标和分包范围；

3）工程量清单编制依据；

4）工程质量材料施工等的特殊要求；

5）其他需要说明的问题。

二、工程量清单计价的编制

（一）清单计价费用的构成

工程量清单计价是指投标人完成由招标人提供的工程时，清单所需的全部费用包括分部分项工程费、措施项目费、其他项目费规费和税金，清单计价费用的构成见表1-17。

清单计价费用的构成 表1-17

工程量清单计价费用构成	分部分项清单项目费	人工费		
		材料费		
		机械使用费		
		企业管理费	管理人员工资	
			办公费	
			差旅交通费	
			固定资产使用费	
			工具用具使用费	
			劳动保险费	
			工会经费	
			职工教育经费	
			财产保险费	
			税金	房产税
				车船使用税
				土地使用税
				印花税
			其他	
		利润		
		风险费用		

工程量清单计价费用构成	措施项目清单费	安全防护、文明施工费	
		夜间施工费或缩短工期增加费	
		二次搬运费	
		冬雨期施工费	
		已完工程及设备保护费	
		工程定位复测费	
		大型机械进出场及安拆费	
		施工排水、降水费	
		地上、地下设施、建筑物的临时保护设施费	
		轨道专业工程措施项目费	
	其他项目清单费	暂列金额	
		暂估价	
		材料暂估价	
		专业工程暂估价	
		计日工	
		总承包服务费	
	规费	工程排污费	
		定额测定费	
		社会保障费	养老保险费
			失业保险费
			医疗保险费
		住房公积金	
		农民工工伤保险费	
		危险作业意外伤害保险	
	税金	营业税	
		城市维护建设税	
		教育费附加税	

（二）工程量清单计价法及工程费用计算程序

1. 工程量清单计价法

工程量清单计价应采用综合单价法。

综合单价法是指项目单价采用全费用单价（规费、税金按规定程序另行计算）的一种计价方法，规费、税金单独计取。综合单价包括完成一个规定计量单位项目所需的人工费、材料费、施工机械使用费、企业管理费、利润以及风险费用。

综合单价＝规定计量单位的人工费、材料费、施工机械使用费＋取费基数
　　　　　　×（企业管理费＋利润率）＋风险费用

项目合价＝综合单价×工程数量

施工技术措施项目、其他项目应按照综合单价法计算，施工组织措施项目可参照《费

用定额》计算。

工程造价＝∑(项目合价＋取费基数×施工组织措施费率＋规费＋税金)

2. 综合单价法计价的工程费用计算程序

综合单价法计价的工程费用计算程序见表1-18。

综合单价法计价的工程费用计算程序表　　　　　表1-18

序号	费用项目		计算方法
一	工程量清单分部分项工程费		∑(分部分项工程量×综合单价)
	其中	1. 人工费＋机械费	∑分部分项(人工费＋机械费)
二	措施项目费		一十二
		(一)施工技术措施项目费	∑(技术措施项目量×综合单价)
	其中	2. 人工费＋机械费	∑技术措施项目(人工费＋机械费)
		(二)施工组织措施项目费	∑[(1＋2)×费率]
三	其他项目费		按工程量清单计价要求计算
四	规费		3＋4＋5
		3. 排污费、社保费、公积金	(1＋2)×费率
		4. 危险作业意外伤害保险费	
		5. 民工工伤保险费	(一十二＋三＋3＋4)×费率
五	税金		(一十二＋三十四)×费率
六	建设工程造价		一十二十三十四十五

3. 工料单价法计价的工程费用计算程序

工料单价法计价的工程费用计算程序见表1-19。

工料单价法计价的工程费用计算程序表　　　　　表1-19

序号	费用项目		计算方法
一	直接工程费		∑(分部分项工程量×工料机单价)
	其中	1. 人工费＋机械费	∑(定额人工费＋定额机械费)
二	施工技术措施费		∑(措施项目工程量×工料机单价)
	其中	2. 人工费＋机械费	∑(定额人工费＋定额机械费)
三	施工组织措施费		∑[(1＋2)×费率]
四	企业管理费		(1＋2)×费率
五	利润		(1＋2)×费率
六	规费		3＋4＋5
	3. 排污费、社保费、公积金		(1＋2)×费率
	4. 危险作业意外伤害保险费		
	5. 民工工伤保险费		(一十二十三十四十五＋3＋4)×费率
七	总承包服务费		
	6. 总承包管理和协调费		分包项目工程造价×费率
	7. 总承包管理、协调和服务费		

序号	费用项目	计算方法
	8. 甲供材料、设备管理服务费	甲供材料、设备费×费率
八	风险费	(一+二+三+四+五+六+七)×费率
九	暂列金额	(一+二+三+四+五+六+七+八)×费率
十	税金	(一+二+三+四+五+六+七+八+九)×费率
十一	建设工程造价	一+二+三+四+五+六+七+八+九+十

【例 1-2】某市区欲建设城市轨道高架路，一期工程长 2.65km。根据施工图纸，按正常的施工组织设计、正常的施工工期，并结合市场价格计算出分部分项工程量清单项目费为 17604 万元（其中人工费加机械费为 3069 万元），施工技术措施项目清单费为 859 万元（其中人工费加机械费为 211 万元），其他项目清单费为 0 万元。试按照综合单价法编制施工图预算造价。

【解】按照费用定额中取费计算规则第八条规定，施工组织措施费、综合费用，在编制概算、施工图预算（标底）等时，应按弹性区间费率的中值计取。按综合单价法，该工程施工图预算造价计算表见表 1-20。

施工图预算造价计算表　　　　　　　　表 1-20

序号	费用名称	计算公式	费率（%）	金额（元）
1	工程量清单分部分项工程费	Σ（分部分项工程量×综合单价）		176035577
2	措施项目费	2.1+2.2		10755013
2.1	施工技术措施项目	Σ（技术措施工程量×综合单价）		8587588
2.2	施工组织措施项目	Σ（人工费+机械费）×费率		2167424
其中	安全文明施工费	（人工费+机械费）×费率		1107394
	建设工程检验试验费	（人工费+机械费）×费率		277412
	其他措施项目费	（人工费+机械费）×费率		782618
3	其他项目	3.1+3.2+3.3+3.4		
3.1	暂列金额			
3.2	暂估价			
3.3	计日工			
3.4	总承包服务费			
4	规费			2598203
5	税金	（1+2+3+4）×费率	3.577	6774437
	合计	1+2+3+4+5		196163230

4. 施工取费计算规则

（1）建设工程施工费用按人工费+机械费或人工费为取费基数的程序计算。人工费和机械费是指直接工程费及施工技术措施费中的人工费和机械费。人工费不包括机上人工，机械费不包括大型机械设备进出场及安拆费。

（2）人工费、材料费、机械费按工程定额项目或按分部分项工程量清单项目及施工技术措施项目清单计算的人工、材料、机械台班消耗量乘以相应单价计算。人工、材料、机械台班消耗量可根据建设工程造价管理机构编制的工程定额确定，人工、材料、机械台班单价按当时、当地的市场价格组价，企业投标报价时可根据自身情况及建筑市场人工价格、材料价格、机械租赁价格等因素自主决定。

（3）施工措施项目应根据《浙江省建设工程施工取费定额》或措施项目清单，结合工程实际确定。

施工技术措施费可根据相关的工程定额计算。施工组织措施费按上述计算程序以取费基数乘以组织措施费费率，其中环境保护费、文明施工费、安全施工费等费用，工程计价时不应低于弹性费率的下限。

（4）企业管理费加利润称为综合费用，综合费用费率是根据不同的工程类别确定的。

（5）施工组织措施费、综合费用在编制概算、施工图预算（标底）时，应按弹性费率的中值计取。在投标报价时，企业可参考弹性区间费率自主确定。

（6）规费费率按规定计取。以人工费＋机械费为取费基数的工程，工料单价法计价时，规费以直接工程费＋措施费＋综合费用为计算基数乘以相应费率计算；综合单价法计价时，规费以分部分项工程量清单费＋措施项目清单费为计算基数乘以相应费率计算。以人工费为取费基数的工程，规费均以人工费为计算基数乘以相应费率计算。

规费费率内不含危险作业意外伤害保险费，危险作业意外伤害保险费按各市有关规定计算。

（7）税金费率按规定计取，税金以直接费＋间接费＋利润为计算基数乘以相应税率计算。

（8）若按《房屋建筑和市政基础设施工程施工分包管理办法》（建设部令第 124 号）规定发生专业工程分包时，总承包单位可按分包工程造价的 1‰～3‰ 向发包方计取总承包服务费。发包与总承包双方应在施工合同中约定或明确总承包服务的内容和费率。

（三）综合单价的编制

综合单价的计算公式（1-1）如下：

综合单价＝1 个规定计量单位项目人工费＋1 个规定计量单位项目材料费
　　　　　＋1 个规定计量单位项目机械使用费＋取费基数×（企业管理费率
　　　　　＋利润率）＋风险费用 　　　　　　　　　　　　　　　　　　　（1-1）

1 个规定计量单位项目人工费＝Σ（人工消耗量×人工价格）

1 个规定计量单位项目材料费＝Σ（材料消耗量×材料价格）

1 个规定计量单位项目机械使用费＝Σ（施工机械台班消耗量×机械台班价格）

综合单价计算步骤如下：

（1）根据工程量清单项目名称和拟建工程的具体情况，按照投标人的企业定额或参照《浙江省工程量清单计价指引》，分析确定清单项目的各项可组合的工程内容，并确定各项组合工作内容对应的定额子目。

（2）计算 1 个规定计量单位清单项目所对应的各个定额子目的工程量。

（3）根据投标人的企业定额或参照浙江省计价依据，并结合工程实际情况，确定各对应定额子目的人工、材料、施工机械台班的消耗量。

（4）依据投标自行采集的市场价格或参照省、市工程造价管理机构发布的价格信息，结合工程实际分析确定人工、材料、施工机械台班的价格。

（5）计算1个规定计量单位清单项目人工费、材料费、机械使用费。

（6）确定取费基数，根据投标人的企业定额或参照浙江省计价依据，并结合工程实际情况、市场竞争情况，分析确定企业管理费率、利润率，计算企业管理费、利润。综合单价中的取费基数为1个规定计量单位清单项目人工费与机械使用费之和，或为1个规定计量单位清单项目人工费。

（7）按照招标文件约定的风险分担原则，结合自身实际情况，投标人防范、化解、处理应由其承担的施工过程中可能出现的人工、材料和施工机械台班价格上涨、人员伤亡、质量缺陷、工期拖延等不利事件所需的费用，即风险费用。

（8）合计1个规定计量单位项目人工费、材料费、机械使用费以及企业管理费、利润、风险费用，即为该清单项目的综合单价。

（四）清单计价的步骤

工程量清单计价过程可以分为以下两个阶段：

第一阶段：业主在统一的工程量计算规则的基础上，制定工程量清单项目设置规则，根据具体工程的施工图纸统一计算出各个清单项目的工程量。

第二阶段：投标单位根据各种渠道所获得的工程造价信息和经验数据，依据工程量清单计算得到工程造价。

进行投标报价时，施工方在业主提供的工程量清单的基础上，根据企业自身所掌握的信息、资料，结合企业定额编制得到工程报价。其计算过程如下：

（1）确定投标报价时采用的人工、材料、机械的单价，并编制主要工日价格表、主要材料价格表、主要机械台班价格表。

（2）计算分部分项工程费，按以下步骤进行：

1）根据施工图纸复核工程量清单。

2）按当地的消耗量定额工程量计算规则拆分清单工程量。

3）根据消耗量定额和信息价计算直接工程费，即人工费、材料费、机械使用费。

4）确定取费基数，计算管理费和利润，按下式计算。

$$管理费＝取费基数×管理费费率$$
$$利润＝取费基数×利润率$$

5）汇总形成综合单价，并填写工程量清单综合单价计算表及工程量清单综合单价工料机分析表。

6）计算分部分项工程费，按下式计算：

$$分部分项工程费＝\sum（工程量清单数量×综合单价）$$

计算结果填写分部分项工程量清单与计价表。

（3）计算措施项目费

1）可以计算工程量的措施项目费用计算方法与分部分项工程费计算方法相同，计算结果填写措施项目清单与计价表（二）、措施项目清单综合单价计算表、措施项目清单综合单价工料机分析表。其中，安全防护、文明施工措施项目费按实计算，并填写安全防护、文明施工措施项目费分析表。

2）不能计算工程量的措施项目，确定取费基数后，按费率系数计价，按下式计算：

措施项目费＝取费基数×措施项目费费率

计算结果填写措施项目费计算表（二）。

3）合计措施项目费用，填写措施项目清单与计价表。

（4）计算其他项目费、规费、税金

其他项目费中的费用均为估算、预测数量，在投标时计入投标报价，工程竣工结算时，应按投标人实际完成的工作内容结算，剩余部分仍归招标人所有。填写其他项目清单与计价汇总表、暂列金额明细表、材料暂估单价表、专业工程暂估单价表、计日工表、总承包服务费计价表。

规费＝计算基数×规费费率

税金＝（分部分项工程量清单费＋措施项目清单费＋其他项目清单费

＋规费）×综合税率

（5）计算单位工程报价

单位工程报价＝分部分项工程量清单费＋措施项目清单费＋其他项目清单费

＋规费＋税金

填写单位工程投标报价汇总表。

（6）计算单项工程报价

单项工程报价＝Σ单位工程报价汇总

（7）计算建设项目总报价

建设项目总报价＝Σ单位工程报价汇总

填写工程项目投标报价汇总表。

（五）工程量清单计价的规定格式及填写要求

1．工程量清单计价的规定格式

工程量清单报价应采用统一格式，由下列内容组成：

（1）封面；

（2）总说明；

（3）工程项目投标报价汇总表；

（4）单位工程投标报价汇总表；

（5）分部分项工程量清单及计价表；

（6）工程量清单综合单价计算表；

（7）工程量清单综合单价工料机分析表；

（8）措施项目清单与计价表（一）；

（9）措施项目清单与计价表（二）；

（10）措施项目清单综合单价计算表；

（11）措施项目清单综合单价工料机分析表；

（12）其他项目清单与计价汇总表；

（13）暂列金额明细表；

（14）材料暂估单价表；

（15）专业工程暂估价表；

（16）计日工表；

（17）总承包服务费计价表；

（18）主要工日价格表；

（19）主要材料价格表；

（20）主要机械台班价格表；

（21）安全防护、文明施工措施项目费分析表。

2. 工程量清单计价格式的填写规定

（1）封面

封面应按规定的内容填写、签字、盖章。除承包人自行编制的投标报价和竣工结算外，受委托编制的招标控制价、投标报价、竣工结算若为造价员编制的，应由负责审核的造价工程师签字、盖章以及工程造价咨询人盖章。

（2）总说明

编制投标报价时，总说明的内容应包括：1）采用的计价依据；2）采用的施工组织设计及投标工期；3）综合单价中风险因素、风险范围（幅度）；4）措施项目的依据；5）其他需要说明的问题。

（3）工程项目投标报价汇总表

1）表中的单位工程名称应按单位工程费汇总表中的单位工程名称填写。

2）表中的金额应按单位工程费汇总表中的合计金额填写。

3）表中的安全文明施工费和规费应按单位工程费汇总表中的安全文明施工费和规费小计金额填写。

4）表中的分部分项工程、措施项目金额分别按专业工程分部分项工程量清单计价表和措施项目清单计价表中的合计金额填写。

（4）单位工程投标报价汇总表

1）表中的其他项目金额按单位工程其他项目清单计价表中的合计金额填写。

2）表中的规费、税金金额根据不同专业工程，按《浙江省建设工程施工取费定额》规定程序、费率以及我省及各市有关补充规定计算后填写，表中的规费1包括工程排污费、社会保障费和住房公积金，规费2为危险作业意外伤害保险，规费3为农民工工伤保险费。当有多个专业工程时，表中的清单报价汇总栏可作相应的增加。

（5）分部分项工程量清单及计价表

表中的序号、项目编码、项目名称、项目特征、计量单位和工程量应按工程量清单中相应内容填写，综合单价应按投标人的企业定额或参考本省建设工程计价依据报价，人工、材料、机械单价依据投标人自行采集的价格信息或参照省、市工程造价管理机构发布的价格信息确定，并考虑相应的风险费用。

（6）措施项目清单与计价表

1）表（一）适用于以项为单位计量的措施项目。

2）表（二）适用于以分部分项工程量清单项目综合单价方式计价的措施项目，使用方法参照分部"分项工程量清单及计价表"。

3）编制投标报价时，除安全防护、文明施工费和检验试验费应不低于本省造价管理机构规定费用的最低标准外，其余措施项目可根据拟建工程实际情况自主报价。

（7）其他项目清单与计价表

1）列金额明细表：应按工程量清单中的暂列金额汇总后计入其他项目清单与计价汇总表。

2）材料暂估单价表：应根据工程量清单中材料暂估单价直接计入清单项目综合单价，无需计入其他项目清单与计价汇总表。

3）专业工程暂估价表：应按工程量清单中的暂估金额汇总后计入其他项目清单与计价汇总表。

4）计日工表：编制投标报价时，表中的项目名称、单位、暂定数量应按工程量清单中相应内容填写。单价由投标人自主报价，合价经汇总后计入其他项目清单与计价汇总表。

5）总承包服务费计价表：表中的项目名称、项目价值、服务内容应按工程量清单中相应内容填写。费率由投标人自主报价，金额经汇总后计入其他项目清单与计价汇总表。

（8）安全防护、文明施工措施项目费分析表

编制投标报价时，投标人应参照安全防护、文明施工措施项目费分析表中所列项目并结合拟建工程实际情况，对该工程项目的文明施工及环境保护费、临时设施费和安全施工费进行分析，如遇分析表未列项目，可在表中"四、其他"栏中自行增加。表中上述各项费用作为施工过程中必须保证的措施费用，其合价金额不得低于该工程项目中各专业工程相对应的费用的合计金额。

（9）人工、材料、机械价格表

1）主要人工、材料、机械价格表无需单独编制，其主要内容是对综合单价工料机分析表中的人工、主要材料和主要机械的单位、数量、单价进行汇总，一般通过计价软件完成。

2）主要人工、材料、机械价格表通常按照单位工程进行汇总，但也可根据招标人需要，按照工程项目、单个专业工程和整体专业工程汇总，其表格上方"单位工程名称"项相应变更为"工程名称"、"单位及专业工程名称"及"专业工程名称"。

3）编制投标报价时，对于招标人有要求的材料，投标人应在主要材料价格表的"规格型号"栏中明确该材料的规格和型号，并在"备注"栏中注明品牌。

三、工程量清单计价模式与预算定额计价模式的区别和联系

（一）区别

1. 适用范围不同

全部使用国有资金投资或国有资金投资为主的建设工程项目必须实行工程量清单计价。除此之外的建设工程，可以采用工程量清单计价模式，也可采用定额计价模式。采用工程量清单招标的，应该使用综合单价法计价；非招标工程既可采用工程量清单综合单价计价，也可采用定额工料单价法计价。

2. 采用的计价方法不同

根据计价规范规定，工程量清单应采用综合单价方法计价。定额计价一般采用工料单价法计价，但也可采用综合单价法计价。

3. 项目划分不同

工程量清单项目，基本以一个综合实体考虑，一般一个项目包括多项工程内容。而定额计价的项目所含内容相对单一，一般一个项目只包括一项工程内容。

4. 工程量计算规则不同

工程量清单计价模式中的工程量计算规则必须按照计价规范规定执行，实行全国统一。而定额计价模式下的工程量计算规则由一个地区（省、自治区、直辖市）制定的，在本地区域内统一，具有局限性。

5. 采用的消耗量标准不同

工程量清单计价模式下，投标人计价时应采用投标人自己的企业定额。企业定额是施工企业根据本企业的施工技术和管理水平，以及有关工程造价资料制定的，并供本企业使用的人工、材料、机械台班消耗量。消耗量标准体现投标人个体水平，并且是动态的。

工程预算定额计价模式下，投标人计价时须统一采用消耗量定额。消耗量定额是指由建设行政主管部门根据合理的施工组织设计，按照正常条件下制定的，生产一个规定计量单位工程合格产品所需人工、材料、机械台班等的社会平均消耗量，包括建筑工程预算定额、安装工程预算定额、施工取费定额等。消耗量水平反映的是社会平均水平，是静态的，不反映具体工程中承包人个体之间的变化。

6. 风险分担不同

工程量清单由招标人提供，一般情况下，各投标人无需再计算工程量，招标人承担工程量计算风险，投标人则承担单价风险；而定额计价模式下的招投标工程，工程数量由各投标人自行计算，工程量计算风险和单价风险均由投标人承担。

7. 表现形式不同

传统的定额预算计价法一般是总价形式。工程量清单计价法采用综合单价形式，综合单价包括人工费、材料费、机械使用费、管理费、利润，并考虑风险因素，工程量发生变化时，单价一般不作调整。

8. 费用组成不同

传统的预算定额计价法的工程造价由直接工程费、现场经费、间接费、利润、税金组成。工程量清单计价法的工程造价包括分部分项工程费、措施项目费、其他项目费、规费、税金及风险因素增加的费用。

9. 编制工程量时间不同

传统的定额预算计价法是在发出招标文件后编制。工程量清单计价法必须在发出招标文件前编制。

10. 评标方法不同

传统的定额预算计价法投标，一般采用百分制评分法。工程量清单计价法投标一般采用合理低报价中标法，要对总价及综合单价进行评分。

11. 编制单位不同

传统定额预算计价法其工程量分别由招标单位和投标单位按图计算。工程量清单计价法其工程量由招标单位统一计算，或委托有工程造价咨询资质的单位统一计算。投标单位根据招标人提供的工程量清单，根据自身的企业定额、技术装备、企业成本、施工经验及管理水平自主填写报价表。

12. 投标计算口径不同

传统的预算定额计价法招标，各投标单位各自计算工程量，计算出的工程量均不一致。工程量清单计价法，各投标单位都根据统一的工程量清单报价，达到了投标计算口径的统一。

13. 项目编码不同

传统的定额预算计价法，全国各省、市采用不同的定额子目。工程量清单计价法，全国实行统一十二位阿拉伯数字编码。一到九位为统一编码，其中一、二位为附录顺序码，三、四位为专业工程顺序码，五、六位为分部工程顺序码，七、八、九位为分项工程项目名称顺序码，十、十一、十二位为清单项目名称顺序码。前九位编码不能变动，后三位编码由清单编制人根据项目设置的清单项目编制。

14. 合同价调整方式不同

传统的定额预算计价法，合同价调整方式有：变更签证、政策性调整。工程量清单计价法，合同价调整方式主要是索赔，报价作为签订施工合同的依据相对固定下来，单价不能随意调整，工程结算按承包商实际完成的工程量乘以清单中相应的单价计算。

（二）联系

定额计价作为一种计价模式，在我国使用了多年，具有一定的科学性和实用性，今后将继续存在于工程发承包计价活动中，即使工程量清单计价方式占据主导地位，它仍是一种补充方式。由于目前是工程量清单计价模式的实施初期，大部分施工企业还不具备建立和拥有自己的企业定额体系，建设行政主管部门发布的定额，尤其是当地的消耗量定额，仍然是企业投标报价的主要依据。也就是说，工程量清单计价活动中，存在着部分定额计价的成分。应该看到，在我国建设市场逐步放开的改革过程当中，虽然已经制定并推广了工程量清单计价模式，但是，由于各地实际情况的差异，我国目前的工程造价计价模式又不可避免地出现工程预算定额计价与工程量清单计价两种模式双轨并行的局面。如全部使用国有资金投资或国有资金投资为主的建设工程必须实行工程量清单计价。而除此以外的建设工程，既可以采用工程量清单计价模式，也可采用工程预算定额计价模式。随着我国工程造价管理体制改革的不断深入和对国际管理的进一步深入、了解，工程量清单计价模式将逐渐占主导地位，最后实行单一的计价模式，即工程量清单计价模式。

四、地铁工程施工取费费率及工程类别划分

1. 地铁工程施工组织措施费费率

根据地铁工程施工特点，地铁工程类别按照建筑工程和安装工程划分为两类，建筑工程指地下车站土建、桥涵工程、区间隧道及轨道工程，安装工程指通信、信号、供电、智能与控制系统安装及机电设备安装工程。

（1）建筑工程施工组织措施费费率见表 1-21。

建筑工程施工组织措施费费率 　　　　　　　　　　表 1-21

项目名称		计算基数	费率
安全文明施工费			
其中	非市区工程	人工费＋机械费	3.41～4.17
	市区一般工程		4.01～4.91
夜间施工增加费		人工费＋机械费	0.01～0.06
提前竣工增加费			

项目名称		计算基数	费率
其中	缩短工期10%以内	人工费＋机械费	0.01～1.65
	缩短工期20%以内	人工费＋机械费	1.65～2.44
	缩短工期30%以内	人工费＋机械费	2.44～3.23
二次搬运费		人工费＋机械费	0.57～0.82
已完工程及设备保护费		人工费＋机械费	0.02～0.06
检验试验费		人工费＋机械费	0.97～1.49
冬雨期施工增加费		人工费＋机械费	0.10～0.29
行车行人干扰增加费		人工费＋机械费	2.00～3.00

（2）安装工程施工组织措施费费率见表1-22。

安装工程施工组织措施费费率 表1-22

项目名称		计算基数	费率
安全文明施工费			
其中	非市区工程	人工费＋机械费	4.52～5.53
	市区一般工程		5.33～6.51
夜间施工增加费		人工费＋机械费	0.01～0.06
提前竣工增加费			
其中	缩短工期10%以内	人工费＋机械费	0.01～2.14
	缩短工期20%以内	人工费＋机械费	2.14～3.14
	缩短工期30%以内	人工费＋机械费	3.15～4.49
二次搬运费		人工费＋机械费	0.11～0.56
已完工程及设备保护费		人工费＋机械费	0.01～0.17
检验试验费		人工费＋机械费	0.45～0.73
冬雨期施工增加费		人工费＋机械费	0.08～0.25

注：安全文明施工费包括环境保护、文明施工、安全施工和临时设施四项内容。

2. 企业管理费和利润费率

企业管理费和利润费率见表1-23。

企业管理费和利润费率 表1-23

工程名称	计算基数	企业管理费费率（%）	利润费率（%）
地下车站土建	人工费＋机械费	20～26	6～11
桥涵工程	人工费＋机械费	18～24	8～14
隧道工程	人工费＋机械费	10～13	4～8
轨道工程	人工费＋机械费	41～50	25～31
安装工程	人工费＋机械费	26～34	10～15

3. 规费费率

规费费率见表1-24。

规费费率　　　　　　　　　　　　　　　　　　　　　　　　表1-24

序号	项目名称	计算基数	费率（%）
一	规费1（排污费、社保费、住房公积金）		
1	地下车站土建		10.4
2	桥涵工程		7.3
3	隧道工程	人工费＋机械费	4.05
4	轨道工程		13.87
5	安装工程		11.96
二	民工工伤保险费	直接费＋企业管理费＋利润＋规费1	0.114

4. 税金费率

税金费率见表1-25。

税金费率　　　　　　　　　　　　　　　　　　　　　　　　表1-25

项目名称		计算基数	费率（%）		
			市区	城（镇）	其他
税金		直接费＋企业管理费＋利润＋规费	3.577	3.513	3.384
其中	税费		3.477	3.413	3.284

五、地铁工程工程量清单项目与计算规则

（一）路基、围护结构工程

1. 土方工程

土方工程工程量清单项目设置、项目特征描述的内容、计量单位及工程量计算规则，应按表1-26的规定执行。

土方工程（编号：080101）　　　　　　　　　　　　　　　表1-26

项目编码	项目名称	项目特征	计量单位	工程量计算规则	工作内容
080101001	挖一般土方	1. 土壤类别 2. 挖土深度 3. 弃土运距	m³	按设计图示尺寸以体积计算	1. 排地表水 2. 土方开挖 3. 挡土板安拆 4. 基底钎探 5. 运输
080101002	挖沟槽、管道土方				
080101003	挖基坑土方				
080101004	围护基坑挖土方	1. 土壤类别 2. 挖土深度 3. 基坑宽度 4. 弃土运距		按设计图示围护结构内围面积乘以基坑的深度以体积计算	1. 排地表水 2. 土方开挖 3. 基底钎探 4. 运输
080101005	暗挖土方	1. 土壤类别 2. 平洞、斜洞（坡度） 3. 弃土运距		按设计图示初支结构外围面积乘以长度以体积计算	1. 排地表水 2. 土方开挖 3. 运输

项目编码	项目名称	项目特征	计量单位	工程量计算规则	工作内容
080101006	盖挖土方	1. 土壤类别 2. 盖挖方式 3. 弃土运距		按设计结构外围断面面积乘以设计长度以体积计算（其设计结构外围断面面积为地下围护结构里侧之间的宽度乘以设计顶板底至底板或垫层底的高度）	1. 排地表水 2. 土方开挖 3. 基底钎探 4. 运输
080101007	挖竖井土方	1. 土壤类别 2. 挖土深度 3. 弃土运距	m³	按设计图示尺寸以体积计算	1. 排地表水 2. 土方开挖 3. 基底钎探 4. 运输
080101008	挖淤泥、流砂	1. 挖土深度 2. 运距		按设计图示位置、界限以体积计算	1. 开挖 2. 运输
080101009	挖冻土	1. 挖土深度 2. 弃土运距		按设计图示尺寸以体积计算	1. 开挖 2. 运输
080101010	原土碾压、夯实	密实度	m²	按设计图示尺寸以面积计算	1. 平整 2. 夯实 3. 碾压 4. 运输
080101011	填方	1. 密实度要求 2. 填方材料品种 3. 填方粒径要求 4. 填方来源、运距	m³	按设计图示尺寸以体积计算： 1. 场地填方：填方面积乘平均填方厚度 2. 基础填方：挖方体积减去自然地坪以下埋设的基础体积（包括基础垫层及其他构筑物）	1. 运输 2. 填方 3. 压实

注：1. 沟槽、基坑、一般土方的划分为：底宽≤7m且底长>3倍底宽为沟槽；底长≤3倍底宽且底面积≤150m²为基坑；超出上述范围则为一般土方。

2. 暗挖土方超挖工程量在综合单价中考虑。

3. 弃、取土运距也可以不描述，但应注明由投标人根据施工现场实际情况自行考虑，决定报价。

4. 土壤的分类应按表1-27确定，如土壤类别不能准确划分时，招标人可注明为综合，由投标人根据地勘报告决定报价。

5. 土方体积应按挖掘前的天然密实体积计算。

6. 挖沟槽、基坑、一般土方因工作面和放坡增加的工作量（管沟工作面增加的工程量），是否并入各土方工程量中，按各省、自治区、直辖市或行业建设主管部门的规定实施，如并入各土方工程量中，办理工程结算时，按经发包人认可的施工组织设计规定计算，编制工程量清单时，可按表1-28、表1-29规定计算。

7. 修建机械上下坡道的土方量并入挖土方工程量内。

8. 挖方出现流砂、淤泥时，如设计未明确，在编制工程量清单时，其工程数量可为暂估值。结算时，应根据实际情况由发包人与承包人双方现场签证确认工作量。

9. 挖沟槽、管沟土方项目适用管道、光（电）缆沟［包括：人（手）孔、接口坑］及连接井（检查井）等。

10. 填方密实度要求，在无特殊要求情况下，项目特征可描述为满足设计和规范的要求。

11. 填方材料品种可以不描述，但应注明由投标人根据设计要求验方后方可填入，并符合相关工程的质量规范要求。

12. 填方粒径要求，在无特殊要求情况下，项目特征可以不描述。

13. 填方来源描述为缺土购置或外运填方，购买土方的价值，计入填方的综合单价。

2. 石方工程

石方工程工程量清单项目设置、项目特征描述的内容、计量单位及工程量计算规则，应按表 1-27~表 1-31 的规定执行。

土壤分类表　　　　　　　　　　　　　　　　表 1-27

土壤分类	土壤名称	开挖方法
一、二类土	粉土、砂土（粉砂、细砂、中砂、粗砂、砾砂）、粉质黏土、弱中盐渍土、软土（淤泥质土、泥炭、泥炭质土）、软塑红黏土、冲填土	用锹、少许用镐、条锄开挖。机械能全部直接铲挖满载者
三类土	黏土、碎石土（圆砾、角砾）混合土、可塑红黏土、硬塑红黏土、强盐渍土、素填土、压实填土	主要用镐、条锄、少许用锹开挖。机械需部分刨松方能铲挖满载者或可直接铲挖
四类土	碎石土（卵石、碎石、漂石、块石）、坚硬红黏土、超盐渍土、杂填土	全部用镐、条锄挖掘，少年用撬棍挖掘。机械须普遍刨松方能铲挖满载者

注：本表土的名称及其含义按国家标准《岩土工程勘察规范》GB 50021—2001（2009 年局部修订版）定义。

基础施工所需工作面宽度计算表（mm）　　　　　　表 1-28

基础材料	每边各增加工作面宽度
砖基础	200
浆砌毛石、条石基础	150
混凝土基础垫层支模板	300
混凝土基础支模板	300
基础垂直面做防水层	1000（防水层面）

注：本表按《全国统一建筑工程预算工程量计算规则》GJDGZ—101—95 整理。

管沟施工每侧所需工作面宽度计算表（mm）　　　　　表 1-29

管沟材料 ＼ 管道结构宽	≤500	≤1000	≤2500	＞2500
混凝土及钢筋混凝土管道	400	500	600	700
其他材质管道	300	400	500	600

注：1. 本表按《全国统一建筑工程预算工程量计算规则》GJDGZ—101—95 整理。
　　2. 管道结构宽：有管座的按基础外缘，无管座的按管道外径。

石方工程（编码：080102）　　　　　　　　　　表 1-30

项目编码	项目名称	项目特征	计量单位	工程量计算规则	工作内容
080102001	挖石方	1. 部位 2. 岩石类别 3. 开凿深度 4. 弃渣运距	m³	按设计图示尺寸以体积计算	1. 排地表水 2. 石方开凿 3. 修整底、边 4. 运输
080102002	暗挖石方	1. 岩石类别 2. 平洞、斜洞（坡度） 3. 弃渣运距		按设计图示初支结构外围面积乘以长度以体积计算	

31

项目编码	项目名称	项目特征	计量单位	工程量计算规则	工作内容
080102003	盖挖石方	1. 岩石类别 2. 盖挖方式 3. 弃渣运距	m³	按设计结构外围断面面积乘以设计长度以体积计算（其设计结构外围断面面积为地下围护结构里侧之间的宽度乘以设计顶板底至底板或垫层底的高度）	1. 排地表水 2. 石方开凿 3. 修整底、边 4. 运输
080102004	围护基坑挖石方	1. 岩石类别 2. 开凿深度 3. 基坑宽度 4. 弃渣运距		按设计图示围护结构内围面积乘以基坑的深度以体积计算	
080102005	挖竖井石方	1. 岩石类别 2. 开凿深度 3. 弃渣运距		按设计图示尺寸以体积计算	

注：1. 弃渣运距可以不描述，但应注明由投标人根据施工现场实际情况自行考虑，决定报价。

2. 岩石的分类按表 1-31 确定。

3. 石方体积应按挖前的天然密实体积计算。

4. 暗挖石方超挖工程量在综合单价中考虑。

5. 石方爆破按现行国家标准《爆破工程工程量计算规范》GB 50862—2013 编码列项。

岩石分类表　　　　　　　　　　　　　　　　　　　　　　表 1-31

岩石分类		代表性岩石	开挖方法
极软岩		1. 全风化的各种岩石 2. 各种半成岩	部分用手凿工具、部分用爆破法开挖
软质岩	软岩	1. 强风化的坚硬岩或较硬岩 2. 中等风化—强风化的较软岩 3. 未风化—微风化的页岩、泥岩、泥质砂岩等	用风镐和爆破法开挖
	较软岩	1. 中等风化—强风化的坚硬岩或较硬岩 2. 未风化—微风化的凝灰岩、千枚岩、泥灰岩、砂质泥岩等	
硬质岩	较硬岩	1. 微风化的坚硬岩 2. 未风化—微风化的大理岩、板岩、石灰岩、白云岩、钙质砂岩等	用爆破法开挖
	坚硬岩	未风化—微风化的花岗石、闪长岩、辉绿岩、玄武岩、安山岩、片麻岩、石英岩、石英砂岩、硅质砾岩、硅质石灰岩等	

3. 地基处理

地基处理工程量清单项目设置、项目特征描述的内容、计量单位及工程量计算规则，应按表 1-32 的规定执行。

项目编码	项目名称	项目特征	计量单位	工程量计算规则	工作内容
080103001	换填垫层	1. 材料种类及配合比 2. 压实系数 3. 掺加剂品种	m³	按设计图示尺寸以体积计算	1. 分层铺填 2. 碾压、振密或夯实，找平 3. 运输
080103002	铺设土工合成材料	1. 部位 2. 品种 3. 规格	m²	按设计图示尺寸以面积计算	1. 挖填锚固沟 2. 铺设 3. 固定 4. 运输
080103003	水泥稳定土	1. 水泥含量 2. 厚度			1. 摊铺土方 2. 拌合、找平 3. 碾压 4. 运输
080103004	抛石挤淤	1. 部位 2. 石块的规格	m³	按设计图示尺寸以体积计算	1. 抛石 2. 整平 3. 运输
080103005	预压地基	1. 排水竖井种类、断面尺寸、排列方式、间距、深度 2. 预压方法 3. 预压荷载、时间 4. 砂垫层厚度	m²	按设计图示尺寸以加固面积计算	1. 设置排水竖井、盲沟、滤水管 2. 铺设砂垫层、密封膜 3. 堆载、卸载或抽气设备安拆、抽真空 4. 运输
080103006	强夯地基	1. 夯击能量 2. 夯击边数 3. 地耐力要求 4. 夯填材料种类			1. 铺设夯填材料 2. 强夯 3. 运输
080103007	振冲密实（不填料）	1. 地层情况 2. 振密深度 3. 孔距			1. 振冲加密 2. 运输
080103008	振冲桩（填料）	1. 地层情况 2. 空桩长度、桩长 3. 桩径 4. 填充材料种类	1. m 2. m³	1. 以米计量，按设计图示尺寸以桩长计算 2. 以立方米计量，按设计桩截面乘以桩长以体积计算	1. 振冲成孔、填料、振实 2. 运输
080103009	砂石桩	1. 地层情况 2. 空桩长度、桩长 3. 桩径 4. 成孔方法 5. 混合料强度等级		1. 以米计量，按设计图示尺寸以桩长（包括桩尖）计算 2. 以立方米计量，按设计桩截面乘以桩长以体积（包括桩尖）计算	1. 成孔 2. 混合料制作、灌注、养护 3. 运输

续表

项目编码	项目名称	项目特征	计量单位	工程量计算规则	工作内容
080103010	水泥粉煤灰碎石桩	1. 地层情况 2. 空桩长度、桩长 3. 桩径 4. 成孔方法 5. 混合料强度等级	m	按设计图示尺寸以桩长（包括桩尖）计算	1. 成孔 2. 混合料制作、灌注 3. 养护 4. 运输
080103011	袋装砂井	1. 直径 2. 填充料品种 3. 深度	m	按设计图示尺寸以桩长（包括桩尖）计算	1. 打拔钢管 2. 装砂袋、下砂袋 3. 运输
080103012	塑料排水板	1. 地层情况 2. 材料品种、规格	m	按设计图示尺寸以桩长（包括桩尖）计算	1. 打拔钢管 2. 安装排水板 3. 运输
080103013	深层搅拌桩	1. 地层情况 2. 空桩长度、桩长 3. 桩截面尺寸 4. 水泥强度等级、掺量	m	按设计图示尺寸以桩长计算	1. 预搅下钻、水泥浆制作、喷浆搅拌提升 2. 成桩 3. 运输
080103014	粉喷桩	1. 地层情况 2. 空桩长度、桩长 3. 桩径 4. 粉体种类、掺量 5. 水泥强度等级、石灰粉要求	m	按设计图示尺寸以桩长计算	1. 预搅下钻、喷粉搅拌提升成桩 2. 运输
080103015	夯实水泥土桩	1. 地层情况 2. 空桩长度、桩长 3. 桩径 4. 成孔方法 5. 混合料配合比	m	按设计图示尺寸以桩长（包括桩尖）计算	1. 成孔、夯底 2. 水泥土拌合、填料、夯实 3. 运输
080103016	高压喷射注浆桩	1. 地层情况 2. 空桩长度、桩长 3. 桩截面 4. 注浆类型、方法 5. 水泥强度等级	m	按设计图示尺寸以桩长计算	1. 成孔 2. 水泥浆制作、高压喷射注浆 3. 运输

项目编码	项目名称	项目特征	计量单位	工程量计算规则	工作内容
080103017	石灰桩	1. 地层情况 2. 空桩长度、桩长 3. 桩径 4. 成孔方法 5. 掺合料种类、配合比	m	按设计图示尺寸以桩长（包括桩尖）计算	1. 成孔 2. 混合料制作、夯填 3. 运输
080103018	灰土（土）挤密桩	1. 地层情况 2. 空桩长度、桩长 3. 桩径 4. 成孔方法 5. 灰土级配			1. 成孔 2. 灰土拌合、运输、填充、夯实
080103019	柱锤冲扩桩	1. 地层情况 2. 空桩长度、桩长 3. 桩径 4. 成孔方法 5. 桩体材料种类、配合比	m	按设计图示尺寸以桩长计算	1. 安拔套管 2. 冲孔、填料、夯实 3. 桩体材料制作、运输
080103020	注浆地基	1. 地层情况 2. 成孔深度、间距 3. 浆液种类及配合比 4. 注浆方法 5. 水泥强度等级	1. m 2. m³	1. 以米计量，按设计图示尺寸以钻孔深度计算 2. 以立方米计量，按设计图示尺寸以加固体积计算	1. 成孔 2. 注浆导管制作、安装 3. 浆液制作、压浆 4. 运输
080103021	褥垫层	1. 厚度 2. 材料品种及配合比	1. m² 2. m³	1. 以平方米计量，按设计图示尺寸以铺设面积计算 2. 以立方米计量，按设计图示尺寸以铺设体积计算	1. 拌合 2. 铺设 3. 压实 4. 运输

注：1. 地层情况按表 1-27 和表 1-31 的规定，并根据岩土工程勘察报告按单位工程各地层所占比例（包括范围值）进行描述。对无法准确描述的地层情况，可注明由投标人根据岩土工程勘察报告自行决定报价。
2. 项目特征中的桩长应包括桩尖，空桩长度=孔深－桩长，孔深为自然地面至设计桩底的深度。
3. 空桩长度和桩长可描述为范围值，但应明确空桩长度与桩长的比例范围。
4. 高压喷射注浆类型包括旋喷、摆喷、定喷，高压喷射注浆方法包括单管法、双重管法、三重管法。
5. 如采用泥浆护壁成孔，工作内容包括泥浆制作、运输，如采用沉管灌注成孔，工作内容包括桩尖制作、安装。

4. 基坑与边坡支护

基坑与边坡支护工程量清单项目设置、项目特征描述的内容、计量单位及工程量计算规则，应按表 1-33 的规定执行。

项目编码	项目名称	项目特征	计量单位	工程量计算规则	工作内容
080104001	地下连续墙	1. 地层情况 2. 导墙类型、截面 3. 墙体厚度 4. 成槽深度 5. 混凝土种类、强度等级 6. 接头形式	m³	按设计图示墙中心线长乘以厚度乘以槽深以体积计算	1. 导墙挖填、制作、安装、拆除 2. 挖土成槽、固壁、清底置换 3. 混凝土制作、灌注、养护 4. 接头处理 5. 泥浆制作 6. 打桩场地硬化及泥浆池、泥浆沟制作 7. 运输
080104002	咬合灌注桩	1. 地层情况 2. 导墙类型、截面 3. 桩长 4. 桩径 5. 混凝土种类、强度等级 6. 部位		1. 以米计量，按设计图示尺寸以桩长计算 2. 以根计量，按设计图示数量计算	1. 导墙挖填、制作、安装、拆除 2. 成孔、固壁 3. 混凝土制作、灌注、养护 4. 套管压拔 5. 泥浆制作 6. 打桩场地硬化及泥浆池、泥浆沟制作 7. 运输
080104003	锚杆（锚索）	1. 地层情况 2. 锚杆（索）类型、部位 3. 钻孔深度 4. 钻孔直径 5. 杆体材料品种、规格、数量 6. 浆液种类、强度等级 7. 是否有预应力	1. m 2. 根	1. 以米计量，按设计图示尺寸以钻孔深度计算 2. 以根计量，按设计图示数量计算	1. 钻孔、浆液制作、压浆 2. 锚杆、锚索制作、安装 3. 张拉锚固 4. 锚杆（锚索）施工平台搭设、拆除 5. 运输
080104004	土钉	1. 地层情况 2. 钻孔深度 3. 钻孔直径 4. 杆体材料品种、规格、数量 5. 浆液种类、强度等级		1. 以米计量，按设计图示尺寸以钻孔深度计算 2. 以根计量，按设计图示数量计算	1. 钻孔、浆液制作、压浆 2. 土钉制作、安装 3. 土钉施工平台搭设、拆除 4. 运输
080104005	桩板墙	1. 混凝土强度等级 2. 部位 3. 截面形式	m²	按设计图示尺寸以面积计算	1. 制作 2. 安装 3. 运输
080104006	水泥劲性搅拌围护桩（深层搅拌桩成墙）	1. 深度 2. 桩径 3. 水泥掺量 4. 型钢材质、规格	m³	按设计图示尺寸以体积计算	1. 钻进 2. 浆液制作、压浆 3. 搅拌、成桩 4. 插拔型钢 5. 清理 6. 运输

项目编码	项目名称	项目特征	计量单位	工程量计算规则	工作内容
080104007	喷射混凝土（水泥砂浆）支护	1. 部位 2. 厚度 3. 材料种类 4. 混凝土（砂浆）类别、强度等级	m²	按设计图示尺寸以面积计算	1. 修整边坡 2. 混凝土（砂浆）制作、运输、喷射、养护 3. 钻排水孔、安排排水管 4. 喷射施工平台搭设、拆除 5. 回弹料清理、运弃

注：1. 地层情况按表 1-27 和表 1-31 的规定，并规定岩土工程勘察报告按单位工程各地层所占比例（包括范围值）进行描述。对无法准确描述的地层情况，可注明由投标人根据岩土工程勘察报告自行决定报价。

2. 以"根"为计量单位时，项目特征中的桩长、钻孔深度应为确定值。

3. 土钉置入方法包括钻孔置入、打入或射入等。

4. 基坑与边坡的检测、变形观测等费用按国家相关取费标准单独计算，不在本清单项目中。

5. 地下连续墙的钢筋笼、喷射混凝土的钢筋网制作、安装，按表 1-41 中相关项目编码列项。基坑与边坡支护的排桩按表 1-36 中相关编码列项。水泥土墙、坑内加固按表 1-32 中相关项目编码列项。砖、石挡土墙、护坡按表 1-40 中相关项目编码列项。混凝土挡土墙按表 1-37 中相关项目编码列项。

5. 基床

基床工程量清单项目设置、项目特征描述的内容、计量单位及工程量计算规则，应按表 1-34 的规定执行。

基床（编码：080105）　　　　　　　　　　　　　表 1-34

项目编码	项目名称	项目特征	计量单位	工程量计算规则	工作内容
080105001	基床底层	1. 垫层材料 2. 规格 3. 压实度	m³	按设计图示尺寸以体积计算	1. 拌合、铺筑、找平、碾压、养护 2. 基床面及边坡修整 3. 运输
080105002	基床表层				

6. 路基排水

路基排水工程量清单项目设置、项目特征描述的内容、计量单位及工程量计算规则，应按表 1-35 的规定执行。

路基排水（编码：080106）　　　　　　　　　　　表 1-35

项目编码	项目名称	项目特征	计量单位	工程量计算规则	工作内容
080106001	混凝土沟	1. 部位 2. 沟截面 3. 混凝土强度等级	m	按设计图示尺寸以长度计算	1. 沟槽土石开挖、回填 2. 清理基底 3. 垫层铺筑 4. 混凝土制作、浇筑、振捣、养护 5. 沟盖板制作、安装 6. 模板制安拆 7. 运输

项目编码	项目名称	项目特征	计量单位	工程量计算规则	工作内容
080106002	砌筑沟	1. 部位 2. 沟截面 3. 砂浆强度等级 4. 材料品种	m	按设计图示尺寸以长度计算	1. 沟槽土石开挖、回填 2. 清理基底 3. 垫层铺筑 4. 砌筑、勾缝、抹面 5. 沟盖板制作、安装 6. 接头灌缝 7. 运输
080106003	急流槽	1. 材料品种 2. 横截面 3. 混凝土强度等级 4. 砂浆强度等级			1. 沟槽土石开挖、回填 2. 清理基底 3. 垫层铺筑 4. 混凝土制作、运输、浇筑、振捣、养护 5. 砌筑、勾缝、抹面 6. 模板制安拆 7. 运输
080106004	滤沟、滤层	1. 部位 2. 材料品种 3. 断面 4. 厚度	m³	按设计图示尺寸以体积计算	1. 挖沟 2. 清沟 3. 配料 4. 铺设 5. 运输

注：排水管、检查井沟槽按现行国家标准《市政工程工程量计算规范》GB 50857—2013 相关项目编码列项。

（二）高架桥工程

1. 桩基工程

桩基工程工程量清单项目设置、项目特征描述的内容、计量单位及工程量计算规则，应按表 1-36 的规定执行。

桩基工程（编号：080201）　　　　　　　　　　　表 1-36

项目编号	项目名称	项目特征	计量单位	工程量计算规则	工作内容
080201001	预制钢筋混凝土方桩	1. 地层情况 2. 送桩深度、桩长 3. 桩截面 4. 桩倾斜度 5. 混凝土强度等级	1. m 2. 根 3. m³	1. 以米计量，按设计图示尺寸以桩长（包括桩尖）计算 2. 以根计量，按设计图示数量计算 3. 以立方米计量，按设计图示截面积乘以桩长（包括桩尖）以实体积计算	1. 工作平台搭拆 2. 装机移位 3. 桩制作 4. 沉桩 5. 接桩 6. 送桩 7. 运输
080201002	预制钢筋混凝土板桩	1. 地层情况 2. 送桩深度、桩长 3. 桩截面 4. 混凝土强度等级			

项目编号	项目名称	项目特征	计量单位	工程量计算规则	工作内容
080201003	预制钢筋混凝土管桩	1. 地层情况 2. 送桩深度、桩长 3. 桩外径、壁厚 4. 桩倾斜度 5. 混凝土强度等级 6. 填充材料种类 7. 防护材料种类	1. m 2. 根 3. m³	1. 以米计量，按设计图示尺寸以桩长（包括桩尖）计算 2. 以根计量，按设计图示数量计算 3. 以立方米计量，按设计图示截面积乘以桩长（包括桩尖）以实体积计算	1. 工作平台搭拆 2. 桩机移位 3. 桩制作、运输 4. 沉桩 5. 接桩 6. 送桩 7. 填充材料、刷防护材料 8. 运输
080201004	钢管桩	1. 地层情况 2. 送桩深度、桩长 3. 材质、型号 4. 管径、壁厚 5. 桩倾斜度 6. 填充材料种类 7. 防护材料种类	1. t 2. 根	1. 以吨计量，按设计图示尺寸以质量计算 2. 以根计量，按设计图示数量计算	1. 工作平台搭拆 2. 桩机移位 3. 桩制作 4. 沉桩 5. 接桩 6. 送桩 7. 切割钢管、精割盖帽 8. 管内取土 9. 填充材料、刷防护材料 10. 运输
080201005	型钢桩	1. 地层情况或部位 2. 送桩深度、桩长 3. 规格型号 4. 桩倾斜度 5. 防护材料种类 6. 是否拔出			1. 工作平台搭拆 2. 桩机移位 3. 桩制作 4. 打（拔）桩 5. 接桩 6. 送桩 7. 刷防护材料 8. 运输
080201006	钢板桩	1. 地层情况 2. 桩长 3. 板桩厚度	1. t 2. m²	1. 以吨计量，按设计图示尺寸以质量计算 2. 以平方米计量，按设计图示墙中心线长乘以桩长以面积计算	1. 工作平台搭拆 2. 桩机移位 3. 打拔钢板桩 4. 运输
080201007	截桩头	1. 桩头截面、高度 2. 混凝土强度等级 3. 有无钢筋	1. m³ 2. 根	1. 以立方米计量，按设计桩截面乘以桩头长度以实体积计算 2. 以根计量，按设计图示数量计算	1. 截桩头 2. 凿平 3. 运输

项目编号	项目名称	项目特征	计量单位	工程量计算规则	工作内容
080201008	泥浆护壁成孔灌注桩	1. 地层情况 2. 空桩长度、桩长 3. 桩径 4. 成孔方法 5. 护筒类型、长度 6. 混凝土种类、强度等级	1. m 2. m³ 3. 根	1. 以米计量，按设计图示尺寸以桩长（包括桩尖）计算 2. 以立方米计量，按不同截面在桩上范围内以体积计算 3. 以根计量，按设计图示数量计算	1. 工作平台搭拆 2. 护筒埋设 3. 成孔、固壁 4. 混凝土制作、灌注、养护 5. 泥浆制作 6. 打桩场地硬化及泥浆池、泥浆沟制作 7. 运输
080201009	沉管灌注桩	1. 地层情况 2. 空桩长度、桩长 3. 复打长度 4. 桩径 5. 沉管方法 6. 桩尖类型 7. 混凝土种类、强度等级			1. 工作平台搭拆 2. 打（沉）拔钢管 3. 桩尖制作、安装 4. 混凝土制作、灌注、养护 5. 运输
080201010	干作业成孔灌注桩	1. 地层情况 2. 空桩长度、桩长 3. 桩径 4. 扩孔直径、高度 5. 成孔方法 6. 混凝土种类、强度等级		1. 以米计量，按自然地面至设计桩底以长度计算 2. 以立方米计量，按不同截面在桩上范围内以体积计算 3. 以根计量，按设计图示数量计算	1. 成孔、扩孔 2. 混凝土制作、灌注、振捣、养护 3. 运输
080201011	人工挖孔灌注桩	1. 桩芯长度 2. 桩芯直径、扩底直径、扩底高度 3. 护壁厚度、高度 4. 护壁材料种类、强度等级 5. 桩芯混凝土种类、强度等级 6. 弃土运距	1. m³ 2. 根	1. 以立方米计量，按桩芯混凝土体积计算 2. 以根计量，按设计图示数量计算	1. 成孔 2. 护壁制作 3. 混凝土制作、灌注、振捣、养护 4. 运输
080201012	钻孔压浆桩	1. 地层情况 2. 桩长 3. 钻孔直径 4. 水泥强度等级	1. m 2. 根	1. 以米计量，按设计图示尺寸以桩长计算 2. 以根计量，按设计图示数量计算	1. 钻孔 2. 下注浆管、投放骨料、浆液制作 3. 压浆 4. 运输

项目编号	项目名称	项目特征	计量单位	工程量计算规则	工作内容
080201013	灌注桩后压浆	1. 注浆导管材料、规格 2. 注浆导管长度 3. 单孔注浆量 4. 水泥强度等级	孔	按设计图示以注浆孔数计算	1. 注浆导管制作、安装 2. 浆液制作、压浆 3. 运输

注：1. 地层情况按表 1-27 和表 1-31 的规定，并根据岩土工程勘察报告按单位工程各地层所占比例（包括范围值）进行描述。对无法准确描述的地层情况，可注明由投标人根据岩土工程勘察报告自行决定报价。

2. 项目特征中的桩长应包括桩尖，空桩长度＝孔深－桩长，孔深为自然地面至设计桩底的深度。

3. 项目特征中的桩截面（桩径）、混凝土强度等级、桩类型等可直接用标准图代号或设计桩型进行描述。

4. 以根为计量单位，项目特征中的空桩长度、桩长应为确定值；以米或立方米为计量单位时，项目特征中的空桩长度、桩长可描述为范围值，但应明确空桩长度与桩长的比例范围。

5. 泥浆护壁成孔灌注桩是指在泥浆护壁条件下成孔，采用水下灌注混凝土的桩。其成孔方法包括冲击钻孔桩、冲抓锤成孔、回旋钻成孔、潜水钻成孔、泥浆护壁的旋挖成孔等。

6. 沉管灌注桩的沉管方法包括锤击沉管法、振动沉管法、振动冲击沉管法、内夯沉管法等。

7. 干作业成孔灌注桩是指不用泥浆护壁和套管护壁的情况下，用钻机成孔后，下钢筋笼，灌注混凝土的桩，适用于地下水位以上的土层使用。其成孔方法包括螺旋钻成孔、螺旋钻成孔扩底、干作业的旋挖成孔等。

8. 桩基础的承载力检测、桩身完整性检测等费用按国家相关收费标准单独计算，不在本清单项目中。

9. 送桩深度（或空桩长度）应为确定值或范围值；以米或立方米为计量单位时，空桩长度和桩长均可描述为范围值，但应明确空桩长度与桩长的比例范围。

10. 混凝土灌注桩的钢筋笼制作、安装，按表 1-37 中相关项目编码列项。

11. 打试验桩和打斜桩应按相应项目编码单独列项，并应在项目特征中注明试验桩或斜桩（斜率）。

2. 现浇混凝土

现浇混凝土工程量清单项目设置、项目特征描述的内容、计量单位及工程量计算规则，应按表 1-37 的规定执行。

现浇混凝土（编号：080202）　　　　　　　　　　　表 1-37

项目编号	项目名称	项目特征	计量单位	工程量计算规则	工作内容
080202001	混凝土垫层	混凝土强度等级	m³	按设计图示尺寸以体积计算	1. 混凝土制作、浇筑、振捣、养护 2. 模板制安拆 3. 运输
080202002	混凝土基础	1. 混凝土强度等级 2. 嵌料（毛石）比例			
080202003	混凝土承台	混凝土强度等级			
080202004	连系梁				
080202005	墩（台）帽				
080202006	墩（台）身				
080202007	支撑梁及横梁				
080202008	墩（台）盖梁				
080202009	混凝土箱梁	1. 结构形式 2. 混凝土强度等级			
080202010	混凝土 U（槽形）梁				
080202011	拱桥拱座	混凝土强度等级			
080202012	拱桥拱肋				
080202013	拱上构件				
080202014	拱板				
080202015	桥塔身	1. 形状 2. 混凝土强度等级			
080202016	混凝土连续板	1. 结构形式 2. 混凝土强度等级			
080202017	混凝土板梁				

项目编号	项目名称	项目特征	计量单位	工程量计算规则	工作内容
080202018	混凝土楼梯	1. 结构形式 2. 步板厚度 3. 混凝土强度等级	1. m² 2. m³	1. 以平方米计量，按设计图示尺寸以水平投影面积计算 2. 以立方米计量，按设计图示尺寸以体积计算	1. 混凝土制作、浇筑、振捣、养护 2. 模板制安拆 3. 运输
080202019	混凝土防撞护栏	1. 断面 2. 混凝土强度等级	1. m 2. m³	1. 以米计量，按设计图示尺寸以长度计算 2. 以立方米计量，按设计图示尺寸以体积计算	
080202020	混凝土其他构件	1. 部位 2. 混凝土强度等级			1. 混凝土制作、浇筑、振捣、养护 2. 模板制安拆 3. 灌浆 4. 运输
080202021	设备基础	1. 形状 2. 混凝土强度等级 3. 砂浆强度等级			
080202022	桥面铺装	混凝土强度等级	m³	按设计图示尺寸以体积计算	1. 混凝土制作、浇筑、振捣、养护 2. 模板制安拆 3. 运输
080202023	桥头搭板	混凝土强度等级			
080202024	钢管拱混凝土	1. 混凝土强度等级 2. 混凝土截面面积			
080202025	混凝土挡土墙墙身	1. 混凝土强度等级 2. 砂浆强度等级 3. 泄水孔材料品种、规格 4. 滤水层要求			1. 混凝土制作、浇筑、振捣、养护 2. 抹灰 3. 泄水孔制作、安装 4. 滤水层铺筑 5. 运输
080202026	片石混凝土	1. 部位 2. 混凝土强度等级 3. 泄水孔材料品种、规格 4. 滤水层要求			1. 片石选取及埋设 2. 混凝土浇筑 3. 泄水孔制作、安装 4. 滤水层铺筑 5. 运输

注：台帽、台盖均应包括耳墙、背墙。

3. 预制混凝土

预制混凝土工程量清单项目设置、项目特征描述的内容、计量单位及工程量计算规则，应按表 1-38 的规定执行。

预制混凝土（编号：080203） 表 1-38

项目编号	项目名称	项目特征	计量单位	工程量计算规则	工作内容
080203001	预制混凝土梁	1. 部位 2. 图集、图纸名称 3. 构件代号、名称 4. 混凝土强度等级 5. 砂浆强度等级	m²	按设计图示尺寸以体积计算	1. 混凝土制作、浇筑、振捣、养护 2. 模板制安拆 3. 构件安装 4. 接头灌缝 5. 砂浆制作 6. 运输
080203002	预制混凝土柱				
080203003	预制混凝土板				
080203004	预制混凝土挡土墙墙身	1. 图集、图纸名称 2. 构件代号、名称 3. 结构形式 4. 混凝土强度等级 5. 泄水孔材料品种、规格 6. 滤水层要求 7. 砂浆强度等级			1. 混凝土制作、浇筑、振捣、养护 2. 模板制安拆 3. 构件安装 4. 接头灌缝 5. 泄水孔制作、安装 6. 滤水层铺设 7. 砂浆制作 8. 运输
080203005	预制混凝土其他构件	1. 部位 2. 图集、图纸名称 3. 构件代号、名称 4. 混凝土强度等级 5. 砂浆强度等级			1. 混凝土制作、浇筑、振捣、养护 2. 模板制安拆 3. 构件安装 4. 接头灌缝 5. 砂浆制作 6. 运输

注：预制箱涵制作执行箱涵工程编码列项。

4. 箱涵工程

箱涵工程工程量清单项目设置、项目特征描述的内容、计量单位及工程量计算规则，应按表 1-39 的规定执行。

箱涵工程（编号：080204） 表 1-39

项目编号	项目名称	项目特征	计量单位	工程量计算规则	工作内容
080204001	箱涵底板	1. 混凝土强度等级 2. 混凝土截面面积	m³	按设计图示尺寸以体积计算	1. 混凝土制作、浇筑、振捣、养护 2. 模板制安拆 3. 运输
080204002	箱涵侧墙				
080204003	箱涵顶板				
080204004	滑板	1. 混凝土强度等级 2. 润滑层要求 3. 隔离层品种、规格			1. 混凝土制作、浇筑、振捣、养护 2. 模板制安拆 3. 润滑层铺设 4. 隔离层铺设 5. 运输

项目编号	项目名称	项目特征	计量单位	工程量计算规则	工作内容
080204005	箱涵顶进	1. 断面 2. 长度 3. 混凝土强度等级 4. 润滑层要求	kt·m	按设计图示尺寸以被顶箱涵的质量乘以箱涵的位移距离分节累计计算	1. 后背、导向墩制作、安装、拆除 2. 箱涵接缝 3. 顶进设备安装、拆除 4. 气垫安装、拆除 5. 气垫使用 6. 钢刃角制作、安装、拆除 7. 挖土实顶 8. 润滑层铺设 9. 砂浆制作 10. 运输
080204006	箱涵外壁处理	1. 材质 2. 厚度 3. 工艺要求 4. 配合比	m²	按设计图示尺寸以面积计算	1. 基层处理 2. 抹灰、涂制 3. 运输
080204007	箱涵接缝处理	1. 材质 2. 工艺要求	m	按设计图示尺寸以长度计算	1. 基层处理 2. 涂刷、嵌缝 3. 运输

5. 砌筑

砌筑工程量清单项目设置、项目特征描述的内容、计量单位及工程量计算规则，应按表 1-40 的规定执行。

砌筑（编号：080205）　　　　　　　　　　　　　　表 1-40

项目编号	项目名称	项目特征	计量单位	工程量计算规则	工作内容
080205001	垫层	1. 厚度 2. 材料种类 3. 砂浆强度等级			1. 清理 2. 摊铺 3. 找平 4. 碾压 5. 灌浆 6. 运输
080205002	浆砌块料	1. 部位 2. 材料品种 3. 材料规格 4. 砂浆强度等级 5. 泄水孔材料品种、规格 6. 滤水层要求	m³	按设计图示尺寸以体积计算	1. 砌筑 2. 砌体勾缝 3. 砌体抹面 4. 泄水孔制作、安装 5. 滤层铺设 6. 运输
080205003	砖砌体				
080205004	护坡	1. 材料品种 2. 形式 3. 厚度 4. 砂浆强度等级	m²	按设计图示尺寸以面积计算	1. 修整边坡 2. 砌筑 3. 勾缝 4. 泄水孔安装 5. 运输

6. 钢筋工程

钢筋工程工程量清单项目设置、项目特征描述的内容、计量单位及工程量计算规则，应按表 1-41 的规定执行。

钢筋工程（编号：080206） 表 1-41

项目编号	项目名称	项目特征	计量单位	工程量计算规则	工作内容
080206001	现浇混凝土钢筋、连接筋	1. 种类 2. 规格	t	按设计图示尺寸以质量计算	1. 制作 2. 运输 3. 安装
080206002	预制构件钢筋				
080206003	钢筋笼				
080206004	钢筋网片				
080206005	钢格栅	1. 种类 2. 规格	t	按设计图示尺寸以质量计算	1. 制作 2. 运输 3. 安装、螺栓连接 4. 焊接
080206006	钢筋机械连接	1. 种类 2. 规格 3. 部位 4. 连接方式	个	按设计图示尺寸以数量计算	1. 钢筋端头加工 2. 运输 3. 连接
080206007	植筋	1. 种类 2. 规格 3. 植入深度 4. 植筋胶品种	根		1. 定位、钻孔、清空 2. 钢筋加工成型 3. 注胶、植筋 4. 抗拔试验 5. 养护 6. 运输
080206008	先张法预应力筋	1. 部位 2. 预应力筋种类 3. 预应力筋规格	t	按设计图示尺寸以质量计算	1. 预应力筋制安、张拉 2. 切断 3. 运输
080206009	后张法预应力筋	1. 部位 2. 预应力筋种类 3. 预应力筋规格 4. 锚具种类、规格 5. 砂浆强度等级 6. 孔道材质、规格			1. 预应力筋孔道制作 2. 锚具制作、安装 3. 预应力筋制安、张拉 4. 切断 5. 安装压浆管道 6. 孔道压浆 7. 运输
080206010	支撑钢筋（铁马）	1. 种类 2. 规格			1. 制作 2. 焊接 3. 安装 4. 运输

项目编号	项目名称	项目特征	计量单位	工程量计算规则	工作内容
080206011	声测管	1. 材质 2. 规格型号	1. t 2. m	1. 以吨计量，按设计图示尺寸以质量计算 2. 以米计量，按设计图示尺寸以长度计算	1. 检测管截断、封头 2. 套管制作、焊接 3. 定位、固定 4. 运输
080206012	预埋铁件	1. 种类 2. 规格	t	按设计图示尺寸以质量计算	1. 制作 2. 运输 3. 安装
080206013	螺栓				

注：1. 现浇构件中伸出构件的锚固钢筋等，应并入钢筋工程量内。除现行规范或设计表明的搭接外，其他施工搭接不计算工程量，在综合单价中考虑。

2. 现浇构件中固定的支撑钢筋、双层钢筋用的"铁马"在编制工程量清单时，其工程数量可为暂估量，结算时按现场签证数量计算。

7. 钢结构

钢结构工程量清单项目设置、项目特征描述的内容、计量单位及工程量计算规则，应按表 1-42 的规定执行。

钢结构（编号：080207）　　　　　　　　　　　　　　表 1-42

项目编号	项目名称	项目特征	计量单位	工程量计算规则	工作内容
080207001	钢（管）柱	1. 钢材种类、规格、型号 2. 部位 3. 工艺要求 4. 探伤要求 5. 防锈漆种类及遍数 6. 螺栓种类	t	按设计图示尺寸以质量计算，不扣除孔眼的质量，焊条、铆钉、螺栓、焊缝等不另增加质量	1. 拼装 2. 安装 3. 连接 4. 探伤 5. 刷防锈漆 6. 运输
080207002	钢箱梁				
080207003	钢板梁				
080207004	钢桁架				
080207005	钢拱				
080207006	其他钢构件				
080207007	劲性钢结构				
080207008	钢结构叠合梁				
080207009	钢拉索	1. 钢材种类、规格、型号 2. 防护方式		按设计图示尺寸以质量计算（不包括缠包料的重量）	1. 安装 2. 张拉 3. 锚固 4. 防护 5. 运输
080207010	钢拉杆				1. 安装 2. 连接 3. 防护 4. 运输
080207011	钢栏杆	1. 钢材种类、规格、型号 2. 工艺要求 3. 油漆种类、刷漆遍数	1. t 2. m	1. 以吨计量，按设计图示尺寸以质量计算 2. 以米计量，按设计图示尺寸以长度计算	1. 安装 2. 刷漆 3. 运输

注：钢结构按成品编制项目，构件成品价应计入综合单价中。

8. 其他

其他工程量清单项目设置、项目特征描述的内容、计量单位及工程量计算规则，应按表 1-43 的规定执行。

其他（编号：080208） 表 1-43

项目编号	项目名称	项目特征	计量单位	工程量计算规则	工作内容
080208001	板式橡胶支座	1. 材质 2. 规格	个	按设计图示数量计算	1. 支座安装 2. 运输
080208002	钢支座	1. 材质 2. 规格 3. 形式			1. 钢板安装 2. 支座安装 3. 运输
080208003	盆式橡胶支座	1. 材质 2. 承载力 3. 混凝土强度等级			1. 混凝土拌制、浇筑及养护 2. 支座安装 3. 模板制安拆 4. 运输
080208004	桥梁伸缩装置	1. 材料品种 2. 规格	m	按设计图示尺寸以延长米计算	1. 制作、安装 2. 嵌缝 3. 运输
080208005	隔声屏障	1. 材料品种 2. 结构形式 3. 工艺要求 4. 防锈漆种类	m²	按设计图示尺寸以面积计算	1. 成品安装 2. 运输 3. 刷防锈漆
080208006	桥面排（泄）水管	1. 材质 2. 管径	m	按设计图示尺寸以长度计算	1. 进水口、排（泄）水管制作、安装 2. 运输
080208007	桥梁转体	1. 位置 2. 类型	处	按设计图示数量计算	1. 球铰支座制作、安装 2. 滑道制作、安装 3. 撑脚制作、安装、灌注混凝土 4. 砂箱制作、安装、填砂、拆除 5. 牵引系统安装、拆除 6. 牵引、定位 7. 运输

9. 相关问题及说明

混凝土工程量不扣除构件内钢筋、螺栓、预埋铁件、张拉孔道、单个面积≤0.3m² 的孔洞所占体积，但应扣除劲性钢骨架所占体积。

（三）地下区间工程

1. 区间支护

区间支护工程量清单项目设置、项目特征描述的内容、计量单位及工程量计算规则，应按表 1-44 的规定执行。

区间支护（编号：080301） 表 1-44

项目编号	项目名称	项目特征	计量单位	工程量计算规则	工作内容
080301001	小导管	1. 施工部位 2. 材料品种 3. 管径、长度	m	按设计图示尺寸以长度计算	1. 制作 2. 运输 3. 步眼 4. 钻孔 5. 安装
080301002	管棚				
080301003	砂浆锚杆	1. 杆径、长度 2. 材料品种			1. 锚杆、垫板制安 2. 钻孔 3. 砂浆制作、灌浆 4. 运输
080301004	自进式锚杆				
080301005	注浆	1. 部位 2. 浆液种类 3. 配合比	m³	按设计注浆量以体积计算	1. 浆液制作 2. 钻孔 3. 注浆 4. 堵孔 5. 运输
080301006	喷射混凝土	1. 部位 2. 结构形式 3. 厚度 4. 混凝土强度等级 5. 掺加材料品种、用量		按设计图示以体积计算	1. 清洗基层 2. 混凝土制作、喷射、养护、收回弹料 3. 运输

注：注浆工程编制清单时，其工程数量可为暂估量，结算时按现场签证数量计算。

2. 隧道衬砌

隧道衬砌工程量清单项目设置、项目特征描述的内容、计量单位及工程量计算规则，应按表 1-45 的规定执行。

隧道衬砌（编号：080302） 表 1-45

项目编号	项目名称	项目特征	计量单位	工程量计算规则	工作内容
080302001	衬砌混凝土	1. 部位 2. 材质 3. 混凝土强度等级	m³	按设计图示尺寸以体积计算	1. 混凝土制作、浇筑、振捣、养护 2. 模板制安拆 3. 运输
080302002	透水管	1. 材质 2. 规格	m	按设计图示尺寸以长度计算	1. 运输 2. 安装

3. 盾构掘进

盾构掘进工程量清单项目设置、项目特征描述的内容、计量单位及工程量计算规则，应按表 1-46 的规定执行。

盾构掘进（编号：080303）　　　　　　　　　　　　　　　　表 1-46

项目编号	项目名称	项目特征	计量单位	工程量计算规则	工作内容
080303001	盾构吊装及吊拆	1. 直径 2. 规格型号 3. 始发方式	台·次	按设计安拆次数计算	1. 盾构机安装、拆除 2. 车架安装、拆除 3. 管线连接、调试、拆除
080303002	盾构掘进	1. 直径 2. 规格 3. 形式 4. 掘进施工段类别 5. 密封舱材料品种 6. 运距	m	按设计图示掘进长度计算	1. 掘进 2. 管片拼装 3. 密封舱添加材料 4. 负环管片拆除 5. 隧道内管线路铺设、拆除 6. 泥浆制作 7. 运输
080303003	衬砌壁后压浆	1. 浆液种类 2. 配合比		按管片外径和盾构壳体最大外径所形成的充填体积计算	1. 制浆 2. 送浆 3. 压浆 4. 封堵 5. 清洗 6. 运输
080303004	预制钢筋混凝土管片	1. 图集、图纸名称 2. 构件代号、名称 3. 直径 4. 厚度 5. 宽度 6. 混凝土强度等级	m³	按设计图示尺寸以体积计算	1. 构件制作 2. 管片预制场内成环试拼 3. 运输
080303005	钢管片	1. 材质 2. 探伤要求	t	按设计图示以质量计算	1. 钢管片制作 2. 试拼装 3. 探伤 4. 运输
080303006	钢筋混凝土复合管片	1. 图集、图纸名称 2. 构件代号、名称 3. 材质 4. 混凝土强度等级	m³	按设计图示尺寸以体积计算	1. 构件制作 2. 试拼装 3. 运输
080303007	管片设置密封条	1. 管片直径、宽度、厚度 2. 密封条材料 3. 密封条规格	环	按设计图示数量计算	1. 编号、表面清理、刷胶粘剂 2. 接缝衬垫、挡土衬、密封条粘贴、嵌贴腻子胶 3. 运输

项目编号	项目名称	项目特征	计量单位	工程量计算规则	工作内容
080303008	柔性接缝环	1. 材料 2. 规格 3. 部位 4. 混凝土强度等级	m	按设计图示以管片环中心圆周长计算	1. 制作、安装临时防水环板 2. 制作、安装、拆除临时止水缝 3. 拆除临时钢环板 4. 拆除洞口环管片 5. 安装钢环板 6. 柔性接缝环 7. 洞口钢筋混凝土环圈 8. 模板制安拆 9. 运输
080303009	管片嵌缝	1. 直径 2. 材料 3. 规格	环	按设计图示数量计算	1. 嵌缝槽处理，嵌缝 2. 手孔封堵 3. 运输
080303010	盾构机调头	1. 直径 2. 规格型号 3. 始发方式	台·次	按设计调头（过站）次数计算	1. 盾构机、车架拆除 2. 盾构机、车架调头 3. 轨道、钢板等设施安装、拆除 4. 盾构机、车架安装 5. 连接管线，调试
080303011	盾构机过站	1. 直径 2. 规格型号			1. 盾构机、车架安拆 2. 过站轨道等设施安装、拆除 3. 连接管线，调试
080303012	盾构机转场运输	1. 直径 2. 规格型号 3. 始发方式		按设计转场次数计算	1. 盾构机、车架安拆 2. 盾构机、车架转场运输 3. 连接管线，调试
080303013	盾构基座、反力架	1. 材质 2. 规格 3. 部位 4. 油漆种类、刷漆遍数	1. t 2. 座	1. 以吨计量，按设计图示尺寸以质量计算 2. 以座计量，按设计图示尺寸数量计算	1. 制作 2. 安装 3. 拆除 4. 运输 5. 刷防锈漆

项目编号	项目名称	项目特征	计量单位	工程量计算规则	工作内容
080303014	疏散平台	1. 规格 2. 部位 3. 材质	1. m² 2. m	1. 以平方米计量，按设计图示尺寸以面积计算 2. 以米计量，按设计图示尺寸以长度计算	1. 平台制作安装 2. 运输
080303015	泥水处理系统	1. 盾构直径 2. 型号 3. 处理能力	套	按设计图示以套计算	1. 泥水系统制作、安装、摊销、拆除 2. 自备泥浆 3. 泥浆输送
080303016	冻结加固	1. 部位 2. 制冷能力 3. 冷冻站运转工期	1. 项 2. m³	1. 以项计量，按设计图示尺寸以数量计算 2. 以立方米计量，按设计图示尺寸以体积计算	1. 钻机成孔 2. 冻结管路安装、管路保温，拆除回收 3. 加制冷剂 4. 冻结站制冷、维护

注：预制钢筋混凝土管片的计算规则按设计图示尺寸以体积计算，不扣除单个面积≤0.3m²的孔洞所占体积。

4. 相关问题及说明

（1）混凝土工程量不扣除构件内钢筋、螺栓、预埋铁件、张拉孔道、单个面积≤0.3m² 的孔洞所占体积，但应扣除劲性钢骨架所占体积。

（2）钢筋工程、钢结构工程、桩基工程均按附录高架桥工程相关项目编码列项，防水工程按地下结构工程项目编码列项。

（四）地下结构工程

1. 现浇混凝土

现浇混凝土工程量清单项目设置、项目特征描述的内容、计量单位及工程量计算规则，应按表 1-47 的规定执行。

现浇混凝土（编码：080401） 表 1-47

项目编码	项目名称	项目特征	计量单位	工程量计算规则	工作内容
080401001	混凝土柱	1. 部位 2. 截面形式、尺寸 3. 混凝土强度等级	m³	按设计图示尺寸以体积计算。不扣除构件内钢筋、预埋铁件所占体积；型钢混凝土柱扣除构件内型钢所占体积	1. 混凝土的制作、浇筑、振捣、养护 2. 模板制安拆 3. 运输
080401002	混凝土基础梁			按设计图示尺寸以体积计算。不扣除构件内钢筋、预埋铁件所占体积，伸入墙内的梁头、梁垫并入梁体积内；型钢混凝土梁扣除构件内型钢所占体积	
080401003	混凝土梁				
080401004	混凝土圈梁、过梁（反梁、压顶）				

项目编码	项目名称	项目特征	计量单位	工程量计算规则	工作内容
080401005	混凝土墙（中隔墙、侧墙、边墙）	1. 部位 2. 截面形式、尺寸 3. 混凝土强度等级	m³	按设计图示尺寸以体积计算	1. 混凝土的制作、浇筑、振捣、养护 2. 模板制安拆 3. 运输
080401006	混凝土内衬墙	1. 截面形式、尺寸 2. 混凝土强度等级			
080401007	混凝土底板				
080401008	混凝土中层板				
080401009	混凝土顶板				
080401010	混凝土站台板				
080401011	混凝土电梯井	1. 部位 2. 截面形式 3. 混凝土强度等级			
080401012	混凝土其他构件	1. 部位 2. 截面形式 3. 混凝土强度等级	m³	按设计图示尺寸以体积计算	1. 混凝土的制作、浇筑、振捣、养护 2. 模板制安拆 3. 运输
080401013	混凝土填充				
080401014	混凝土后浇带				
080401015	混凝土风道	1. 部位 2. 混凝土强度等级 3. 输送方式			

注：1. 柱：柱高自柱基（基础梁）上表面（或楼板上表面）至上一层楼板下表面之间的高度计算。构造柱高按设计高度计算，嵌接前提部分并入柱身体积。依附柱上的牛腿和柱帽，并入柱身体积计算。

    2. 梁：梁与柱连接时，梁长算至柱的内侧面；伸入墙内部分的梁头并入梁的体积计算。基础梁与柱连接时，基础梁通长计算。主梁与次梁连接时，次梁长度算至主梁的内侧面。梁高自梁底算至底板，反梁自板顶算至梁顶。

    3. 墙的体积应扣除门窗洞口及单个面积＞0.3m²的孔洞所占体积。墙垛（附墙柱）、暗柱、暗梁及突出部分并入墙体积计算。墙的体积中，板与墙相叠加部分按板计算；柱或梁与墙相叠加部分，分别按柱或梁计算。

    4. 板：靠墙的梗斜混凝土体积并入墙的混凝土体积计算，不靠墙的梗斜并入相邻顶板或底板混凝土体积。

    5. 混凝土风井、电缆井、消防水池在混凝土电梯井清单项目中列项。

2. 预制混凝土

预制混凝土工程量清单项目设置、项目特征描述的内容、计量单位及工程量计算规则，应按表1-48的规定执行。

预制混凝土（编码：080402） 表1-48

项目编码	项目名称	项目特征	计量单位	工程量计算规则	工作内容
080402001	混凝土站台板	1. 图集、图纸名称 2. 构件代号、名称 3. 截面形式 4. 构件类型 5. 混凝土强度等级 6. 砂浆强度等级	m³	按设计图示尺寸以体积计算	1. 混凝土制作、浇筑、振捣、养护 2. 模板制安拆 3. 安装 4. 砂浆制作 5. 接头灌缝、养护 6. 运输

3. 防水工程

防水工程工程量清单项目设置、项目特征描述的内容、计量单位及工程量计算规则，应按表1-49的规定执行。

防水工程（编码：080403）　　　　　　　　　　表1-49

项目编码	项目名称	项目特征	计量单位	工程量计算规则	工作内容
080403001	变形缝（诱导缝）	1. 部位 2. 材质 3. 规格 4. 工艺要求	m	按设计图示尺寸以长度计算	1. 制作 2. 安装 3. 运输
080403002	施工缝				
080403003	卷材防水	1. 部位 2. 卷材品种 3. 防水做法 4. 混凝土强度等级	m²	按设计图示尺寸以面积计算	1. 基层处理 2. 抹找平层 3. 抹(铺)隔离层 4. 缓冲层铺设 5. 防水层、加强层铺设 6. 接缝、嵌缝 7. 保护层铺设 8. 运输
080403004	涂膜防水	1. 部位 2. 涂膜品种、遍数、厚度 3. 防水做法 4. 混凝土强度等级	m²	按设计图示尺寸以面积计算	1. 基层处理 2. 抹找平层 3. 抹(铺)隔离层 4. 涂喷防水层 5. 加强层铺设 6. 嵌缝 7. 保护层铺设 8. 运输
080403005	刚性防水层	1. 部位 2. 种类 3. 厚度 4. 砂浆配合比 5. 混凝土强度等级			1. 拉索安装 2. 张拉 3. 锚具 4. 防护壳制作、安装
080403006	防水堵漏	1. 部位 2. 材质 3. 规格 4. 工艺要求	点(m、m²)	按设计图示尺寸以点数（长度、面积)计算	1. 基层处理 2. 堵漏处理 3. 表面处理

注：防水板、防水毯按"卷材防水"项目编码列项。

4. 相关问题及说明

（1）混凝土工程量不扣除构件内钢筋、螺栓、预埋铁件、张拉孔道、单个面积≤0.3m²的孔洞所占体积，扣除劲性钢骨架所占体积。

（2）钢筋工程、钢结构工程均按高架桥工程中相关项目编码列项。

（五）轨道工程

1. 铺轨工程

铺轨工程工程量清单项目设置、项目特征描述的内容、计量单位及工程量计算规则，应按表 1-50 的规定执行。

铺轨工程（编码：080501）   表 1-50

项目编码	项目名称	项目特征	计量单位	工程量计算规则	工作内容
080501001	地下段轨道（无缝线路轨道）				1. 钢轨铺设、配件安装 2. 轨枕安装 3. 扣件、非金属件安装（含硫磺锚固） 4. 支撑架拆 5. 龙门架轨道铺拆 6. 工具轨轨节拼装、铺设 7. 工具轨拆除、回收 8. 钢轨焊接、探伤、实验 9. 接头制作、安装 10. 应力放散、锁定 11. 长轨焊接作业线、铺轨机安拆、调试 12. 运输
080501002	地面段轨道（无缝线路轨道）	1. 电机类型 2. 道床形式 3. 钢轨类型 4. 扣件类型 5. 轨枕类型 6. 轨枕数量	km	按设计图示每股道的中心线长度(不含道岔长度)计算	
080501003	高架段轨道（无缝线路轨道）				
080501004	地下段轨道（有缝线路轨道）				1. 钢轨铺设、配件安装 2. 轨枕安装 3. 扣件、非金属件安装 4. 支撑架拆 5. 龙门架轨道铺设 6. 轨节拼装、铺设 7. 锯轨、钻孔 8. 木枕打印、钻孔、注油 9. 涂绝缘膏、上油、检修、拔荒道 10. 运输
080501005	地面段轨道（有缝线路轨道）				
080501006	高架段轨道（有缝线路轨道）				

铺道岔工程工程量清单项目设置、项目特征描述的内容、计量单位及工程量计算规则，应按表 1-51 的规定执行。

2. 铺道岔工程

铺道岔工程（编码：080502）   表 1-51

项目编码	项目名称	项目特征	计量单位	工程量计算规则	工作内容
080502001	无缝线路铺单开道岔				1. 道岔铺设组装 2. 道岔支撑架安拆 3. 涂油，整修 4. 木岔枕打印、钻孔、注油 5. 应力放散与锁定 6. 接头制作安装 7. 运输
080502002	无缝线路铺复式交分道岔				
080502003	无缝线路铺交叉渡线道岔	1. 轨型 2. 岔枕类型 3. 道床类型 4. 道岔号	组	按设计图示数量计算	
080502004	有缝线路铺单开道岔				1. 道岔铺设组装 2. 道岔支撑架安拆 3. 涂油，整修 4. 木岔枕打印、钻孔、注油 5. 运输
080502005	有缝线路铺复式交分道岔				
080502006	有缝线路铺交叉渡线道岔				

3. 铺道床工程

铺道床工程工程量清单项目设置、项目特征描述的内容、计量单位及工程量计算规则，应按表 1-52 的规定执行。

铺道床工程（编码：080503） 表 1-52

项目编码	项目名称	项目特征	计量单位	工程量计算规则	工作内容
080503001	粒料道床	1. 位置 2. 材质	m³	按设计图示尺寸（含道岔道床）以体积计算	1. 基层处理 2. 底砟铺筑、面砟铺筑、线间石砟 3. 沉落整修 4. 运输
080503002	整体道床混凝土	1. 部位 2. 混凝土强度等级			1. 基层处理 2. 支承块安装 3. 模板制安拆 4. 混凝土制作、浇筑、振捣、养护 5. 伸缩缝制安 6. 运输
080503003	橡胶浮置板道床	1. 混凝土强度等级 2. 减振器型号、数量 3. 剪力铰型号、数量 4. 橡胶支座型号 5. 橡胶垫品种、规格	m³	按设计图示尺寸以体积计算	1. 混凝土制作、浇筑、振捣、养护 2. 支承块预制、安装 3. 伸缩缝 4. 隔离层 5. 基底回填 6. 基层处理 7. 密封条 8. 减振器制作、安装 9. 剪力铰制作、安装 10. 浮置板顶升 11. 模板制安拆 12. 运输 13. 橡胶支座制作、安装 14. 橡胶垫铺设
080503004	凸型浮置板道床				
080503005	钢弹簧浮置板道床				
080503006	预制混凝土板道床	1. 图集、图纸名称 2. 构件代号、名称 3. 类型 4. 规格 5. 混凝土强度等级	m³	按设计图示尺寸以体积计算	1. 构件安装 2. 构件连接、灌浆 3. 垫块制作、安装 4. 伸缩缝 5. 砂浆制作 6. 运输

注：预制构件均按成品编制项目，预制构件的价格应计入综合单价中。

4. 轨道加强设备及护轮轨

轨道加强设备及护轮轨工程量清单项目设置、项目特征描述的内容、计量单位及工程量计算规则，应按表 1-53 的规定执行。

项目编码	项目名称	项目特征	计量单位	工程量计算规则	工作内容
080504001	护轮轨	1. 类型 2. 规格	km	按设计图示单侧长度计算	1. 护轮轨及配件安装 2. 木枕打印、钻孔、注油 3. 梭头连接 4. 护轮轨弯曲 5. 扣件、非金属件安装（含硫磺锚固） 6. 运输
080504002	轨距杆		根	按设计图示数量计算	1. 轨距杆安装 2. 轨撑垫板制作、安装 3. 螺栓涂油 4. 木枕打印、钻孔、注油 5. 运输
080504003	钢轨伸缩调节器		对		1. 调节器安装 2. 配件安装 3. 轨枕安装 4. 扣件、非金属件安装 5. 木枕打印、钻孔、注油 6. 运输
080504004	防爬设备		个		1. 防爬器安装 2. 防爬支撑安装 3. 扒填道砟 4. 运输

5. 线路有关工程

线路有关工程工程量清单项目设置、项目特征描述的内容、计量单位及工程量计算规则，应按表 1-54 的规定执行。

项目编码	项目名称	项目特征	计量单位	工程量计算规则	工作内容
080505001	线路及信号标志	1. 种类 2. 部位 3. 材质 4. 规格	个	按设计图示数量计算	1. 制作、安装 2. 运输
080505002	平交道口	1. 类型 2. 规格	m²	按设计图示面积计算	1. 面板制作、铺砌 2. 清理浮砟 3. 道口护轨制作、安装 4. 道口栏木制作、安装 5. 刷涂防腐油 6. 填铺垫层 7. 运输
080505003	车挡		处	按设计图示数量计算	1. 制作、安装 2. 运输
080505004	钢轨涂油器		个		
080505005	轨道常备材料	1. 钢轨类型、规格 2. 配件类型、规格 3. 扣件类型、规格 4. 轨枕类型、规格 5. 岔道类型、规格 6. 道岔类型、规格	1. km 2. 组	1. 以公里计量，按长度计算 2. 以组计量，按数量计算	1. 放置备用材料 2. 运输

6. 相关问题及说明

（1）混凝土工程量不扣除构件内钢筋、螺栓、预埋铁件、张拉孔道、单个面积≤0.3m² 的孔洞所占体积，但应扣除劲性钢骨架所占体积。

（2）钢筋工程按高架桥工程中相关项目编码列项。

第二章 土石方工程

第一节 土石方工程计量与计价

一、说明

（1）本章定额包括人工和机械的土方开挖、运土、平整、夯实及人工和机械的石方开挖、运输等，共12节120个子目。适用于地铁工程采用明挖法、暗挖法和盖挖法施工的土石方工程，但不适合于采用矿山法施工和盾构法施工的区间隧道。矿山法施工和盾构法施工的地下区间隧道土石方工程应按第六章"隧道工程"相应子目执行。

（2）土石方分类详见《浙江省市政工程预算定额》通用项目分册的"土壤与岩石（普氏）分类表"。

（3）盖挖法施工时，以盖挖顶板下表面划分：顶板下表面以上的土石方执行明挖法的相应子目，顶板下表面以下的土方执行盖挖法的相应子目。

（4）定额中盖挖法挖土石方，按顺作法施工考虑。遇到逆作法施工挖土石方时，按顺作法定额乘系数1.2。

【例2-1】 盖挖逆作法施工，机械挖三类土，确定套用的定额子目及基价。

【解】 [1-43] H❶ 基价=4613×1.2=5535.6 元/1000m³。

（5）沟槽、基坑、平整场地与明挖法的划分：底宽≤7m且底长>3倍底宽，按沟槽计算；底长≤3倍底宽且基坑底面积≤150m²，按基坑计算；厚度在30cm以内就地挖、填土按平整场地计算；超过上述范围土、石方则按明挖法计算。

（6）人工挖沟槽和基坑淤泥、流沙，按明挖法人工挖淤泥、流沙定额执行。

（7）干、湿土的划分首先以地质勘查资料为准，含水率≥25%为湿土；或以地下常水位为准，常水位以上为干土，常水位以下为湿土。挖、运湿土时，人工和机械乘以系数1.18（机械运湿土除外），干、湿土工程量分别计算。采用井点降水的土方应按干土计算。

【例2-2】 人工挖沟槽，三类湿土，深6m，从沟槽边1m以外堆放点人工外运20m，确定套用的定额子目及基价。

【解】 基价＝[1-19❷]H+[1-19]＝2174×1.18+533＝3098.32 元/100m³。

（8）除大型支撑基坑开挖定额外，在支撑下挖土，人工乘以系数1.43，机械乘以系数1.20，先开挖后支撑的不属于支撑下挖土。

【例2-3】 人工挖沟槽一、二类干土（带挡土板），深4m，确定套用的定额子目及基价。

---

❶ H表示"换算"的意思。

❷ [1-19]表示定额编号1-19，其他编号意思同此。

【解】[1-14] H 基价＝1228×1.43＝1756.04 元/100m³。

（9）机械挖土发生挖土机转堆时，土方转堆次数按施工组织设计计算。如未确定土方开挖具体方案，挖土深度超过 4m 时，超过部分的工程量可计算一次转堆。

【例 2-4】机械挖土带支撑，深 8m，土方转堆二次，确定套用的定额子目及基价。

【解】[1-48] H 基价＝2007×2＝4014 元/1000m³。

（10）推土机推土的平均土层厚度小于 30cm 时，其推土机台班乘以系数 1.25。

【例 2-5】推土机推三类土，运距 80m，厚度 20cm，确定套用的定额子目及基价。

【解】基价＝[1-51]H＋[1-53] H＝1878×1.25＋565×7＝6302.5 元/1000m³。

（11）机械填土碾压、填石碾压、填砂碾压（淤泥地带）的定额中，均未包括土、石、砂的材料费用。

（12）填砂碾压分为普通地带和淤泥地带两个子目。淤泥地带填砂适用于淤泥厚度 1～2m 且填砂厚度在淤泥表面 1.5m 以内的工程，挤入淤泥的填砂工程量可按实计算，每松散立方米砂折算系数为 0.769；淤泥厚度 1m 以内或超过淤泥表面 1.5m 以上的填砂，按普通地带填砂碾压计算。

（13）"人工挖土方"、"人工凿岩"定额中已考虑场内 100m 水平运输和归堆，但未考虑垂直运输，若发生土石方垂直运输时，按本章的相应子目执行。

（14）石方爆破定额已综合考虑爆破所需覆盖的防护费用等。爆破按无地下渗水、积水考虑，若出现地下渗水、积水时，其处理费用另行计算。

（15）静力爆破石方定额中，膨胀剂（破碎剂）的消耗量，遇设计不同时可以按实调整。

（16）爆破开挖区最外边缘到周边建（构）筑物或设施之间的距离在 200～300m 时，除硝铵炸药外乘以系数 0.85；距离在 50～100m 时，除硝铵炸药外乘以系数 1.15；距离在 30～50m 时，除硝铵炸药外乘以系数 1.3；距离在 15～30m 时，除硝铵炸药外乘以系数 1.5；距离在 10～15m 时，除硝铵炸药外乘以系数 1.8；小于 10m 时，除硝铵炸药外乘以系数 2.0。

【例 2-6】盖挖法爆破开挖次坚石，其爆破开挖区边缘到周边建（构）筑物距离在 200～300m 时，确定套用的定额子目及基价。

【解】[1-92]H 基价＝（3511－39.53×6.95）×0.85＋39.53×6.95＝3025.56 元/100m³。

（17）大型支撑基坑土石方开挖定额适用于地下连续墙、混凝土板桩、钢板桩等作围护的跨度大于 8m 且有横向大型支撑的深基坑开挖。定额中已包括湿土排水，若需采用井点降水或支撑安拆需打拔中心稳定桩等，其费用另行计算。计取井点排水费用后，需扣除定额中的污水泵数量。

大型支撑基坑土方定额中已综合考虑土方垂直运输的各种方法，不得因施工组织方法不同而调整定额；支撑下挖淤泥、流沙与石方定额中未考虑垂直运输，应另行按本章定额的相应子目执行。

【例 2-7】大型支撑基坑开挖土方，采用地下连续墙围护结构，基坑宽 18m 深 16m，坑内设置深井降水，确定套用的定额子目及基价。

【解】[1-117] H 基价＝2648－2.3×116.51＝2380.03 元/100m³。

【例 2-8】大型支撑基坑开挖淤泥，采用钢板桩围护结构，基坑深 10m，确定套用的定额子目及基价。

【解】基价 $=$ [1-58] $+$ [1-119] $=519+1240=1759$ 元 $/100\text{m}^3$。

(18) 本定额不包括各类旧路路面、基层、构筑物等拆除工程，发生时按照 2010 版《浙江省市政工程预算定额》的相应子目执行。

二、工程量计算规则

(1) 土石方工程量计算除说明或规定以外，均按设计图示尺寸计算。修建机械上下坡的便道土方量并入土方工程量内。

(2) 土石方开挖按天然密实体积（自然方）计算，回填土按碾压夯实后的体积（实方）计算。回填土体积应扣除基础、垫层及各种构筑物所占的体积（表 2-1）。

回填土体积换算表　　　　　　　　　　表 2-1

虚方体积	天然密实度体积	夯实后体积	松填体积
1.00	0.77	0.67	0.83
1.20	0.92	0.80	1.00
1.30	1.00	0.87	1.08
1.50	1.15	1.00	1.25

一个单位的天然密实度体积折合 1.30 个单位虚方体积，折合 0.87 个夯实后体积，折算为 1.08 个松散填土体积。

一个单位的夯实后体积折合 1.50 个单位虚方体积，折合 1.15 个天然密实度体积，折算为 1.25 个松散填土体积。

一个单位的松散填土体积折合 1.20 个单位虚方体积，折合 0.92 个天然密实度体积，折算为 0.80 个夯实后体积。

【例 2-9】某土方工程：设计挖土数量 2000m³，填土数量 800m³，挖、填土考虑现场平衡。试计算其土方外运量。

【解】填土数量为 800m³，查"土方体积换算表"得夯实后体积：天然密实度体积 $=1:1.15$，填土所需天然密实度体积为 $800\times1.15=920\text{m}^3$，故其土方外运量为 $2000-920=1080\text{m}^3$。

【例 2-10】某承台基坑工程：已知挖土 3000m³，其中可利用 1000m³，填土 2000m³，挖、填土考虑现场平衡。试计算其余土外运数量及填缺土方数量。

【解】① 余土外运数量：$3000-1000=2000\text{m}^3$（自然方）。

② 填缺土方数量：$2000\times1.15-1000=1300\text{m}^3$（自然方）。

(3) 车站盖挖土石方按设计结构外围断面面积乘以设计长度以立方米计算，其设计结构外围断面面积是指结构衬墙外侧之间的宽度乘以设计顶板底至底板（或垫层）底的高度。

【例 2-11】某地下车站两层，盖挖法施工，车站设计结构断面：结构衬墙外侧宽度 21m，原始路面至车站设计顶板底的高度为 1.8m，设计顶板底至底部垫层底的高度为 18.5m，车站长度 200m，试计算本车站挖土方数量。

【解】首先，先判断基坑土方还是一般土方：基坑底面积 $=$ 基坑长 $\times$ 基坑宽 $=200\times21=4200\text{m}^2$，大于 150m²；根据沟槽、基坑、平整场地与明挖法的划分可知：底长≤3 倍底宽且基坑底面积≤150m²，按基坑计算；超过上述范围土、石方则按明挖法计算。

其次，具体计算过程如下：

① 明挖一般土方数量：基坑长×基坑宽×原始路面至车站设计顶板底的高度＝200×21×1.8＝7560m³。

② 盖挖一般土方数量：基坑长×基坑宽×设计顶板底至底部垫层底的高度＝200×21×18.5＝77700m³。

（4）车站暗挖土石方按设计初支结构面积乘以车站设计长度以立方米计算，其设计初支结构面积为设计图示衬墙外侧各增加10cm之间的宽度乘以顶板衬砌结构外放10cm至设计底板（或垫层）下表面的高度。

【例2-12】某地下车站两层，暗挖法施工，车站设计初期支护断面：设计图示衬墙外侧宽度15m，设计顶板面至底部垫层底的高度为12m，车站长度185m，试计算本车站挖土方数量。

【解】

① 挖土宽度：设计图示衬墙外侧＋增加10cm×2侧＝15＋0.10×2＝15.2m。

② 挖土深度：顶板衬砌结构至设计垫层下表面的高度＋顶板外放10cm＝12＋0.10＝12.10m。

③ 挖土数量：挖土宽度×挖土深度×挖土长度＝15.2×12.10×185＝34025.2m³。

（5）人工挖沟槽、基坑土方，如不设支撑时，开挖底宽度按设计规定计算；若设计未明确，按基础垫层宽度每侧加30cm计算。开挖深度超过表2-2时，可根据表中所对应的放坡系数，计算放坡工程量。

放坡系数表 表2-2

土壤类别	放坡深度超过（m）	放坡系数
一、二类土	1.2	1：0.5
三类土	1.5	1：0.33
四类土	2.0	1：0.25

【例2-13】某工程人工开挖三类土方，设置钢板桩支撑，沟槽长度1000m，基础垫层为C15混凝土宽1.2m，沟槽挖深4.2m，试计算本沟槽挖土方数量。

【解】首先，判断本项目挖深4.2m，查"放坡系数表"可知：三类土挖深超过1.5m时，必须计算放坡工程量：

① 挖土下底宽度：基础垫层宽度＋工作面宽度×2侧＝1.2＋0.3×2＝1.8m。

② 挖土上底宽度：基础垫层宽度＋工作面宽度×2侧＋放坡系数×挖土深度×2侧＝1.2＋0.3×2＋4.2×0.33×2＝4.57m。

③ 挖土数量：平均宽度×挖土深度×挖土长度＝（1.8＋4.57）/2×4.2×1000＝13377m³。

（6）土石方运距应以挖土重心至填土重心或弃土重心最近距离计算。挖土重心、填土重心、弃土重心按施工组织设计确定。

（7）人力及人力车运土、石方土坡坡度在15%以上、推土机重车上坡坡度大于5%时，斜道运距按斜道长度乘以表2-3中系数。

斜道运距系数 　　　　　　表 2-3

项目	推土机				人力及人力车
坡度（%）	5～10	15 以内	20 以内	25 以内	15 以上
系数	1.75	2	2.25	2.5	5

【例 2-14】某工程推土机推土上坡斜长距离 22m，坡度 15%，该推土机推土运距为多少？

【解】推土机推土运距＝22×2.5＝55m。

（8）明挖法、盖挖法施工中的机械挖土方工程，如需人工辅助开挖，而施工组织设计又无明确规定时，人工辅助挖土工程量可按土方总量的 4% 计算。

【例 2-15】某地下车站为明挖法施工，采用机械挖土方和人工辅助开挖，总挖土数量 50000m³，人工开挖土方数量为多少？

【解】人工开挖土方数量＝50000×4%＝2000m³。

（9）人工凿岩石和爆破岩石均以天然密实体积（自然方）计算。石方采用爆破开挖时，工程量按图纸尺寸加坡面允许超挖量，开挖坡面每侧允许超挖量：松、次坚石 20cm，普、特坚石 15cm。底部超挖不计。

（10）大型支撑基坑土石方开挖工程量按围护结构内围尺寸乘以基坑第一道支撑下表面以下深度以立方米计算。

【例 2-16】某大型支撑基坑土方开挖，围护结构内围尺寸：宽 19m，长 185m，深度 21m，其中，原始地面至第一道支撑下表面深度为 2.2m，试计算土方数量为多少？

【解】根据定额规定，土方数量分成一般土方和大型基坑土方开挖两个定额项目，具体计算如下：

① 一般土方数量：原始地面至第一道支撑下土方＝2.2×19×185＝7733m³。

② 大型基坑土方数量：第一道支撑下至基坑垫层底＝（21－2.2）×19×185 ＝66082m³。

由于基坑已有围护结构，不存在放坡系数和放坡工程数量。

第二节　土石方工程计量与计价实例

工程名称：××市轨道交通×号线工程××站围护结构

一、工程概况

××市轨道交通×号线工程××站为侧式站台地下二层车站，双柱三跨钢筋混凝土箱形结构，基坑净宽 24.3～25.3m，净长 223m，站中心基坑深 16.3m，车站南、北端头盾构施工的始发工作井。站台中心里程处顶板覆土约 1.9m，底板埋深约 16.3m。

南、北端头井基坑深分别为 17.97m、18.42m；标准段基坑深约 16.18～16.53m。采用分段明挖顺作法施工。

二、编制依据

（1）由××设计院研究院提供的施工招标图纸；

（2）由××公司编制的《××市轨道交通×号线工程××站工程施工招标文件》等。

三、编制说明

（1）土方外运运距统一按 20km 考虑，泥浆外运运距统一按 10km 考虑（图 2-1、表 2-4）。

图 2-1　基坑挖土

基坑挖土工程量计算书　　　　　　　　　　　　　　　　　　表 2-4

序号	部位	长(m)	宽(m)	个数	平面面积 (m²)	自然地坪	基底标高 (m)	板顶平均标高(m)	计算高度 (m)	挖方量(m³)	回填(m³)
1	筏板 1			1	500.66	3	−15.4	1.449	18.4	9212.14	776.52
2	筏板 2			1	4648.27	3	−13.353	1.449	16.353	76013.16	7209.47
3	筏板 3			1	710.61	3	−14.999	1.449	17.999	12790.27	1102.16
4	筏板 4	25.7	0.6	1	15.42				1.85	28.53	
5	下翻梁			1						260.82	
6	上翻梁			1							−211.45
7	道路破除			1	468.00	3	1.9		1.1	−514.80	
8	汇总				5874.96					97790.12	8876.70

注：本工程基坑设置在道路下面，因此，道路开挖破除要单独计算，然后再计算基坑挖土。

（2）基坑挖土计算公式如下：

$$V＝基坑总面积×挖深 \tag{2-1}$$

1）总面积按基坑围护结构的内侧面积计算，分为基坑标准段面积＋两侧盾构始发或接收井的面积＋下（上）翻梁的面积＋道路面积。

2）挖深按原始地面标高减去设计底标高计算。

分部分项工程量清单与计价见表 2-5。

分部分项工程量清单与计价表

表 2-5

单位及专业工程名称：××市轨道交通×号线工程××站土方工程

序号	项目编码	项目名称	项目特征	计量单位	工程量	综合单价（元）	合价（元）	其中（元）		备注
								人工费	机械费	
		一、土方					8863949.06	1050428.23	5726248.64	
1	080101004001	围护基坑挖土方	（1）土壤类别：根据现场踏勘及有关资料由投标人自行确定； （2）挖土深度：综合考虑； （3）开挖形式：明挖	m³	97790.12	35.88	3508709.51	948564.16	1773912.78	单价包干
2	080101011001	填方	（1）部位：板顶回填； （2）填方材料、密实度：按设计要求回填，详见设计图纸； （3）运距自行考虑	m³	8876.70	61.17	542987.74	69593.33	345836.23	单价包干
3	08B001	余方弃置	（1）废弃料品种：综合考虑； （2）运距：自行考虑； （3）含陆域渣土处置费	m³	97790.12	49.21	4812251.81	32270.74	3606499.63	单价包干
		合计					8863949.06	1050428.23	5726248.63	

第三章 围护结构及地基处理工程

第一节 围护结构及地基处理工程计量与计价

本章定额包括人工和机械的土方开挖、运土、平整、夯实及人工和机械的石方开挖、运输等，共9节81个子目。适用于地铁工程采用明挖法和盖挖法施工的土石方工程，但不适合于采用矿山法施工和盾构法施工的区间隧道。矿山法施工和盾构法施工的地下区间隧道土石方工程应按第六章"隧道工程"相应子目执行。

一、地下连续墙

（一）说明

（1）挖土成槽的护壁泥浆密度为 $1.055t/m^3$，若需要取用重金石泥浆可进行调整。护壁泥浆使用的废浆处理另行计算。

（2）地下连续墙的泥浆池搭拆费用按第五章"桥涵工程"的相应定额执行。

（3）地下连续墙混凝土的品种、强度等级设计与定额不同时，应作换算。

（4）钢筋笼制作包括台座摊销。

【例3-1】地下连续墙钢筋笼制作、吊运就位，地下连续墙钢筋笼深45m以内，确定套用的定额子目及基价。

【解】基价 $= [2-13] + [2-18] = 4936 + 461 = 5397$ 元/t。

（二）工程量计算规则

（1）导墙开挖按设计长度乘以开挖宽度及深度以立方米计算。导墙浇捣混凝土按设计图示尺寸以立方米计算。

（2）成槽工程量按设计长度乘以墙厚和成槽深度（自然地坪标高至连续墙底加0.5m）以立方米计算。泥浆池建拆、泥浆外运工程量按成槽工程量乘以系数0.2计算；土方外运工程量按成槽工程量计算。

【例3-2】地下连续墙成槽：设计长度420m，设计墙厚1000mm，原始地面至连续墙顶高1.2m，连续墙顶至设计底标高为38m，试计算成槽、泥浆外运和土方外运的工程数量为多少？

【解】根据本章工程量计算规则可知，成槽深度为原始地面标高至连续墙底加0.5m，成槽出土分为20%的泥浆和100%土方。因此，具体计算过程如下：

① 成槽工程数量：$420 \times 1.0 \times (1.2 + 38 + 0.5) = 16674 m^3$。

② 泥浆外运工程数量：$16674 \times 0.2 = 3334.8 m^3$。

③ 土方外运工程数量：$16674 m^3$。

（3）钢筋笼吊运就位工程量应包括钢筋笼、工字钢封口工程量，按设计图示尺寸及施工规范以吨计算（图3-1）。

（4）钢筋笼、工字钢封口的制作工程量按设计图示尺寸及施工规范以吨计算。

（5）连续墙混凝土浇捣工程量按设计长度乘墙厚及墙深加 0.5m 以立方米计算。

【例 3-3】地下连续墙浇捣：设计长度 420m，设计墙厚 1000mm，原始地面至连续墙顶高 1.2m，连续墙顶至设计底标高为 38m，试计算连续墙混凝土浇捣工程量为多少？

图 3-1　现场钢筋笼吊运图片

【解】根据本章工程量计算规则可知，混凝土深度为连续墙深加 0.5m。

工程数量：$420 \times 1.0 \times (38 + 0.5) = 16170 m^3$。

（6）清底置换以"段"为单位（段指槽壁单元槽段），接头管（箱）吊拔按连续墙段数计算，定额中已包括接头管（箱）的摊销。

【例 3-4】地下连续墙浇捣前采用清底置换，标准幅每 6m 长共 80 段，转角幅每 4～6m 长共 8 段，试计算连续墙清底置换工程量为多少？

【解】工程数量：80 + 8 = 88 段。

（7）导墙拆除以"段"计算，导墙回填按"土石方工程"相应子目执行。

【例 3-5】地下连续墙导墙拆除，标准幅每 6m 长共 80 段，转角幅每 4～6m 长共 8 段，试计算连续墙导墙拆除工程量为多少？

【解】工程数量：80 + 8 = 88 段。

（8）凿地下连续墙按设计图示需凿除的工程量以体积计算（图 3-2）。

【例 3-6】设计要求基坑面以上的地下连续墙凿除，基坑深度 18m，基坑长 420m，试计算连续墙凿除工程量为多少？

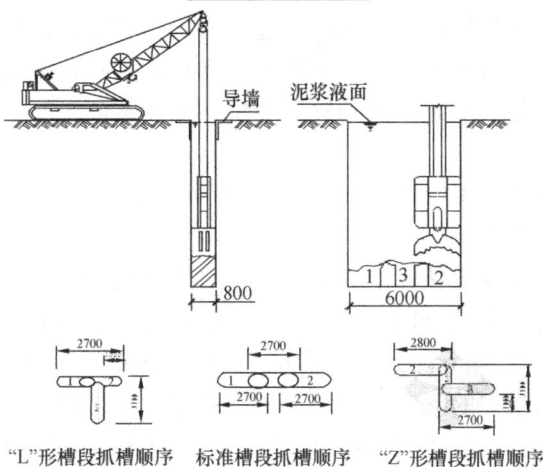

图 3-2　地下连续墙成槽示意图、成槽机图片

【解】 工程数量：$18 \times 420 = 7560 \text{m}^2$。

二、预应力锚杆

（一）说明

钢筋锚杆制作、安装定额按预应力考虑，若采用非预应力锚杆时套用钢筋锚杆相应定额，人工及机械乘系数 0.75。

【例 3-7】 非预应力钢筋锚杆制作、安装，确定套用的定额子目及基价。

【解】 [2-42] H 基价 $= 4478 + (250.69 + 34.23) \times 0.75 = 4691.69$ 元/t。

（二）工程量计算规则

(1) 钻孔、灌浆工程量按设计图示长度以延长米计算。

(2) 锚杆制作、安装工程量按设计图示尺寸以吨计算。

(3) 锚墩、承压板制作、安装以个计算（图 3-3）。

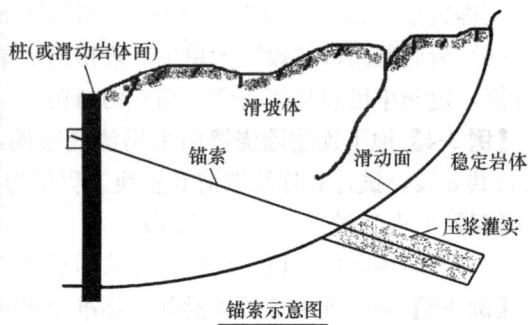

图 3-3　钢筋锚杆制作现场照片

【预应力锚索技术小知识】

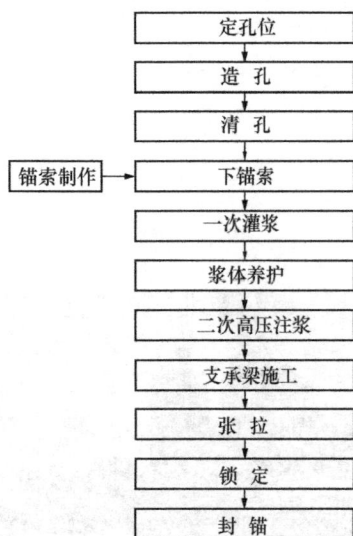

图 3-4　预应力锚索（杆）
施工工艺流程

锚索是通过外端固定于坡面，另一端锚固在滑动面以内的稳定岩体中穿过边坡滑动面的预应力钢绞线，直接在滑面上产生抗滑阻力，增大抗滑摩擦阻力，使结构面处于压紧状态，以提高边坡岩体的整体性，从而从根本上改善岩体的力学性能，有效地控制岩体的位移，促使其稳定，达到整治顺层、滑坡及危岩、危石的目的。

预应力锚索（杆）施工工艺流程如图 3-4 所示。

（1）造孔

造孔速度的快慢直接影响锚索工程的施工进度，在本工程中选用 MDL-120B1 型工程钻机。东侧锚索的孔径为 250mm，西侧锚索的孔径为 200mm，锚索钻孔与水平面的下夹角为 15°，在钻孔达到深度后，用高压风清孔，将残积在孔内的残渣排出孔外，以保证锚索注浆体与孔壁的良好粘结。

（2）钢绞线的制作与安装

锚索材料选用高强度钢绞线，制作前对进场材料进行检验，合格证、质量证明书齐全后方可使用。钢绞线采用无齿锯切割，下料长度为锚索设计长度、张拉承台高度、千斤顶长度、张拉操作长度之和。钢绞线如有油脂和包装物保护，钢束切断后要清除钢束锚固段的防护层，并用溶剂或蒸汽清除防护油脂。

锚索体编索，选平整干净的场地，将切好的钢绞线平顺放好，逐根检查，确认无误。量出设计的锚固段和自由段长度，将钢绞线插入导向尖锥，在锚固段沿锚索轴线方向每隔1.5m设置一个架线环，自由段每隔2.0m设置一个架线环，再将注浆管沿架线环中心孔穿入至锚固段，然后将编束好的锚束体按孔号编码堆放。

成孔后，将锚索穿入孔中，注意保持居中，小心插入，严禁野蛮施工（图3-5）。

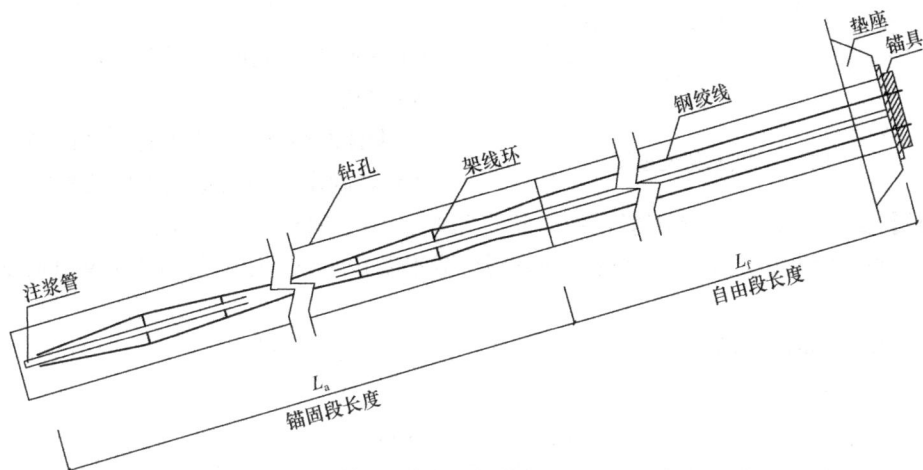

图 3-5　预应力锚索（杆）施工

（3）注浆

本次锚索注浆分两次进行，选用 M30 砂浆，一次灌浆配合比水泥∶砂子∶水∶外加剂为 32∶32∶16∶1，二次高压注浆宜用水灰比 0.45～0.55 的水泥浆，二次高压注浆压力宜控制在 2.5～5.0MPa 之间，注浆时间可根据注浆工艺试验确定或一次注浆锚固体强度达到 5MPa 后进行。

水泥浆搅拌采用自制高速灰浆搅拌机，注浆施工采用 UB-8 型柱塞式灰浆泵。

施工时预埋一根直径 32mm 塑料注浆管，一根直径 32mm 二次注浆管，在杆体制作时和钢绞线绑在一起。在锚固段与自由段交接处埋设止浆塞。

锚索放入孔内后立即进行注浆，将孔内剩余残渣置换出。接近地表或降水井及管线的锚索，注浆时适当控制注浆压力。在第一次灌浆体终凝或强度达到 5MPa 之后进行二次高压注浆，注浆压力控制在 2.5～5.0MPa。

（4）支承梁施工

支承梁采用 C40 混凝土浇筑而成，待支承梁强度达到 30MPa 后方可对锚索进行张拉施工，梁主筋保护层不得小于 50mm，支承梁配筋如图 3-6 所示。

支承梁上对应每孔锚索安装锚垫板，锚垫板根据各剖面钢绞线股数的排列情况确定。

（5）张拉锁定

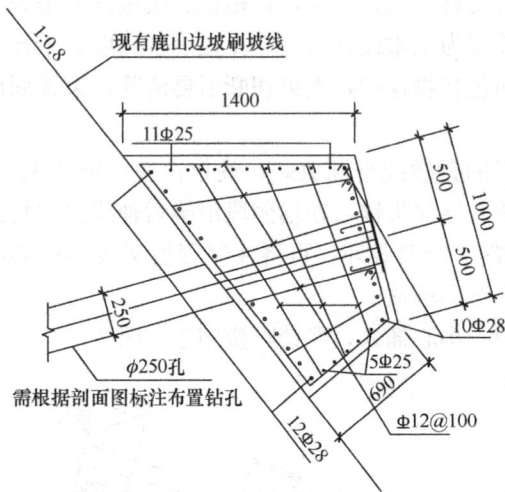

图 3-6　支承梁配筋图

当注浆体的强度达到设计强度的 80%以上，即可对锚索进行张拉锁定。锚索张拉采用 300t、500t 千斤顶及 ZB4-500 电动油泵分级加载，加载后用 OVM 型锚头锁定。

（6）待锚索稳定后及时进行补浆及封锚处理。

三、喷射混凝土支护

（一）说明

（1）喷射混凝土定额初喷均为 5cm，实际喷射厚度不同时可以调整，另套每增减 1cm 定额。

【例 3-8】喷射混凝土垂直面网喷厚度 10cm，确定套用的定额子目及基价。

【解】[2-50]＋[2-51]H 基价 = 3463＋571×5 = 6318 元 /100m²。

（2）喷射混凝土定额按是否设置钢筋网分成素喷和网喷，按喷射的部位又分成垂直面和斜面。

（3）喷射混凝土钢筋网定额已包括制作、挂网、绑扎、点焊。

（二）工程量计算规则

（1）喷射混凝土工程量按设计图示尺寸以平方米计算。

（2）喷射混凝土钢筋网制作安装按设计图示重量及施工规范以吨计算。

四、打拔钢板桩、钢支撑安装拆除、插拔型钢

（一）说明

（1）打拔钢板桩、钢支撑（图 3-7）安装拆除、插拔型钢定额中已综合考虑了正常施工条件下钢板桩、钢支撑的损耗量。

（2）钢板桩、钢支撑、型钢使用费另行计算。

【例 3-9】大型钢支撑安装、拆除，基坑宽 18m，使用时间 6 个月，租赁价格每天每吨 7.2 元，确定套用的定额子目及基价。

图 3-7　钢支撑图

【解】［2-13］基价＝833＋7.2×30×6 ＝2129 元/t。

（二）工程量计算规则

（1）打拔钢板桩、钢支撑安拆、插拔型钢的工程量按设计图示重量以吨计算。

（2）钢板桩、钢支撑、型钢使用费＝（使用量×损耗量）×使用天数×使用费标准［元/（t·d）］。

（3）钢板桩、钢支撑、插拔型钢的使用量为实际投入量，其实际投入量及使用天数应根据现场签证或施工记录进行确定。

【例 3-10】某地下两层标准车站，基坑支撑采用 Φ609×12mm 钢管，共设置四道钢支撑，支撑长度 18m，基坑共设置 200 根，使用时间 6 个月，试计算基坑钢管支撑的工程数量。

【解】① 钢管支撑的重量：（609－12）×12×0.0246×18×200/1000＝634.44t。

② 钢管支撑的活络头重量：每根支撑都有一个活络头 0.65t×200 根＝130t。

③ 钢管支撑的连接法兰盘重量：平均按 6～8m 连接，每根支撑都有 3 个连接处，每个连接法兰重 140kg，总重量为 3×200×0.14＝84t。

④ 钢管支撑总重量＝634.44＋130＋84＝849.44t，折合每米钢管支撑重量为 235kg。

五、高压旋喷桩、水泥搅拌桩

（一）说明

（1）单、双头水泥搅拌桩定额的水泥掺量按加固土重（1800kg/m³）的 13％考虑，三轴水泥搅拌桩定额的水泥掺量按加固土重（1800kg/m³）的 18％考虑，钉形水泥土双向搅拌桩定额的水泥掺量按加固土重（1800kg/m³）的 15％考虑，如设计水泥掺量不同时按每增减 1％定额计算。空搅部分费用按相应定额人工及搅拌桩机台班乘系数 0.5 计算。

【例 3-11】双头水泥搅拌桩喷浆，水泥掺入量 20％，确定套用的定额子目及基价。

【解】基价＝［2-64］＋［2-67］H ＝1114＋67×7＝1583 元/10m³。

【例 3-12】三轴水泥搅拌桩三喷三搅，水泥掺入量 25％，确定套用的定额子目及基价。

【解】根据定额可知：二喷二搅的每 10m³ 水泥定额消耗量 3272kg，再增加一喷一搅的每 10m³ 水泥定额消耗量 1636kg，因此每 10m³ 水泥定额消耗量 4908kg，即每 10m³ 加固土体的水泥掺入量为 4908kg 除以加固土重 1800kg/m³，可以得出水泥掺入量为 27％。

基价＝［2-63］－［2-67］H ＋［2-68］＝1692－67×2＋793＝2351 元/10m³。

（2）三轴水泥搅拌桩设计要求全断面套打时，相应定额的人工和机械乘系数 1.5，其他不变。

【例 3-13】三轴水泥搅拌桩二喷二搅，设计要求全断面套打，水泥掺入量 20％，确定套用的定额子目及基价。

【解】基价＝［2-63］H＋［2-67］H ＝1692＋（97.61＋593.05）×0.5＋67×7＝2506.33 元/10m³。

（二）工程量计算规则

（1）高压旋喷桩钻孔工程量按设计图示尺寸以米计算，喷浆工程量按设计加固桩截面面积乘以设计桩长计算，不扣除桩与桩之间的搭接。

【例 3-14】 高压旋喷桩 $\Phi750@600$，布桩长度 180m，原始地面至设计桩顶标高 1.8m，设计桩长 15m，试计算高压旋喷桩钻孔、喷浆工程量为多少？

【解】 根据高压旋喷桩 $\Phi750@600$、布桩面积 2m×20m，首先，计算出布桩根数，其次，再计算成孔、喷浆量。

① 布桩根数：横向根数＝（2－0.75）/0.6＋1＝3 根（四舍五入）。

竖向根数＝（20－0.75）/0.6＋1＝33 根（四舍五入）。

② 布桩总根数：3×33＝99 根。

③ 钻孔长度：(1.8+15) ×99＝1663.2m。

④ 喷浆数量：3.14×0.75×0.75/4×15×99＝655.72m³。

（2）水泥搅拌桩不分单头、双头和三轴，均按单个圆形截面积乘以桩长计算，不扣除重叠部分的面积。除设计另有说明外，桩长按以下规定计算：

1）围护桩桩长按设计桩长计算。

2）承重桩桩长应按设计桩长加 0.5m 计算。

3）空搅长度按原地面至设计桩顶长度减去另加长度计算。

4）钉型水泥土双向搅拌桩单个桩截面面积乘以桩长计算，不扣除重叠部分的面积（图 3-8、图 3-9）。

图 3-8　三轴水泥搅拌桩现场施工照片　　图 3-9　高压旋喷桩现场施工照片

六、钻孔咬合桩

（一）说明

钻孔灌注桩、人工挖孔桩按第五章"桥涵工程"的相应子目执行。

（二）工程量计算规则

钻孔咬合桩工程量按单个圆形截面积乘以桩长以立方米计算，不扣除重叠部分的面积（图 3-10）。

【钻孔咬合桩技术小知识】

（1）适用范围

该工法适用于风化石灰石岩层，砂砾石层及软土地层深基坑围护结构的施工，尤其在饱和富水软土层施工中最能体现其优越性。

（2）工艺原理

图 3-10　钻孔咬合桩基坑支护工法的现场施工照片

钻孔咬合桩是用旋挖钻机钻孔，桩与桩之间相互咬合排列的一种基坑围护结构，如图3-11 所示。

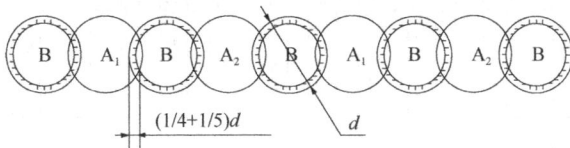

图 3-11　钻孔咬合桩平面图

为便于切割咬合，桩的排列方式一般设计为一个素混凝土桩或异型钢筋混凝土桩（A桩）和一个钢筋混凝土桩（B桩）间隔布置。为了减少施工过程中相邻孔间的扰动，一般采用隔 4 孔为一个单元序列施工工法。即施工时，先施工 A_1 桩，再施工 A_2 桩。紧跟着施工相邻的 B 桩。A 桩用超缓凝型混凝土，要求必须在 A 桩混凝土凝结之前完成 B 桩的施工，以便在 B 桩施工时，利用旋挖钻机切割掉相邻 A 桩 1/4 弱直径相交部分的混凝土，实现 A 桩与 B 桩的咬合。

（3）施工工艺

1）压入护筒并取土成孔。为了保证进入桩位预孔内护筒的垂直度要求，先用旋挖钻机的护筒驱动器驱动第一节套管（每节套管长约 7～8m）压入 1.5～2.5m，然后用短螺旋钻斗（或土斗等）从套管内取土，一边卸土、一边继续下压护筒没入土中，第一节套管按要求压入土中后，地面以上要留 1.2～2.0m，以便于接管。此后要视桩位的地质情况来决定需要接入钢护筒的节数或长短，以及压入钢护筒的方法：对于地质条件优越的桩孔（护壁性能好，质地均匀等）可考虑不再接入第二节护筒即可直接取土法施工。在需要长套管护筒护壁时，除用护筒驱动器压入外，也可考虑用振动锤下护筒来提高作业效率。

2）垂直度的检测。在用驱动器压护筒时，桩位垂直度的检测一般为抽样检查。

3）吊放钢筋笼。对于需放置钢筋的桩孔，成孔检查合格后进行安放钢筋笼工作。安装钢筋笼时应采取有效措施保证钢筋笼标高的正确。

71

4）灌注桩芯混凝土。如孔内有水时需采用水下混凝土灌注法施工；如孔内无水时则采用干孔灌注法施工，此时应加强振捣。

5）拔管成桩。一边灌注混凝土一边拔管，此时常用振动锤拔起护筒套管。

6）预置二次灌浆导管。在预置灌浆导管时，不但在桩芯要预置一次灌浆导管，在桩的咬合相交部分，还应布置直径为50mm左右的PVC导管（二次灌浆导管），为事后压密注浆提高排桩承载力和防渗效果做事前准备。

7）成桩维护。灌注后的单桩或排桩总会存在缩颈、搭接错位、承载力不足等缺陷，对其进行事后补救维护是必须的（图3-12）。

（4）排桩的施工工艺流程

钻孔咬合桩施工总的原则是先施工被切割的A桩，紧跟着施工B桩，其施工工艺流程是：

$A_{11} \rightarrow A_{12} \rightarrow A_{21} \rightarrow A_{22} \rightarrow B_1 \rightarrow B_2 \rightarrow B_3 \rightarrow \cdots\cdots$，如图3-13所示。

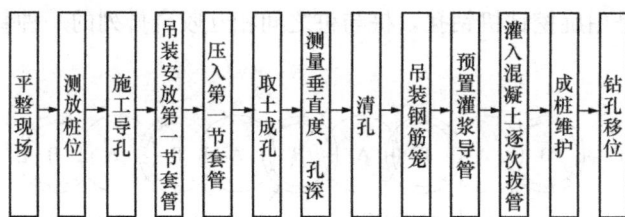

图3-12 单桩的施工工艺流程图

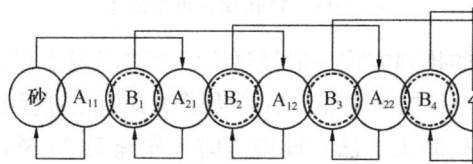

图3-13 排桩的施工工艺流程图

七、地基处理

（一）说明

注浆分为分层注浆和压密注浆两种，定额按其施工工艺划分为钻孔和注浆两个子目，按设计要求分别套用定额。

（二）工程量计算规则

（1）分层注浆

钻孔按设计图纸规定深度以米计算，注浆工程量按设计图纸注明体积计算。

【例3-15】为了保证盾构穿越某河堤，必须采用分层注浆来加固河堤堤身，注浆深15m，加固面积为：长80m×宽30m，共80根，试计算该注浆加固的直接工程费。

【解】① 钻孔：长度$L = 15 \times 80 = 1200$m

套定额[2-73]基价＝30元/m

直接工程费＝1200×30＝36000元

② 注浆：加固土体体积$V = 80 \times 30 \times 15 = 36000$m³

套定额[2-74]基价＝89 元/m³

直接工程费＝36000×89＝3204000 元

注浆浆液量与加固土体体积不是一个概念，注浆浆液量是加固土体体积与土体空隙率之乘积，一般土体空隙率与土类别、土密实度有关。

（2）压密注浆

钻孔按设计图纸规定深度以米计算；注浆工程量按以下规定：

1）设计图明确加固土体体积的，应按设计图注明的体积计算。

2）设计图纸上以布点形式图示土体加固范围的，则按两孔间距的一半作为扩散半径，以布点边线各加扩散半径，形成计算平面计算注浆体积。

3）设计图上注浆点在钻孔灌注桩之间，按两注浆孔距的一半作为每孔的扩散半径，以此圆柱体体积计算注浆体积。

（3）树根桩按设计长度乘以桩截面面积以立方米计算。

（4）塑料排水板按设计图示尺寸以米计算。

（5）铺土工织物布按设计图示尺寸以平方米计算。

第二节　围护结构及地基处理工程计量与计价实例

工程名称：××市轨道交通×号线工程××站围护结构

一、工程概况

××市轨道交通×号线工程××站为侧式站台地下二层车站，双柱三跨钢筋混凝土箱形结构，基坑净宽 24.3～25.3m，净长 223m，站中心基坑深 16.3m，车站南、北端头盾构施工的始发工作井。站台中心里程处顶板覆土约 1.9m，底板埋深约 16.3m。

南、北端头井基坑深分别为 17.97m、18.42m；标准段基坑深约 16.18～16.53m。采用分段明挖顺作法施工，围护形式为 800mm 厚地下连续墙。车站基坑采用钢筋混凝土支撑＋钢支撑的形式。其中第一道采用钢筋混凝土支撑，其余四道均采用 Φ609 钢支撑。由于基坑宽度 24.3～25.3m，因此需设置格构柱，根据围挡布置，为保证东侧土方开挖条件，格构柱立柱桩偏西侧设置。

计算数据见表 3-1～表 3-10。

二、编制依据

（1）由××设计研究院提供的施工招标图纸见图 3-14～图 3-24。

（2）由××公司编制的《××市轨道交通×号线工程××站工程施工招标文件》等。

三、编制说明

（1）土方外运运距统一按 20km 考虑，泥浆外运运距统一按 10km 考虑。

（2）钢管支撑按照市场租赁价格计入。

地下连续墙工程量计算书

表 3-1

序号	幅宽(m)	冠浆顶标高(m)	成槽深度	墙埋深(m)	地连墙底标高(m)	墙厚(m)	墙长(m)	C35P8混凝土量(m³)	模板量(m²)	形式	成槽工程量(泥浆)		混凝土灌注工程量	
											成槽深度(m)	体积(m³)	长度(m)	体积(m³)
1	5	2.7	35m以上	37	−34	0.8	35.8	143.20	358.00	直型	37.5	150	36.3	145.2
	共计4幅							572.80	1432.00			600.00		580.80
2	5.412	2.7	25~35m	33	−30	0.8	31.8	137.68	344.20	折线型	33.5	145.04	32.3	139.85
	共计2幅							275.36	688.41			290.08		279.69
3	地下连续墙钢筋	2277.047t（其中45m以内848.062t，35m以内1428.985t，φ28套筒17621个，φ32套筒16661个，电渣压力焊4080个）												

地下连续墙声测管工程量计算书

表 3-2

声测管DN50×3(埋设槽段数为总槽段数的40%)	槽段数	长度(m)	总长度(m)	理论重量(kg/m)	声测管重量(t)	封堵体积(水泥浆用量)(m³)
	34	33.16	4510.40	3.478	15.687	8.852

钻孔灌注桩工程量计算书

表 3-3

部位	直径	根数	有效桩长(m)	总桩长(m)	单桩面积(m²)	原地面标高(m)	设计桩底标高(m)	成孔体积(m³)	实桩体积(m³)	超灌混凝土(m³)	定额量C40P8混凝土	桩孔回填量(m³)	钢护筒(按2m/根)(m³)
格构柱Φ800钻孔桩(兼做抗拔桩)	0.80	23	40.00	920.00	0.50	3.00	−53.679	654.94	462.21	23.11	485.32	169.62	46.00

格构柱工程量计算书

表 3-4

序号	明细	单长(m)	单个构件数量	理论重量(kg)	总重(kg)
1	140mm×14mm角钢	18.479	4	29.500	2180.566
2	缀板400mm×300mm×10mm		100	9.420	942.000
3	开洞钢板t=10mm		2	9.062	18.124

序号	明　细	单长（m）	单个构件数量	理论重量（kg）	总重（kg）
4	钢板 700mm×700mm×20mm		1	76.930	76.930
5	止水钢板 $t=5mm$		2	10.927	21.854
6	锚筋 $\phi16C20$	0.7	16	2.468	27.642
7	加劲肋 $t=14mm$		12	2.110	25.321
8	小计				3292
9	合计	桩顶标高 1.8m，桩底标高 -16.679m，桩长 18.479m，共计 23 根格构柱			75726

工程量计算书

表 3-5

序号	项目	计算式	单位	数量
一	钢支撑			
1	$\phi609\times16$	5370.94	m	5370.94
2	$\phi800\times16$	705.77	m	705.77
二	型钢支撑			
1	钢板支撑	4.71	t	4.71
	2000mm×2000mm×30mm×2mm 三角形			
	1500mm×1500mm×30mm×2mm 三角形	7.948	t	7.948
2	钢系杆 [40	（355.1×4+43.1×5）×0.0652	t	106.661
三	预埋铁件			
1	地下墙 $\phi609$ 内斜撑	17.627	t	17.627
2	地下墙 $\phi800$ 内斜撑	26.644	t	26.644

地基加固工程量计算书

表3-6

序号	轴线	个数	单个面积(m²)	总面积(m²)	实桩（水泥掺量20%）深度(m)	体积(m³)	设计地面标高(m)	空桩（水泥掺量8%）底板顶标高(m)	深度(m)	体积(m³)	备 注
一	Φ850@600 三轴水泥土搅拌桩 （基坑底下3m搅拌桩抽条加固）										
1	3	1	280.776	280.776	3	842.33	3	−15.419	18.419	5171.61	咬合部分不重复计量
2	3	4	231.300	231.300	3	693.90	3	−13.300	16.300	3770.19	
3	4	12	77.100	925.200	3	2775.60	3	−13.300	16.300	15080.76	
4	12	13	79.589	79.589	3	238.77	3	−13.300	16.300	1297.30	
二	地墙两侧Φ650@450 三轴水泥搅拌桩加固，地面以下7m至地面										水泥掺量不宜小于20%
1	1	749	0.332	248.415	7	1738.91					定额量
2	1	2	109.918	219.837	7	1538.86					咬合部分不重复计量
三	桩搅拌桩加固体与围护桩咬合之间空隙采用Φ800@500高压旋喷桩										水泥掺量不宜小于25%
1	9	25	158.774	158.774	3	476.32	m³				
钻孔		635	317.547	635.000	16.476	10462.444	m³				水泥消耗量
喷浆		1	0.5	319.024		957.072	m	m³			223.958

分部分项工程量清单与计价表

表3-7

单位及专业工程名称：××市轨道交通×号线工程×站围护结构

序号	项目编码	项目名称	项目特征	计量单位	工程量	综合单价(元)	合价(元)	其中（元）人工费	机械费	备 注
		一、车站主体围护（含车站内风亭）					68376335.77	10293248.85	21693729.76	
1	08010104001	围护基坑挖土方		m³	97610.12	35.88	3502251.11	946818.16	1770647.58	单价包干
2	08010101001	填方		m³	8876.70	61.17	542987.74	69593.33	345836.23	单价包干
3	08B001	余方弃置		m³	97610.12	49.21	4803394.01	32211.34	3599861.23	单价包干
4	08010013001	深层搅拌桩（强加固）		m³	10228.70	345.34	3532379.26	294893.42	1250663.15	单价包干

序号	项目编码	项目名称	项目特征	计量单位	工程量	综合单价（元）	合价（元）	其中（元）		备注
								人工费	机械费	
5	080103013002	深层搅拌桩（弱加固）		m³	54216.64	220.84	11973202.78	1563065.73	6104251.50	单价包干
6	080103013003	深层搅拌桩		m³	1538.86	276.39	4253258.52	31577.41	123339.63	单价包干
7	080103016001	高压旋喷桩		m³	476.32	1352.85	644389.51	143238.95	250930.14	单价包干
8	080104001001	C35P8地下连续墙		m³	8553.84	1077.96	9220697.37	1191549.91	2100053.26	单价包干
9	080104001002	C35P8地下连续墙		m³	4807.37	1230.86	5917199.44	874076.01	1564606.64	单价包干
10	080206011001	声测管制作安装及封堵		m	4510.40	21.81	98371.82	13486.10	3653.42	单价包干
11	080201008001	C40P8混凝土灌注桩（Φ800格构柱兼做抗拔桩基础）		m	920.00	646.63	594899.60	125754.80	132590.40	单价包干
12	080201008002	C40P8混凝土灌注桩（Φ800抗拔桩基础）		m	4320.00	646.64	2793484.80	590544.00	622598.40	单价包干
13	080201008003	C40P8混凝土灌注桩（Φ800抗拔桩柱下基础）		m	2250.00	739.95	1664887.50	333427.50	320895.00	单价包干
14	080201008004	C40P8混凝土灌注桩（Φ800抗拔桩试桩）		m	120.00	682.09	81850.80	17467.20	17294.40	单价包干
15	080401004001	C30混凝土顶圈梁		m³	546.22	625.78	341813.55	72816.59	9187.42	单价包干
16	081306001001	C30混凝土支撑		m³	515.02	712.28	366838.45	72478.76	13823.14	单价包干
17	081306002001	Φ609钢管支撑		m	5370.94	751.16	4034435.29	602565.76	1065325.95	单价包干
18	081306002002	Φ800钢管支撑		m	705.77	1079.74	762048.10	108314.52	191496.57	单价包干
19	081306002003	Φ609钢管支撑（换撑）		m	1555.06	602.48	936892.55	174462.18	308446.15	单价包干
20	081306002004	Φ800钢管支撑（换撑）		m	352.89	786.12	277413.89	54158.03	95749.64	单价包干
21	081306002005	型钢支撑		t	224.418	4492.02	1008090.14	283220.00	175932.49	单价包干
22	081306002006	格构柱		t	75.726	5106.84	386720.57	76966.39	72631.84	单价包干
23	080206003001	地连墙钢筋笼（HRB400综合）		t	2277.047	4441.12	10112638.97	1789804.48	1165643.13	单价包干
24	080206003002	钻孔灌注桩钢筋笼（HPB300综合）		t	35.308	4017.43	141847.42	27399.01	13379.97	单价包干
25	080206003003	钻孔灌注桩钢筋笼（HRB400综合）		t	801.184	4107.09	3290534.79	657042.99	313327.04	单价包干
26	080206001001	主体围护现浇混凝土钢筋（HRB400综合）		t	266.621	3457.12	921740.79	146316.27	61565.46	单价包干
		合　计					68376335.77	10293248.85	21693729.76	

单位及专业工程名称：××市轨道交通×号线工程××站围护结构

工程量清单综合单价计算表

表3-8

序号	编码	名称	计量单位	数量	综合单价（元）							合计（元）
					人工费	材料费	机械费	管理费	利润	风险费用	小计	
		一、车站主体围护（含车站内风亭）										
1	08010104001	围护基坑挖土方	m³	97610.12	9.70		18.14	6.26	1.78		35.88	3502251
	1-117换	土方宽15m以外深19m以内	m³	9212.14	12.10		19.95	7.14	2.02		41.21	379632
	1-116换	土方宽15m以外深15m以内	m³	88397.98	9.45		17.95	6.17	1.75		35.32	3122217
2	08010101001	填方	m³	8876.7	7.84	0.07	38.96	11.15	3.15		61.17	542988
	1-62	机械平整场地，回填夯实土方	m³	8876.7	7.51		2.08	1.85	0.52		11.96	106165
	1-54	机械土夯实土方，坑、槽、填土夯实	m³	8876.7	0.33		1.90	0.53	0.15		2.91	25831
	1-56	装载机装运土方20m以内	m³	8876.7			6.26	1.57	0.44		8.34	74032
	1-57换	自卸汽车运土方1km以内	m³	8876.7			28.72	7.20	2.04		37.96	336960
3	08B001	余方弃置	m³	97610.12	0.33	0.07	36.88	9.30	2.63		49.21	4803394
	1-54	装载机装运土方20m以内	m³	97610.12	0.33		1.90	0.53	0.15		2.91	284045
	1-56	自卸汽车运土方1km以内	m³	97610.12		0.07	6.26	1.57	0.44		8.34	814068
	1-57换	自卸汽车运土方增19km	m³	97610.12			28.72	7.20	2.04		37.96	3705280
4	08010013001	深层搅拌桩（强加固）	m³	10228.7	28.83	148.92	122.27	35.32	10.00		345.34	3532379
	2-63换	三轴水泥搅拌桩 水泥掺量20%	m³	16236.032	18.16	93.81	70.93	20.72	5.87		209.49	3401286
	1-56	自卸汽车运土方1km以内	m³	2832.563		0.07	6.26	1.57	0.44		8.34	23624
	1-57换	自卸汽车运土方增19km	m³	2832.563			28.72	7.20	2.04		37.96	107524
5	08010013002	深层搅拌桩（弱加固）	m³	54216.64	28.83	37.21	112.59	32.89	9.32		220.84	11973203
	2-63换	三轴水泥搅拌桩 水泥掺量8%	m³	86058.159	18.16	23.44	70.93	20.72	5.87		139.12	11972411
6	08010013003	深层搅拌桩	m³	1538.86	20.52	145.68	80.15	23.41	6.63		276.39	425326

78

| 序号 | 编码 | 名称 | 计量单位 | 数量 | 综合单价（元） | | | | | | 合计（元） |
					人工费	材料费	机械费	管理费	利润	风险费用	小计	
	2-63换	三轴水泥搅拌桩 水泥掺量20%	m³	1738.91	18.16	128.92	70.93	20.72	5.87		244.60	425337
7	08010301016001	高压旋喷桩	m³	476.32	300.72	293.43	526.81	180.71	51.18		1352.85	644390
	2-59	高压旋喷桩 钻孔	m	10462.44	9.60	1.22	16.34	5.65	1.60		34.41	360013
	2-62换	高压旋喷桩喷浆 三重管法～水泥42.5	m³	557.294	76.80	227.89	143.50	48.38	13.71		510.28	284376
8	08010401001001	C35P8地下连续墙	m³	8553.84	139.30	585.30	245.51	84.04	23.81		1077.96	9220697
	2-1	导墙开挖	m³	1052.431	15.20	0.49	8.76	4.65	1.32		30.42	32015
	2-2换	导墙浇捣 商品混凝土～泵送 商品混凝土（导墙）C25	m³	430.387	30.00	393.11	0.39	4.94	1.40		429.84	184998
	2-3	导墙浇捣 模板	m²	1479.456	25.96	24.08	0.92	4.42	1.25		56.63	83782
	3-125换	明挖法车站普通钢筋制作、安装 现浇混凝土钢筋 圆钢 圆钢 HPB300	t	21.519	825.60	2553.60	66.54	149.82	42.45		3638.01	78288
	2-6	履带式液压抓斗成槽 35m以内	10m³	901.112	664.80	438.63	1754.54	547.26	155.06		3560.29	3208220
	2-26	安、拔接头管 35m以内	段	56	1440.00	402.14	1494.19	606.97	171.97		4115.27	230455
	2-23	清底置换	段	56	864.00	89.50	871.07	357.80	101.38		2283.75	127890
	2-24换	浇筑混凝土 商品混凝土 泵送水下商品混凝土（地下连续墙）C35P8	m³	8688.34	24.88	497.48	8.80	6.22	1.76		539.14	4684232
	2-35	钢筋混凝土导墙拆除	段	56	720.00	19.50	1327.16	448.97	127.21		2642.84	147999

序号	编码	名称	计量单位	数量	综合单价（元）							合计（元）
					人工费	材料费	机械费	管理费	利润	风险费用	小计	
	2-36	潜地下连续墙	m³	134.5	422.40		58.50	82.79	23.46		587.15	78972
	1-54	装载机装土方20m运内	m³	2248.777	0.33		1.90	0.53	0.15		2.91	6544
	1-56	自卸汽车运土方1km以内	m³	2248.777		0.07	6.26	1.57	0.44		8.34	18755
	1-57换	自卸汽车运土方增19km	m³	2248.777			28.72	7.20	2.04		37.96	85364
	4-102	泥浆运输运距5（km以内）	m³	1802.224	35.68		52.57	18.94	5.37		112.56	202858
	4-103换	泥浆运输运距增5（km以内）	m³	1802.224			21.11	5.30	1.50		27.91	50300
9	08020601001	声测管制作安装及封堵	m	4510.4	2.99	17.13	0.81	0.69	0.19		21.81	98372
	4-140换	声测管~钢管φ50,壁厚3mm	t	15.687	580.80	4632.64	139.84	128.73	36.47		5518.48	86569
	4-142换	柱底（侧）后注浆~水泥42.5	t	11.171	390.40	411.30	132.00	96.06	27.22		1056.98	11808
10	08130600 2002	Φ800钢管支撑	m	705.77	153.47	535.84	271.33	92.80	26.30		1079.74	762048
	2-58	大型钢支撑安装、拆除 宽15m以内	t	307.01	352.80	151.82	623.75	213.34	60.45		1402.16	430477
	主材	Φ800钢管支撑租赁4个月	t/月	1228.0398		270.00					270.00	331571
11	08130600 2003	Φ609钢管支撑（换撑）	m	1555.06	112.19	204.88	198.35	67.84	19.22		602.48	936893
	2-58	大型钢支撑安装、拆除宽15m以外	t	494.509	352.80	151.82	623.75	213.34	60.45		1402.16	693381
	主材	Φ609钢管支撑（换撑）租赁1.5个月	t/月	1014.67665		240.00					240.00	243522
12	08130600 2006	格构柱	t	75.726	1016.38	2602.75	959.14	411.87	116.70		5106.84	386721
	土6-36换	焊接空腹钢柱制作5t以内	t	75.726	717.34	3308.15	683.49	292.33	82.83		5084.14	385002
	土6-95	钢柱安装5t以内	t	75.726	299.04	94.60	275.65	119.54	33.87		822.70	62300
	主材	格构柱残值回收	t	75.726		-800.00					-800.00	-60581
合　计												68376336

主要材料价格表　　　　　　　　　　　　　　表 3-9

单位及专业工程名称：××市轨道交通×号线工程××站围护结构

序号	编码	材料名称	规格型号	单位	数量	单价（元）	备注
1	0101001	螺纹钢	HRB400	t	3143.19	2290.00	
2	0101021	冷轧带肋钢筋	HRB400	t	272.39	2290.00	
3	0109001	圆钢	HPB300	t	72.00	2455.00	
4	0119001	槽钢	Q235B	t	112.21	2601.00	
5	0121001	角钢		t	53.16	2676.00	
6	0129021	中厚钢板	Q235B	t	85.28	2550.00	
7	0129021	中厚钢板		t	27.11	2550.00	
8	0361041	直螺纹连接套筒	32	只	34924.79	10.00	
9	0361041	直螺纹连接套筒	28	只	17734.59	7.00	
10	0401031	水泥	42.5	kg	12308503.20	0.39	
11	0433005	非泵送商品混凝土（交通导改）	C30	m³	153.47	385.00	
12	0433005	非泵送商品混凝土（临时场地恢复）	C30	m³	131.47	385.00	
13	0433005	非泵送商品混凝土（重载车辆道路）	C30	m³	707.40	385.00	
14	0433023	泵送商品混凝土（导墙）	C25	m³	654.93	385.00	
15	0433024	泵送商品混凝土（顶圈梁）	C30	m³	554.41	410.00	
16	0433024	泵送商品混凝土（支撑）	C30	m³	522.75	410.00	
17	0433064	非泵送水下商品混凝土（地下连续墙）	C35P8	m³	10538.96	405.00	
18	0433064	非泵送水下商品混凝土（地下连续墙）	C35P8	m³	5912.78	405.00	

主要工日价格表　　　　　　　　　　　　　　表 3-10

单位及专业工程名称：××市轨道交通×号线工程××站围护结构

序号	工　种	单位	数量	单价（元）
1	一类人工	工日	15849.77	68.00
2	二类人工	工日	119689.89	80.00
3	三类人工	工日	4047.04	89.00

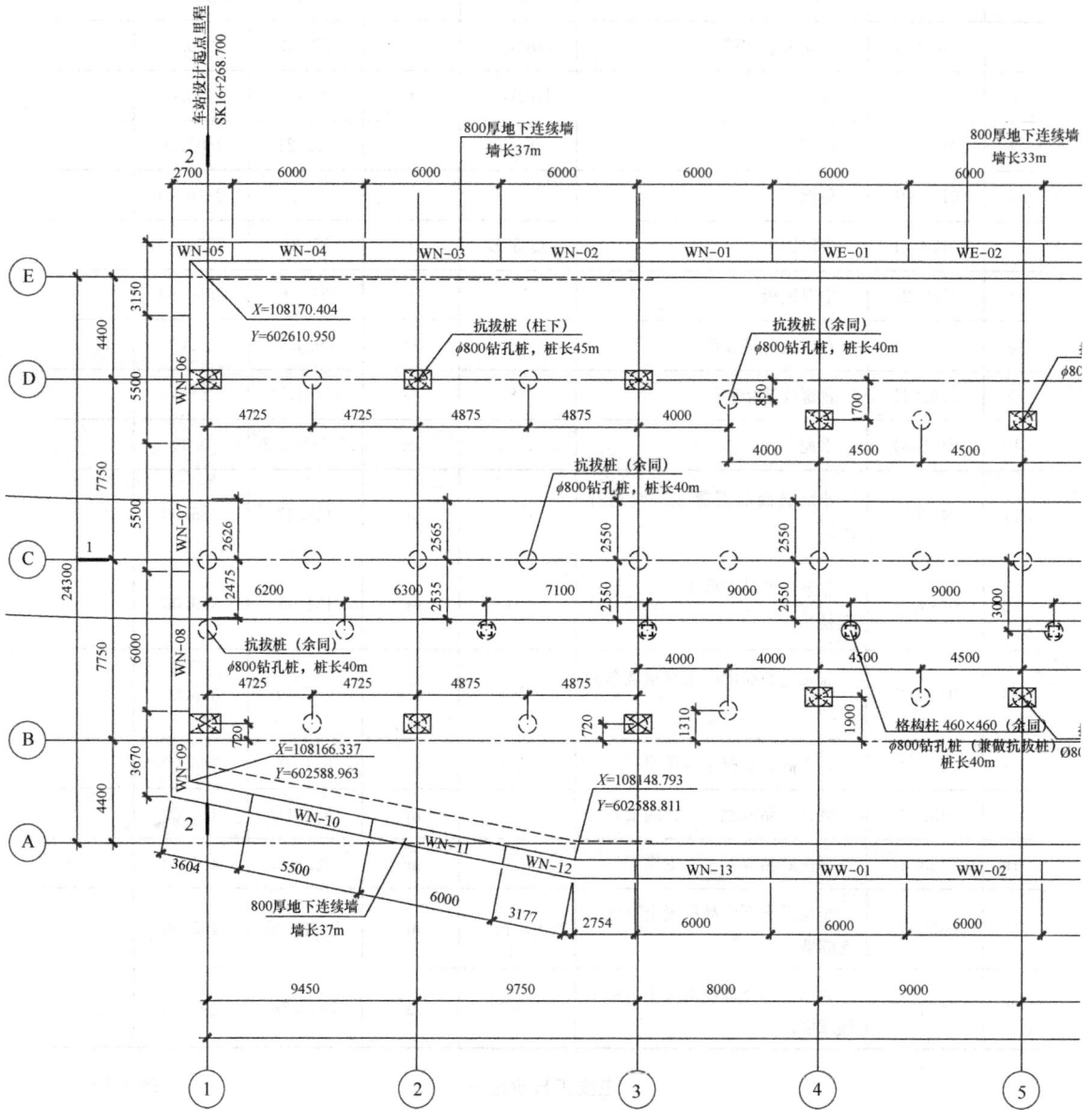

图 3-14 围护结构

平面图

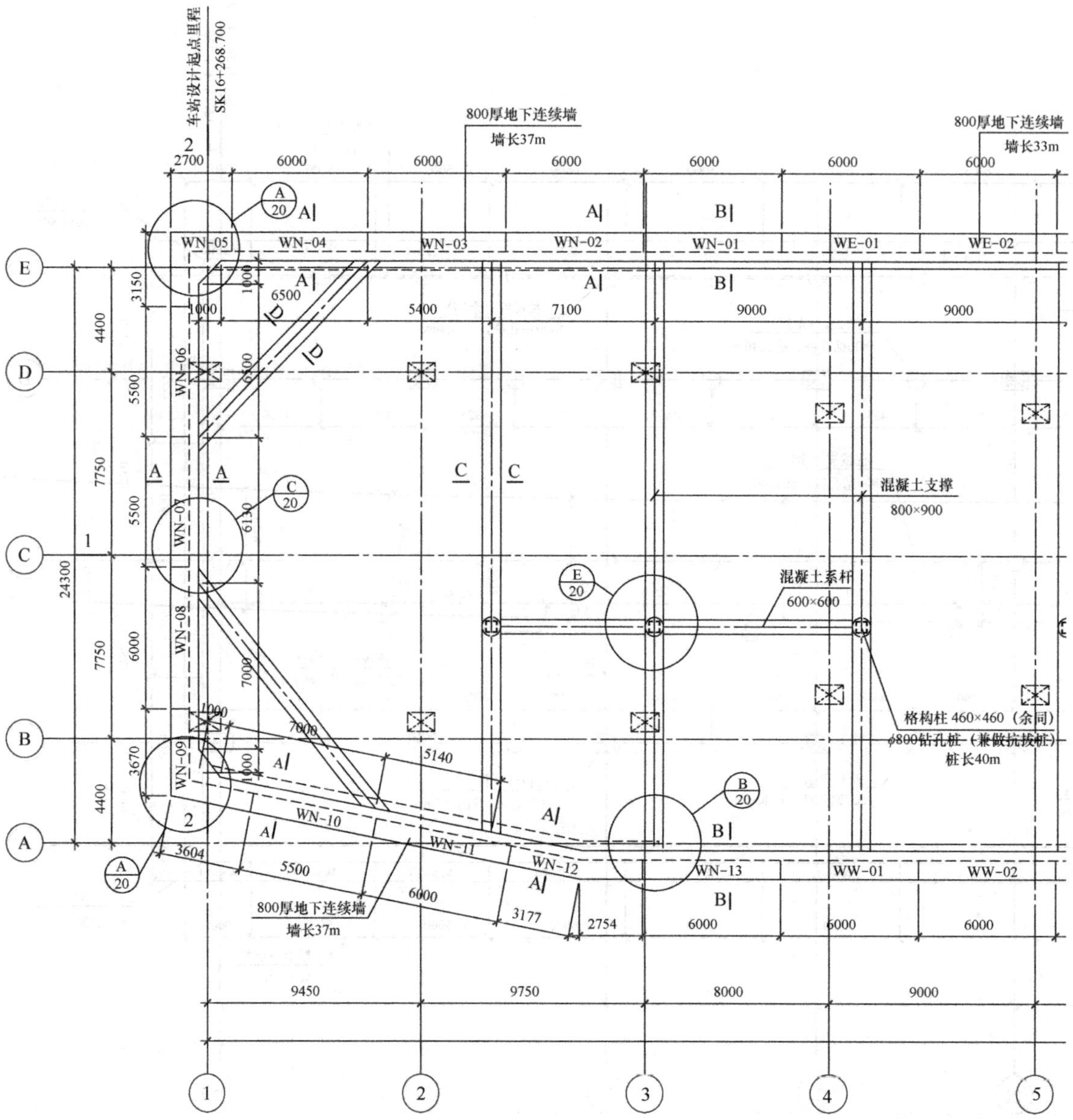

图 3-15　钢筋混凝土

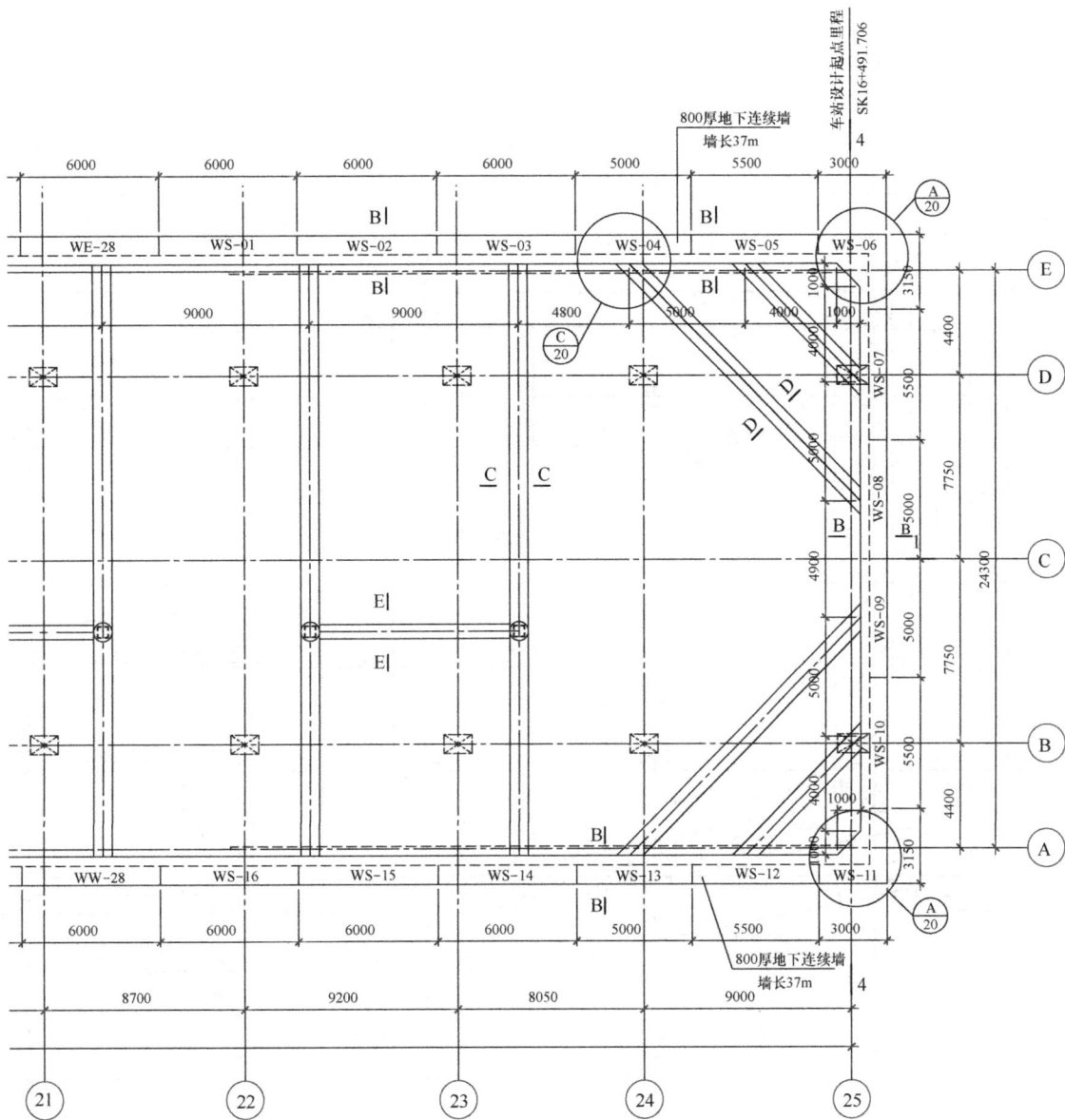

支撑平面图

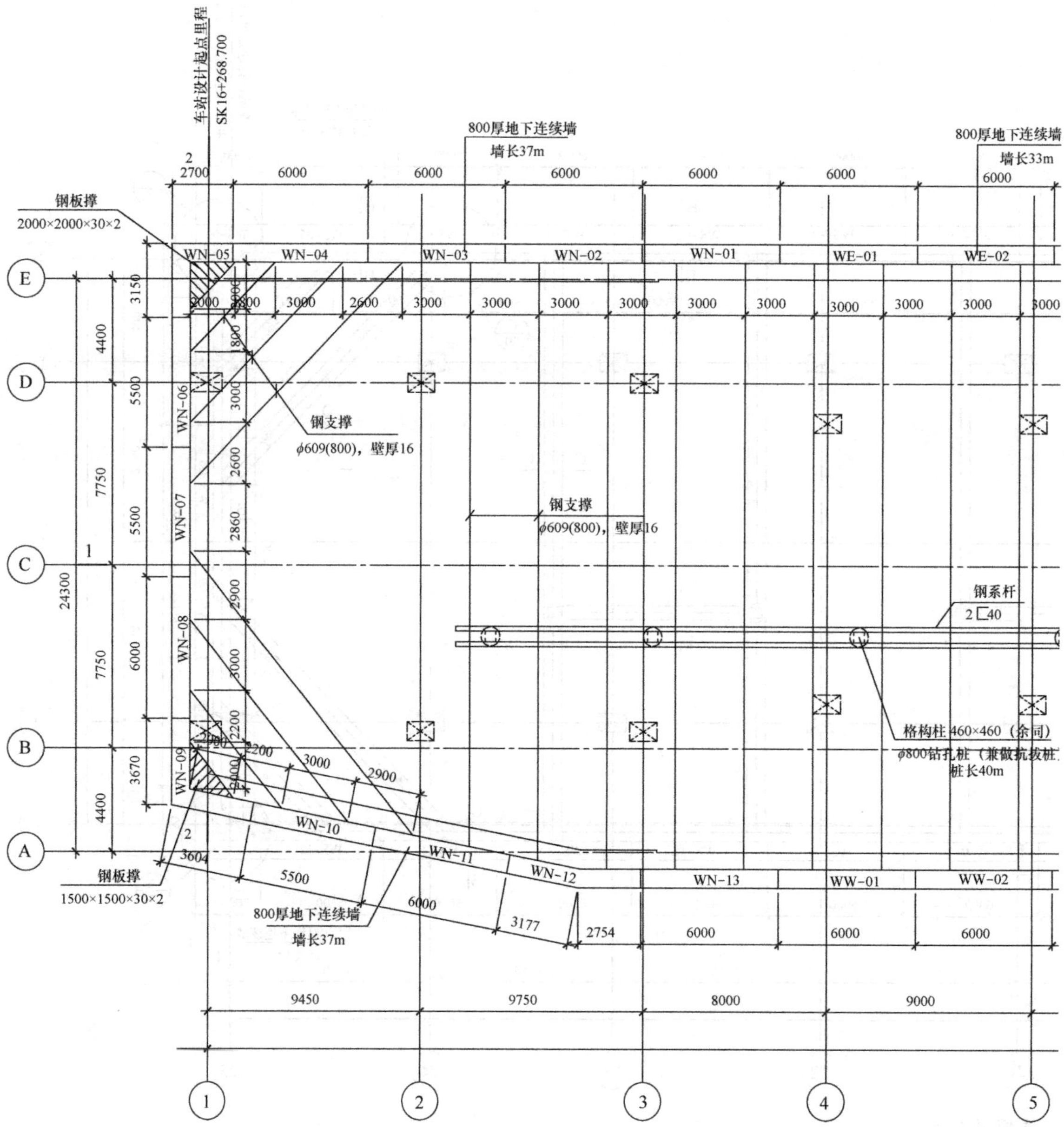

图 3-16 钢支撑

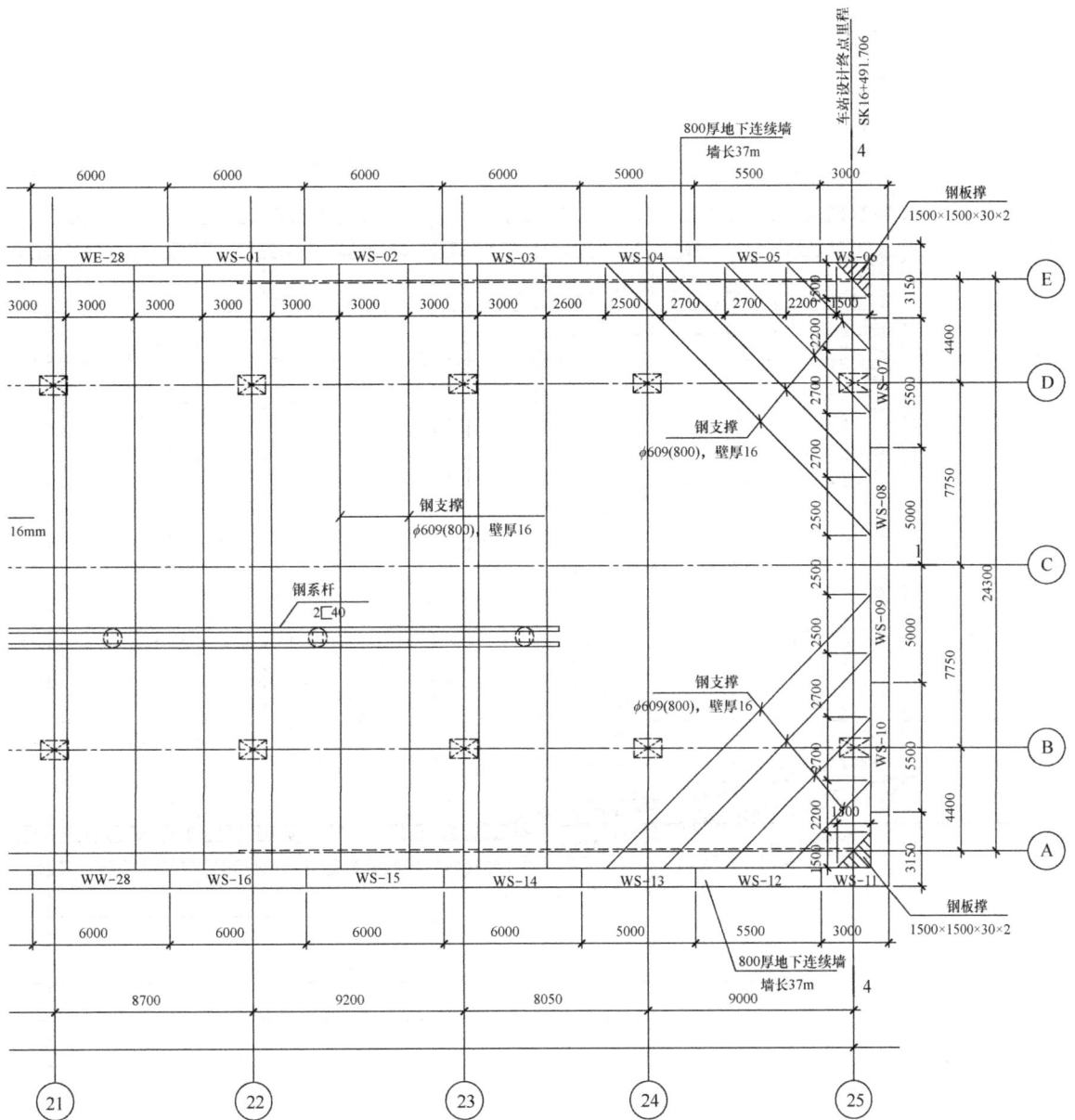

平面图

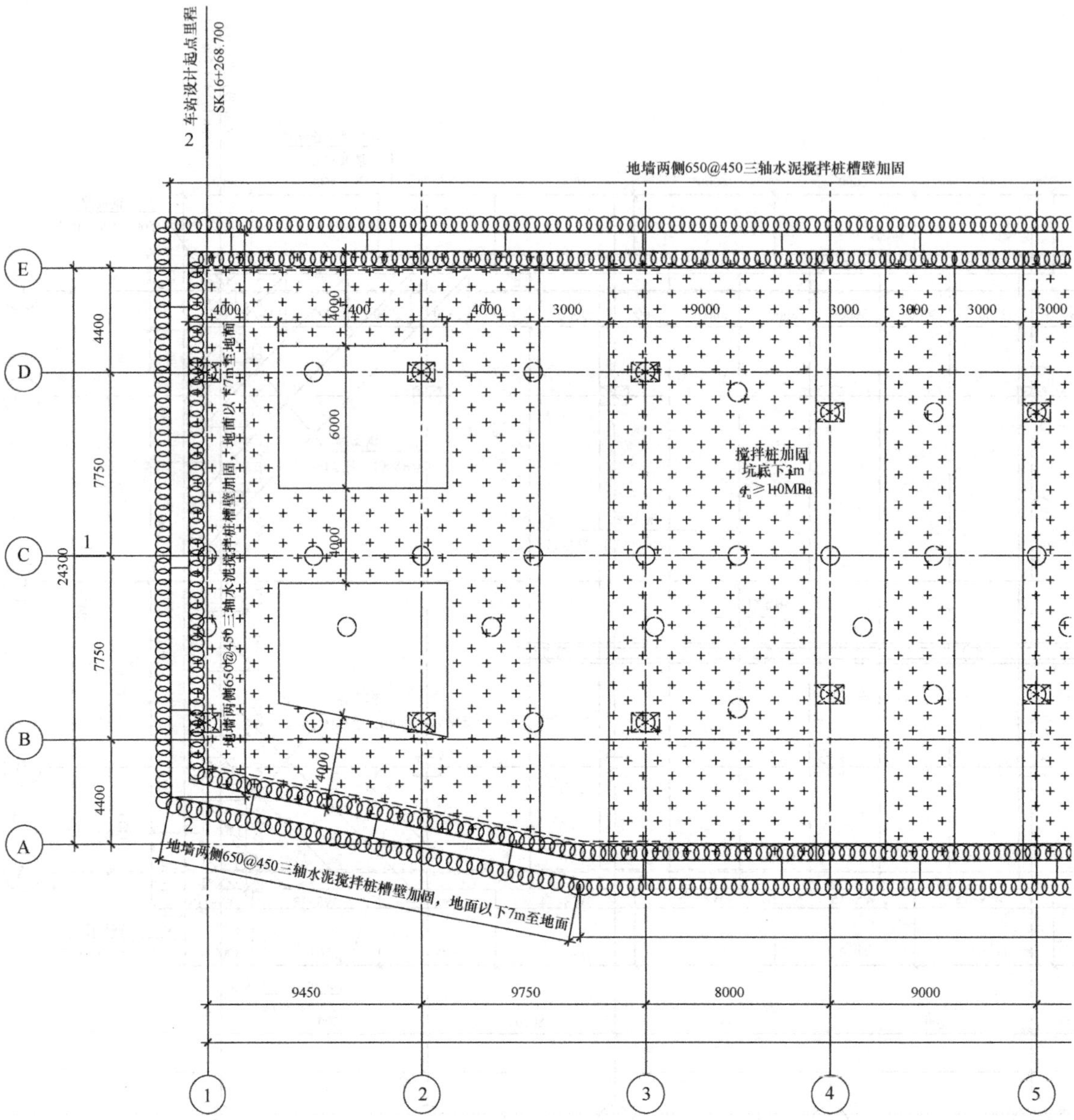

图 3-17 基坑加固

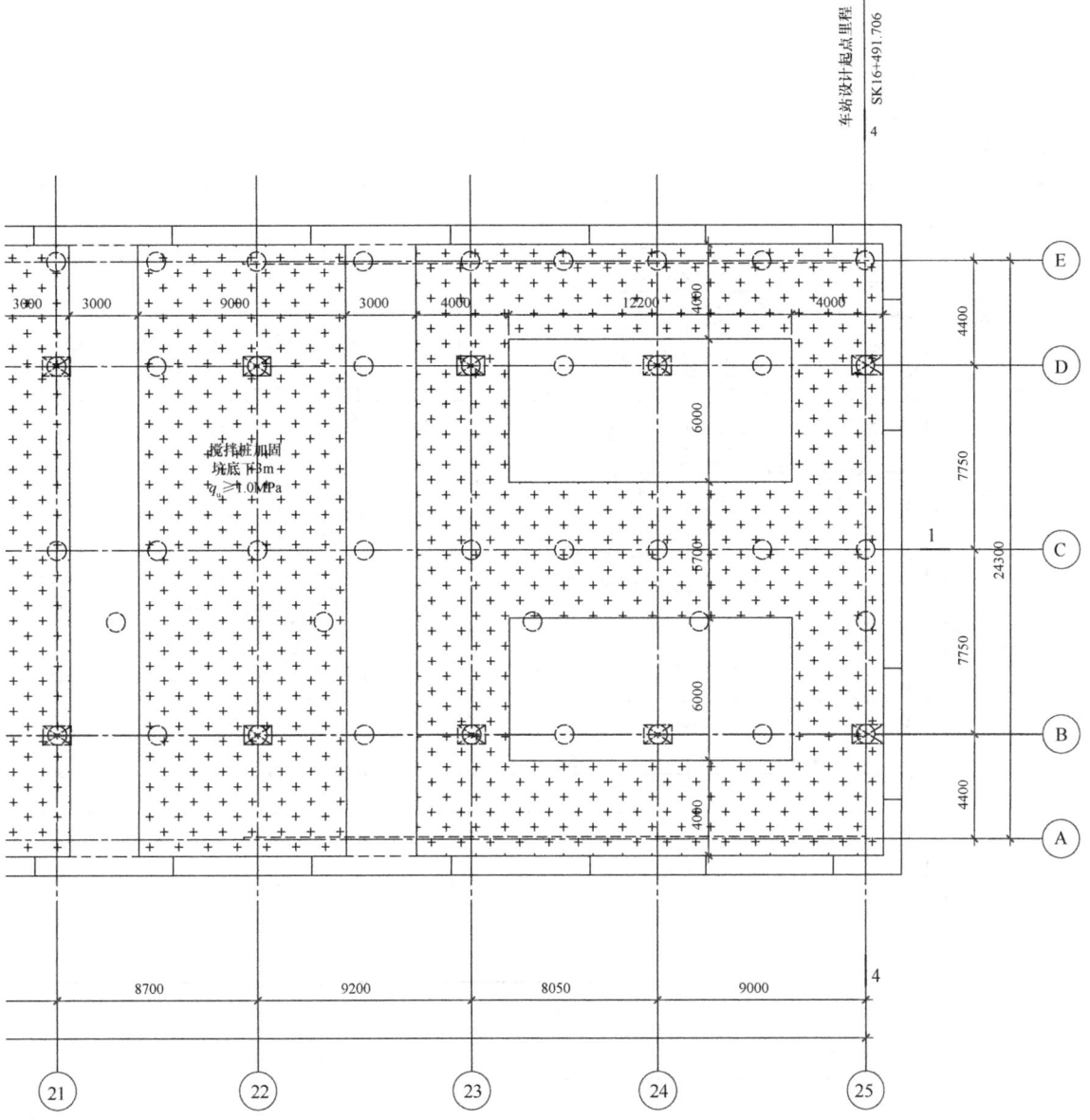

平面图

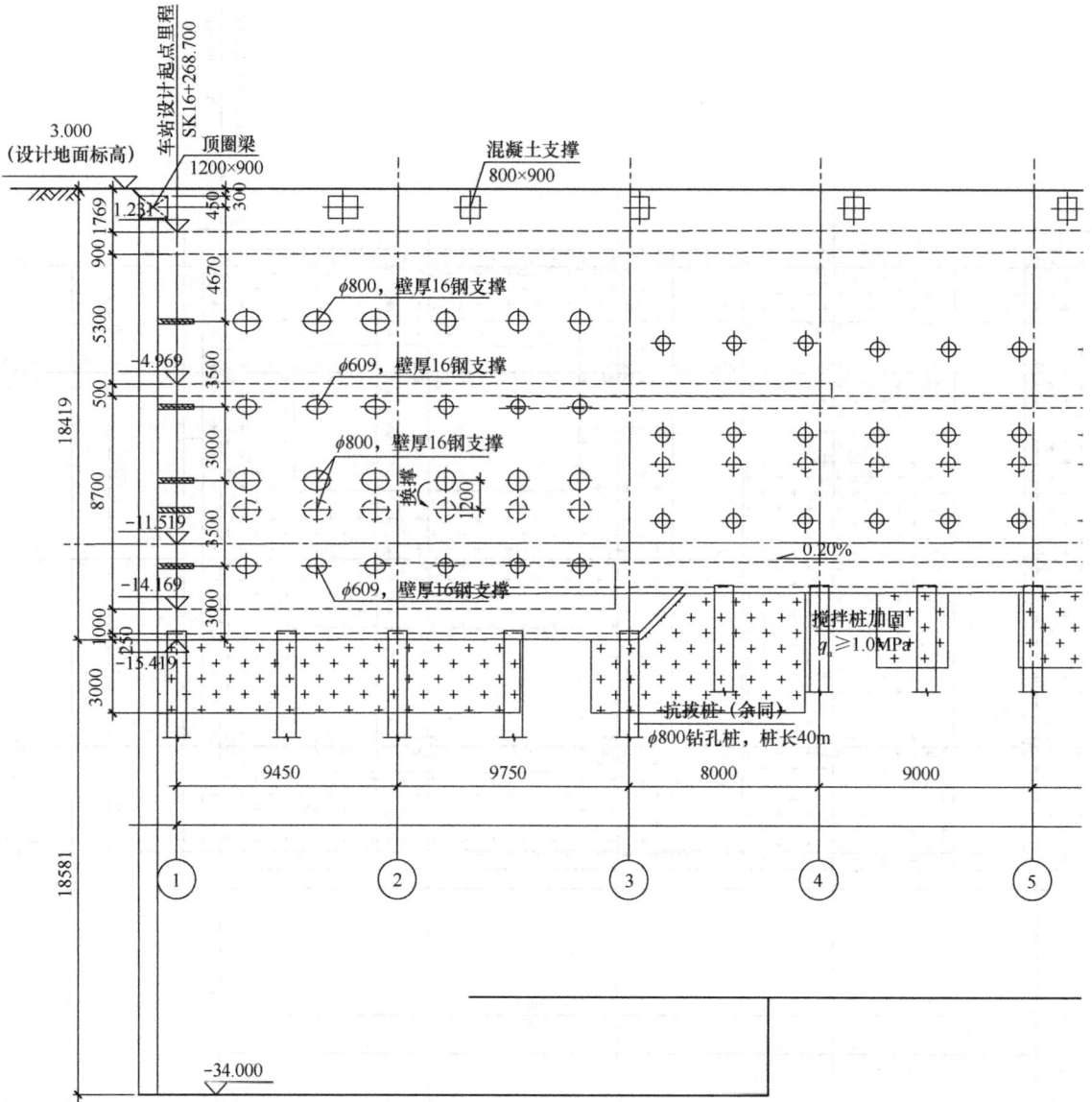

图 3-18 围护结

构纵剖面图

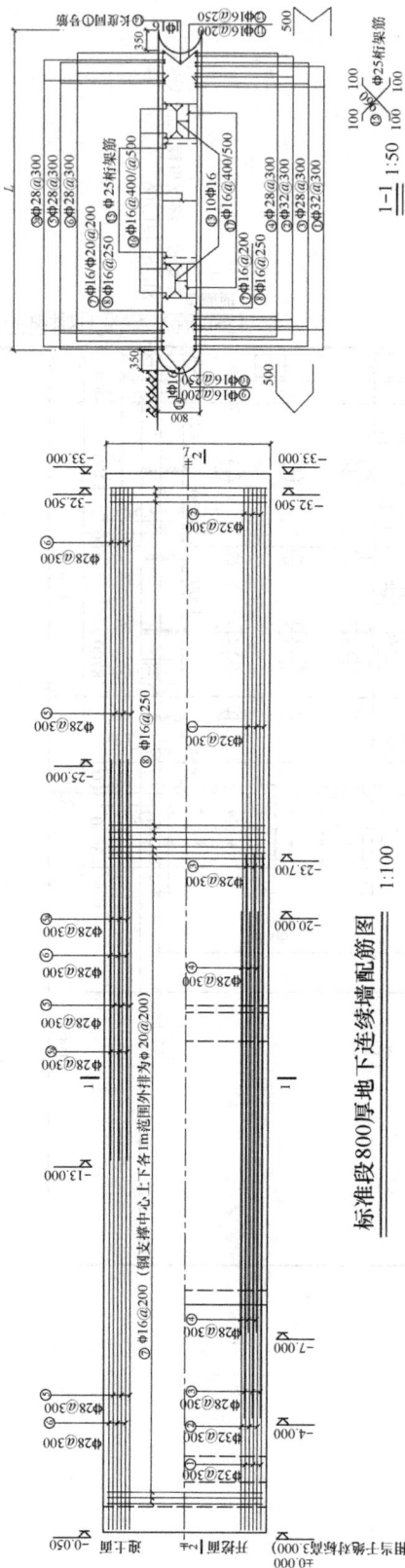

标准段800厚地下连续墙配筋图 1:100

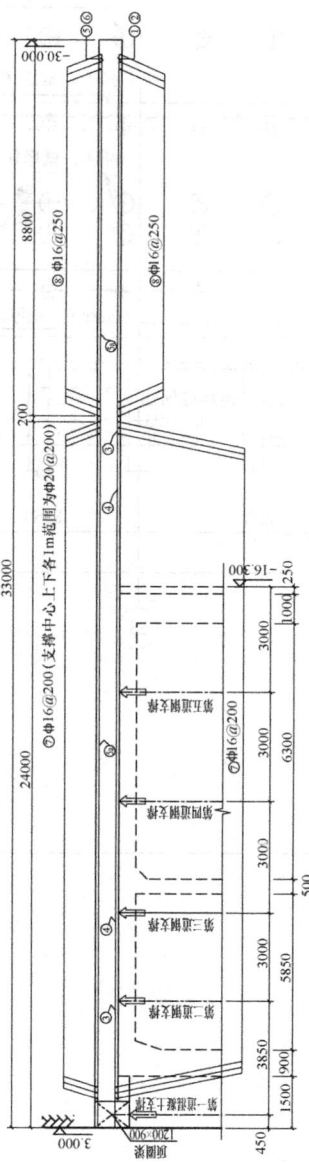

2—2 1:100

1—1 1:50

钢筋编号	钢筋形式	钢筋根数	备注
①	Φ32@300	L/300+1	
②	Φ32@300	L/300	
③	Φ28@300	L/300+1	
④	Φ28@300	L/300+1	
⑤	Φ28@300	L/300	
⑥	Φ28@300	L/300	

表

L为地下墙幅宽。

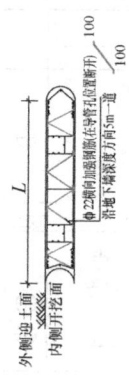

Φ22横向加强钢筋

横向加强桁架筋剖面图

图 3-19 连续墙配筋图

说明：
1. 本图尺寸除标高以米计以外其余均以毫米为单位，除特别注明外，标高均为相对标高。
2. 声测管埋设槽段数为总槽段数的40%；根据《建筑基坑支护技术规程》JGJ 120—2012 规定"地下连续墙应采用声波透射法对墙体混凝土质量进行检测，检测槽段数不宜少于同条件下总墙段数的20%，且不得少于3幅，每个检测槽段的预埋超声波管数不应少于4个"，可采用直径50mm（壁厚3mm）的热镀锌钢管。

92

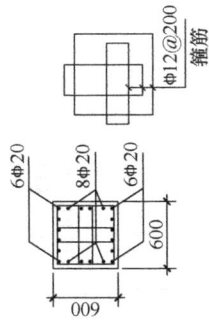

E-E
混凝土系杆配筋 1:40

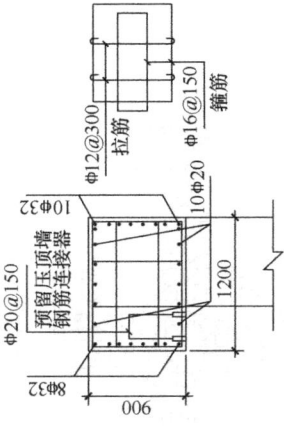

6Φ20
8Φ20
6Φ20
Φ12@200 箍筋
600
600

B-B
标准段\南端头井顶圈梁配筋 1:40

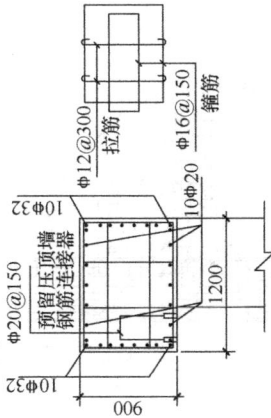

Φ12@300 拉筋
Φ16@150 箍筋
Φ20@150 预留压顶墙钢筋连接器
10Φ32
10Φ20
8Φ32
1200
900

D-D
混凝土支撑配筋 1:40

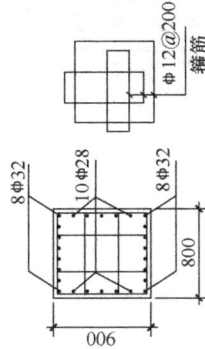

8Φ28
10Φ28
8Φ28
Φ12@200 箍筋
800
900

A-A
北端头井顶圈梁配筋 1:40

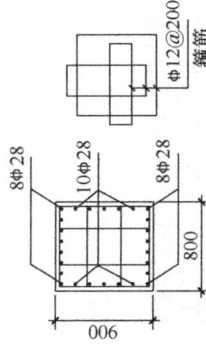

Φ12@300 拉筋
Φ16@150 箍筋
Φ20@150 预留压顶墙钢筋连接器
10Φ32
10Φ20
10Φ32
1200
900

C-C
混凝土支撑配筋 1:40

8Φ32
10Φ28
8Φ32
Φ12@200 箍筋
800
900

说明：1. 图中尺寸均以毫米为单位。
2. 图中 Φ 为HRB400级钢。
3. 北端头井支撑配筋参照A-A剖面，标准段及南端头井参照B-B剖面。
4. 混凝土支撑配筋直撑参照C-C剖面，斜撑参照D-D剖面，混凝土系杆配筋均采用E-E剖面。

图 3-20 混凝土支撑配筋图（1）

93

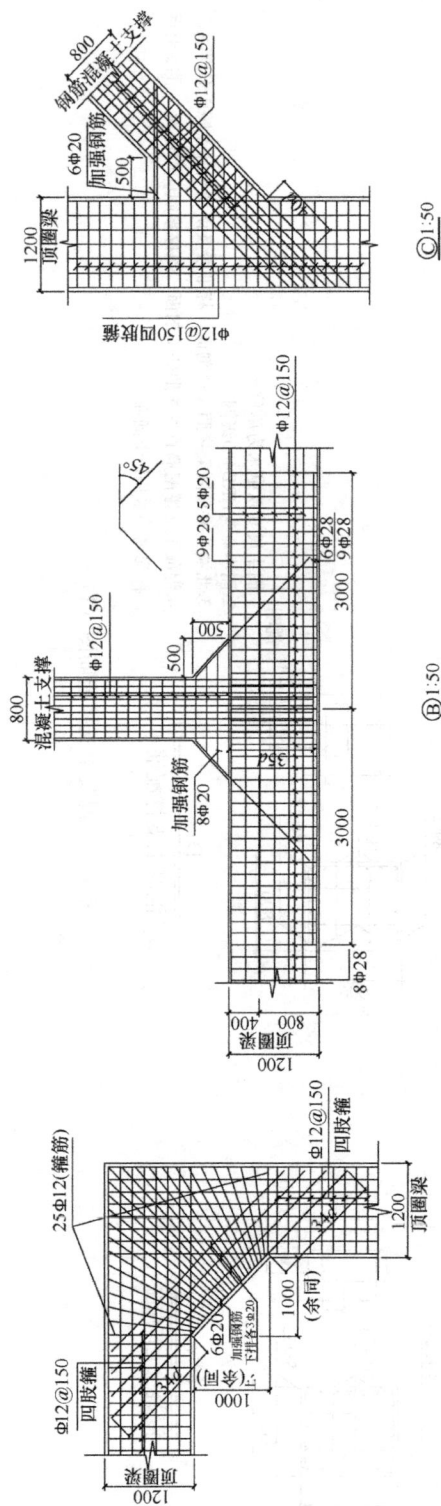

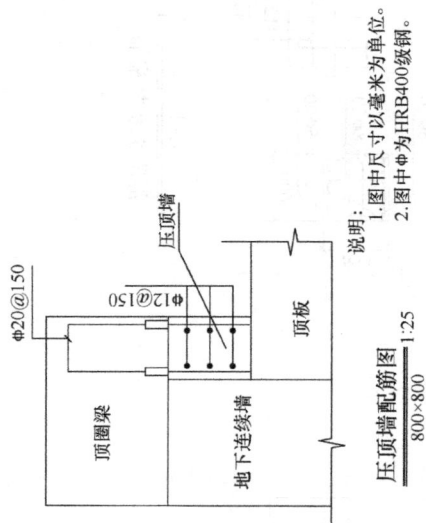

说明：1.图中尺寸以毫米为单位。
2.图中Φ为HRB400级钢。

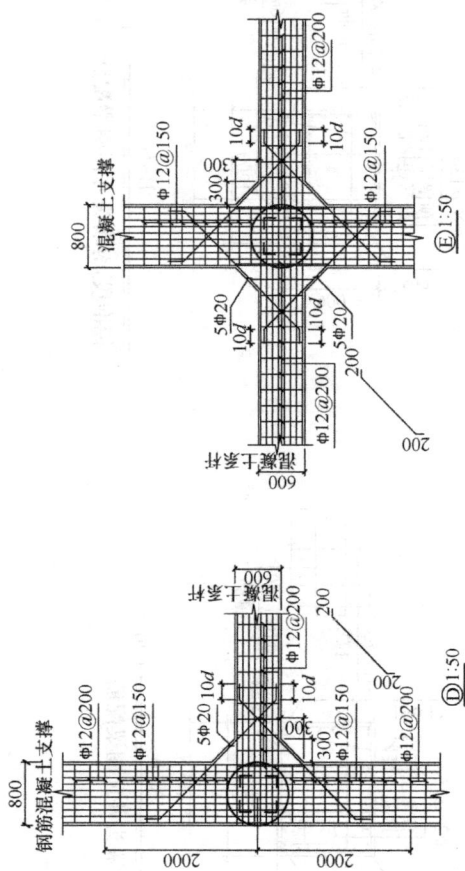

图 3-21 混凝土支撑配筋图（2）

94

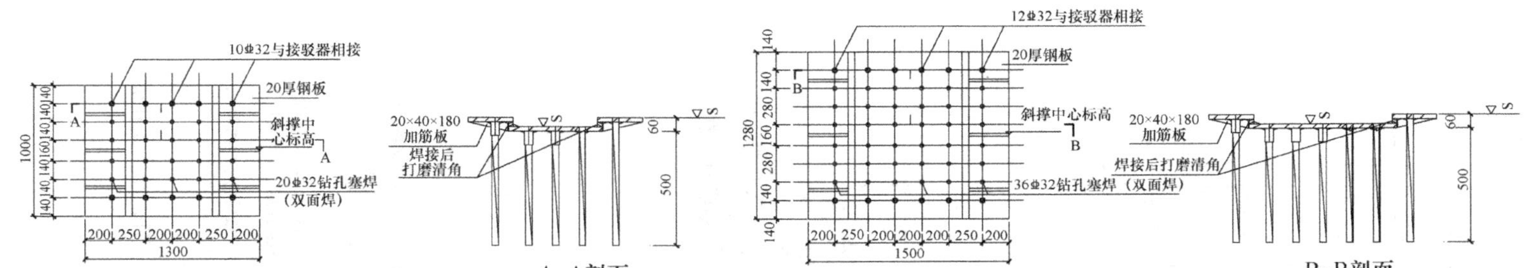

A—A剖面

B—B剖面

地下墙φ800内斜撑处预埋钢板
（单根支撑处） 1:25

地下墙φ609内斜撑处预埋钢板
（单根支撑处） 1:25

斜撑支座结构图

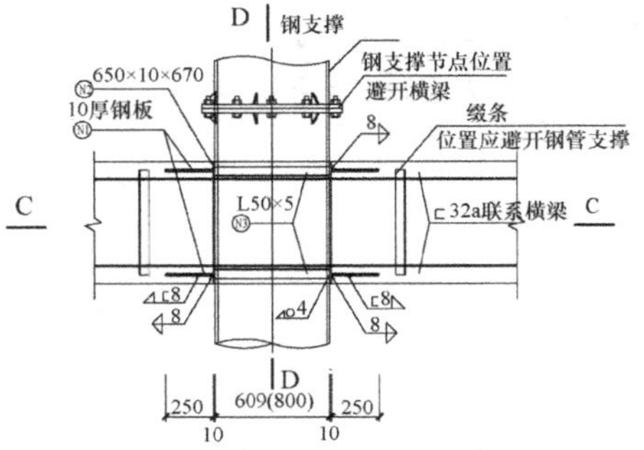

钢系杆与钢管节点平面图 1:25

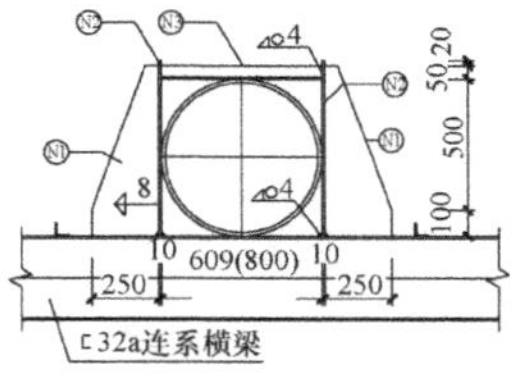

C—C 1:25

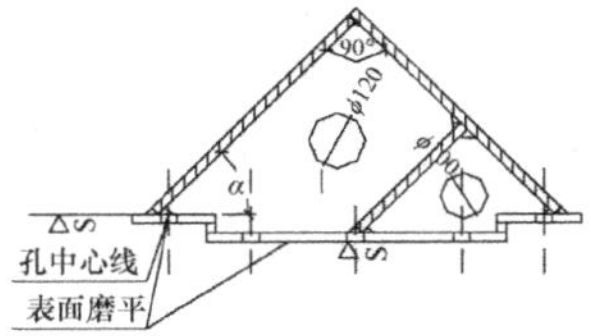

D—D 1:25

N 大样图 1:25

说明：
1. 本图尺寸以毫米为单位。
2. 钢支撑位置处，支撑预埋钢板尺寸也可根据现场使用情况调整，端部尺寸确定，但必须满足t≥20mm。
3. 图中预埋件钢板材料采用Q235B钢，φ为HPB300级钢筋，Φ为HRB400级钢筋。
4. 箍筋与预埋钢板洞之间的空隙必须填实焊牢。
5. 箍筋严禁采用冷加工钢筋。
6. 焊缝等级为二级，焊接施工时应遵循《钢结构焊接规范》(GB 50661—2011)的有关规定。
7. 斜撑预埋钢板及支座斜撑制作要求：
(1)所有接驳器对孔中心距误差在±1mm以内，用套模统一钻孔以保证互换性。
(2)所有焊缝高度不小于10mm，埋件预埋件钢板之间用套模确保焊接时，必须采取措施确保埋件预埋钢板在安装后在支座后面钢板焊接平。
(3)一整套斜撑布置时，尽量调整成与地下墙夹角的α角为45°，如不能与地下墙夹角45°，如不能在安装时在支座后调整，则在安装时在支座后调整。
(4)每块斜撑预埋钢板连接的高强螺栓应采用配套接驳器的高强螺栓配套的产品。
(5)预埋钢板的每排接驳器方向与地下墙分布筋方向一致与主筋重合。

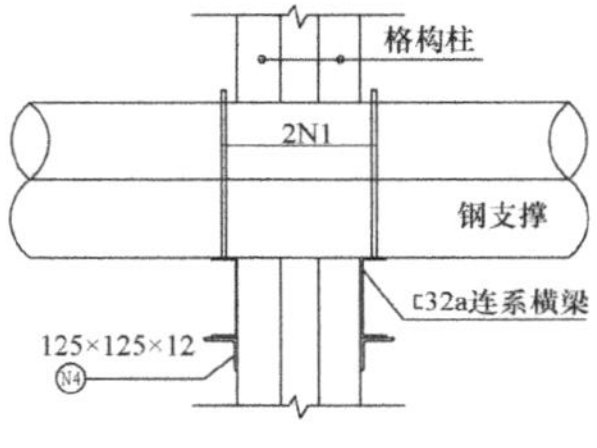

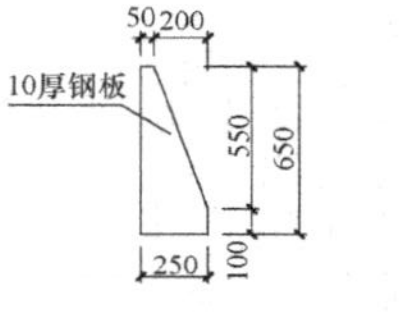

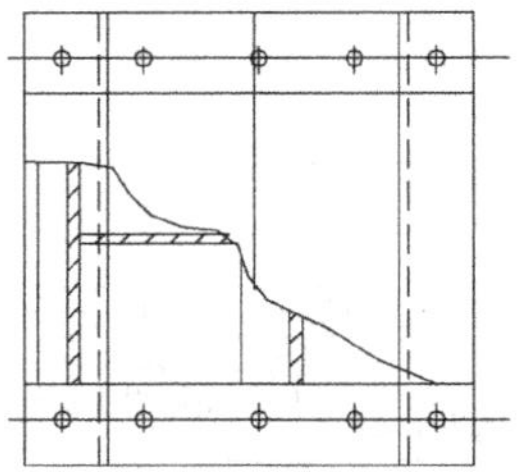

图3-22 钢支撑节点图

格构柱

第一道钢筋混凝土支撑

钢止水板，角钢四周需焊好
厚8mm

顶板

中板

钢止水板，角钢四周需焊好
厚8mm

素混凝土垫层

ϕ800钻孔灌注桩

底板

均匀布置,间距不得大于0.8m

均匀布置,间距不得大于0.8m

均匀布置,间距不得大于0.8m

钢筋混凝土支撑中心线

缀板400×300×10

钢板$t=20$

L140×14

16Φ20
$L=700$

加劲肋$t=14$

A—A 1:10

16Φ20
$L=700$

穿孔塞焊

此板可后焊

加劲肋$t=14$

缀板400×300×10

L140×14

1—1 1:10

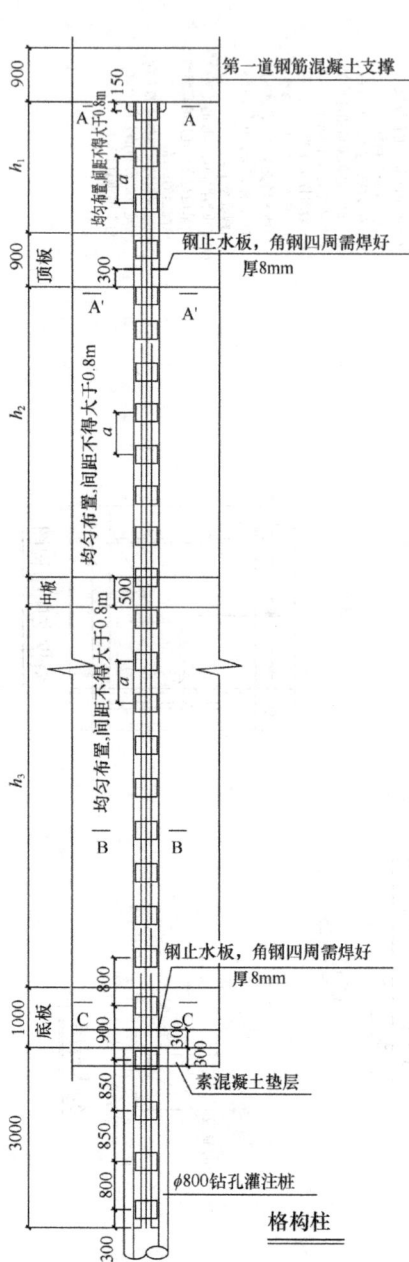

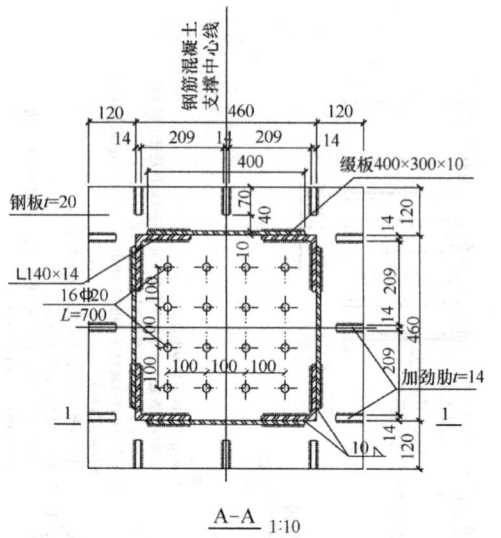

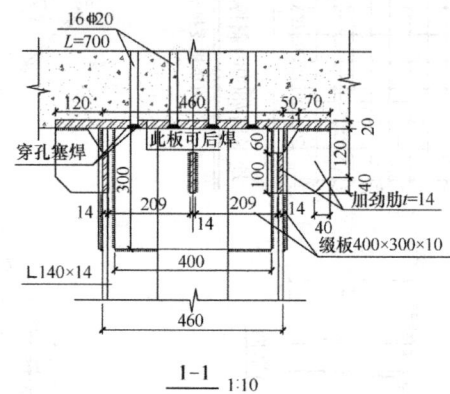

格构柱制作说明:

1. 图中所示为临时支撑格构柱，且所有格构柱均以

2. 所有格构柱插入立柱桩深度均为3.0m，格构柱插

3. 格构柱插入深度应严格控制，误差不大于+5cm，
   平面定位误差不大于2cm。

4. 格构柱为Q235钢，焊条为E43××，未注明焊缝均
   缀板为4-400×300×10,缀板间距施工单位可根据
   且应避开各层楼板主筋位置。

5. 钢止水板需在浇筑相应结构板前与格构柱焊好，

6. 图中未注明之缀板间距a不得大于800mm。

图3-23　立柱桩

96

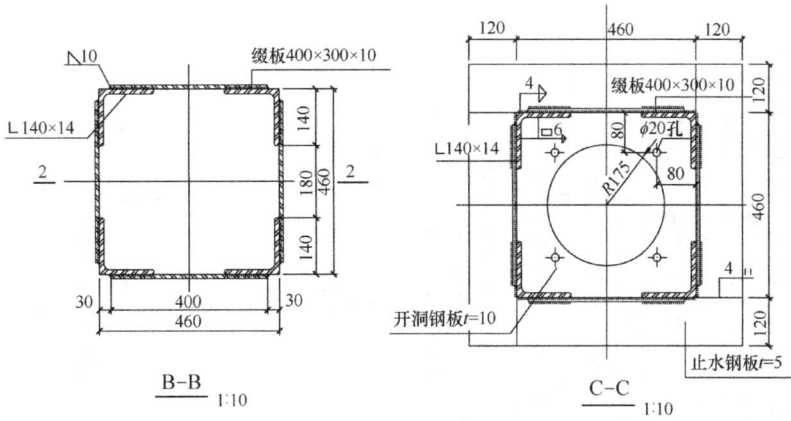

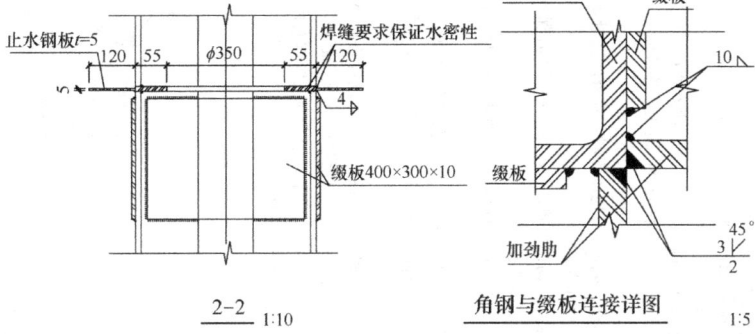

缀板400×300×10

L140×14

10

140

180

460

140

30 | 400 | 30

460

2 — 2

B—B　1:10

120 | 460 | 120

120

缀板400×300×10

□6

80

φ20孔

R175

80

L140×14

4

460

4

开洞钢板t=10

止水钢板t=5

120

C—C　1:10

止水钢板t=5

120 | 55 | φ350 | 55 | 120

5

焊缝要求保证水密性

4

缀板400×300×10

2 — 2　1:10

L140×14

缀板

10

缀板

加劲肋

45°

3
2

角钢与缀板连接详图　1:5

φ800钻孔灌注立柱桩为基础。

入范围内桩箍筋加密至@100。

格构柱垂直误差不大于1/300基坑开挖深度,

为10mm,格构柱选用4L140×14等肢角钢,

具体情况适当调整,但间距不得大于图中所标尺寸,

焊缝要求保证水密性。

结构图(1)

试桩说明：

1. 本抗拔桩基试桩为鉴定性试桩，在抗拔桩中选取3根桩进行垂直静载试验，对完成的抗拔桩进行抗拔承载力检验，试桩位置由设计、施工现场确定。

2. 试桩材料同制桩要求，试桩需待28d养护期后再进行。

3. 试桩露出地面的长度及桩顶根据做法要根据表中的需要，由试桩单位定。为确保桩顶以上桩身计算工况一致，要求试桩桩顶以上桩身部分采用砂料充填。

4. 本工程抗拔桩试验最大加载量为3455kN。

5. 单桩竖向抗拔静载试验采用慢速维持荷载法，试桩方法及要求应满足相应的规范。

6. 试桩的全部施工作业及实施记录应累计上拔量，试桩竖向抗拔提供设计上拔量、灌注桩的充盈系数，静载下的P-s曲线、S-lgt曲线，桩的竖向抗拔极限承载力的建议值，以反有关动测资料等。其中包括：桩顶竖向抗拔试验累计上拔量一份。

7. 在本级荷载作用下，桩顶上拔量大于前一级上拔量5倍。
   (1) 在某级荷载作用下，桩顶上拔量大于前一级上拔量5倍。
   (2) 按桩顶上拔量控制，当桩顶上拔量超过20mm时。
   (3) 按钢筋抗拉强度控制，桩顶上拔荷载达到钢筋强度标准值的0.9倍。
   (4) 达到设计要求的最大加载量（3455kN）。

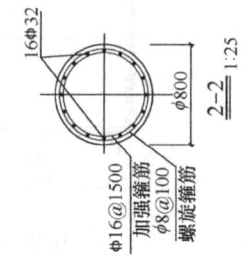

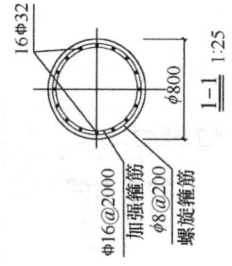

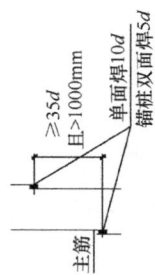

制桩说明：

1. 本图尺寸以毫米为单位，标高以米计。

2. 桩型为钻孔灌注桩，桩径Φ800，设计安全等级为一级。

3. 桩身混凝土强度等级C35。钢筋中为HPB300级钢，Φ为HRB400级钢，焊条用E50型，主筋Φ16@2000，Φ16@1500加强环箍必须采用电焊为封闭箍，螺旋箍与主筋点焊，加强环箍必须与主筋焊接，主筋接头采用焊接，主筋接头间隔开且间距大于1000mm，在同一截面上的接头不得多于总根数的1/2，钢筋笼吊放前，应对孔位校测量，确保孔径准确，并做好记录。桩位容许偏差≤50mm，桩身垂直度偏差≤1/200。

4. 主筋与箍筋焊成钢筋笼骨架，钢筋吊放时应防止变形，放入桩孔后，应采取措施保证其布护层厚度的准确，连续施工，确保混凝土的强度和密实性。

5. 施工前必须做试成孔，以便核对地质资料。成孔、检查所选设备、施工工艺及标高应反复比设计桩顶高高出5%的桩长。

6. 抗拔桩实际灌注高度应以设计桩顶标高为准，且不小于2m，保证试桩桩顶高以上的混凝土强度符合设计要求。

7. 试桩在静载试验后凿去桩顶混凝土至桩顶设计标高，桩顶钢筋与底板连接构造与抗拔桩结构图相同。

8. 钢筋笼在制作、运输、安装过程中应采取措施，防止不可恢复的变形。

9. 抗拔桩基中选用3根桩进行现场单桩竖向抗拔静载试验，试桩位置见抗拔桩平面布置图。

10. 基础开挖后应对全部抗拔桩用小应变测动法确定桩身质量，试验报告及桩基检测资料经设计院认可后方能进行下一步施工。

11. 应反及时提供完整的桩基施工资料，以检查桩基质量，如发现问题需及时联系。

12. 图中底板面标高及桩底锚固长度详见基础结构纵剖面图。

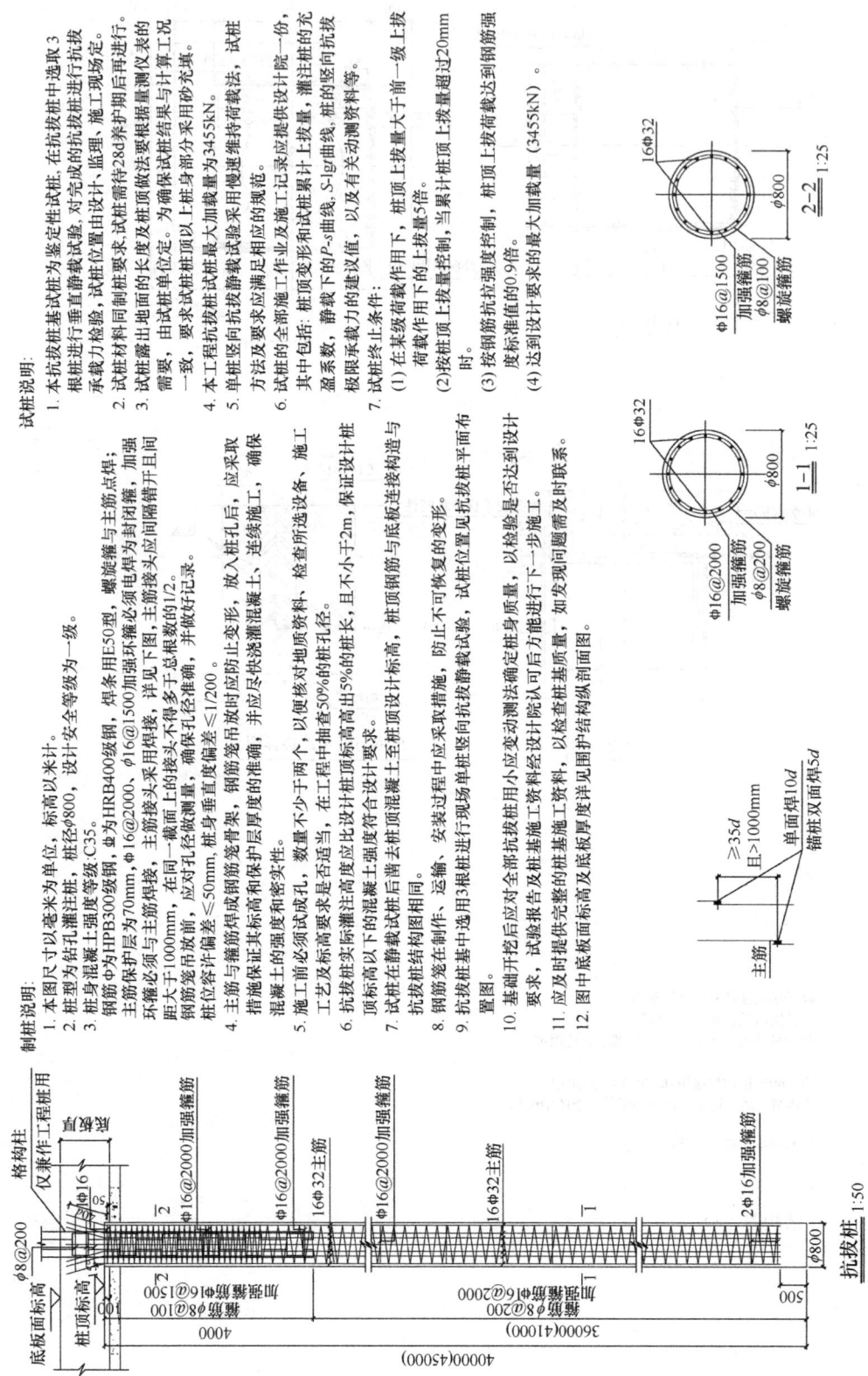

图 3-24　立柱桩结构图 (2)

第四章 地 下 结 构 工 程

第一节　地下结构工程计量与计价

本章定额包括明挖法混凝土结构、明挖法混凝土模板、盖挖和暗挖法混凝土结构、盖挖和暗挖法混凝土模板、钢筋制作与安装、防水工程、盖挖和暗挖车站洞内临时工程，共7节185个子目。

一、混凝土工程

（一）说明

（1）定额中混凝土已列出常用强度等级项目，如设计不同时可以换算调整。

【例4-1】明挖法基坑，C25P6泵送商品抗渗混凝土风井，确定套用的定额子目及基价。

【解】[3-20]H 基价＝3257＋（321－299）×10.15＝3480.30 元/10m³。

（2）小型构件是指单件体积0.05m³以内的未列出项目的构件。

（3）混凝土结构区分为明挖法混凝土结构和盖挖、暗挖法混凝土结构两大类型。

（二）工程量计算规则

（1）混凝土工程量除另有规定者外，均按图示尺寸实体体积以立方米计算，不扣除构件内钢筋、预埋铁件及墙、板中0.3m²内的孔洞所占体积。

【例4-2】某车站混凝土内隔墙：图示实体体积1000m³，墙内钢筋、预埋件体积1.25m³，孔洞面积2.5m²，墙厚300mm，试计算该内隔墙混凝土工程量。

【解】根据本定额说明规定：不扣除墙内钢筋、预埋件所占体积，应扣除0.3m²以外的孔洞体积。

内隔墙混凝土工程量＝1000－2.5×0.3＝999.25m³。

（2）箱式满堂基础分别按基础、柱、墙、梁、板有关规定套用相应定额计算。

（3）设备基础除块体以外，其他类型设备基础分别按基础、梁、柱、板、墙等有关规定，套用相应定额计算。

（4）柱按图示截面尺寸乘以柱高以立方米计算，柱高按下列规定确定：

1）有梁板的柱高，应自柱基上表面（或楼板上表面）至上一层楼板下表面之间的高度计算。

2）无梁板的柱高，应自柱基上表面（或楼板上表面）至柱帽下表面高度计算。

3）构造柱按基础顶面或楼板至框架梁、连续梁等单梁（不含圈、过梁）底标高计算，与墙咬接的马牙槎按柱高每侧3cm合并计算。

【例4-3】某车站站台层构造柱：结构外围长300mm×宽200mm，墙厚200mm，从框架梁底标高至站台层顶标高6.2m，试计算该构造柱混凝土工程量。

【解】根据本定额说明规定：与墙咬接的马牙槎按柱高每侧3cm合并计算。

构造柱混凝土工程量＝0.3×(0.2＋0.03×2)×6.2＝0.484m³

4）依附柱上的牛腿，并入柱身体积计算。

【例4-4】某车站站台层结构柱：结构尺寸长1200mm×宽1200mm，柱高6.2m，附在柱上牛腿长1200mm×宽600mm×厚500mm，试计算该结构柱混凝土工程量。

【解】结构柱混凝土工程量＝1.2×1.2×6.2＋1.2×0.6×0.5＝9.288m³。

（5）梁按图示截面尺寸乘以梁长以立方米计算。梁高为梁底至梁顶面的高度，与板相接的梁算至板底，反梁自板顶算至梁顶，梁和板相叠加部位按梁计算。梁长按下列规定确定：

1）梁与柱连接时，梁长算至柱侧面。

2）主梁与次梁连接时，次梁长算至主梁侧面，伸入砌体内的梁头、梁垫并入梁体积计算，伸入混凝土墙内梁部分，按墙计算。

（6）板按设计图示面积乘以板厚以立方米计算。靠墙的梗斜混凝土体积并入墙的混凝土体积计算，不靠墙的梗斜并入相邻顶板或底板混凝土体积计算。

1）按梁、墙间净间距尺寸计算，板垫及与板整体浇捣的翻沿（净高250mm以内的）并入板内计算；板上单独浇捣的墙内素混凝土翻沿按圈梁定额计算。

2）无梁板按板和柱帽体积之和计算。

3）柱的断面积超过1m²时，应扣除与柱重叠部分的工程量。

（7）墙按图示中心线长度乘以墙高、墙厚，以立方米计算，应扣除门窗洞口及0.3m²以外洞口的体积，墙垛（附墙柱）、暗柱、暗梁及墙突出部分并入墙体积计算。墙的体积中，板与墙相叠加部位按墙计算；梁与墙相叠加部位，按墙计算。

（8）整体楼梯的工程量，包括休息平台、平台梁、斜梁及楼梯与楼板连接的梁、踏步板及踏步，按设计图示尺寸以立方米计算。

二、模板工程

（一）说明

（1）模板定额项目是按钢模板为主、木模板为辅综合编制。

（2）模板工程区分明挖法和盖挖、暗挖法。

（3）模板定额已经综合考虑地面运输，洞内水平运输、垂直运输和模板的地面装卸费、回库维修费等。

（4）现浇混凝土柱、梁、板、墙的支模高度按层高6m以内编制，超过6m时，工程量包括6m以下部分，另按每增加1m的定额计算。

【例4-5】明挖法车站，内衬墙：厚度60cm，支模高度6.8m，确定套用的定额子目及基价。

【解】基价＝[3-46]＋[3-48]＝3178＋269＝3447元/100m²。

（5）混凝土墙、板的模板是按混凝土厚度划分600mm以内、600mm以上综合测算。

【例4-6】暗挖法车站，内衬墙：厚度70cm，支模高度7.8m，确定套用的定额子目及基价。

【解】基价＝[3-47]＋[3-48]＝3568＋269×2＝4106元/100m²。

（6）盖挖、暗挖法模板脱膜按常规隔离剂考虑，实际不同时，材料换算，其余不变。

【例 4-7】 盖挖法车站，钢管桩工作套筒制作、安装，周转使用，中厚钢板与型钢的重量比例分别为 90%、10%，一次性预埋，确定套用的定额子目及基价。

【解】 分析定额中厚钢板和型钢消耗量为 1.09t、10.032kg，总消耗量＝1.06＋0.010＝1.1t

[3-85]H 基价＝2673＋(1.1×0.9－1.09)×3800.00＋(1.1×0.1/1000－10.032)×3.85＝2677.88 元/t。

（二）工程量计算规则

（1）现浇混凝土及钢筋混凝土模板工程量，除另有特别注明外，均按混凝土与模板的接触面积以平方米计算。

（2）现浇钢筋混凝土墙、板上单孔面积在 0.3m² 以内孔洞不予扣除，洞侧壁模板也不增加，单孔面积在 0.3m² 以外应予扣除，洞侧壁模板面积并入相应项目计算。

（3）现浇钢筋混凝土框架分别按梁、板、柱、墙有关规定计算，附墙柱、暗梁、暗柱并入墙的工程量计算。

（4）梁与梁、梁与墙、梁与柱交接时，按净空长度计算，不扣减接合处的模板面积。

（5）构造柱，按图示外露部分计算模板面积，与墙咬接的马牙槎按柱高每侧模板 6cm 合并计算，套用矩形柱定额。

（6）现浇钢筋混凝土楼梯按水平投影面积计算：伸入墙内部分不计算，不扣除小于 500mm 宽度的楼梯所占面积，楼梯的踏步、踏步板、平台梁等的侧面模板不另行计算。

（7）现浇混凝土小型构件按构件外围表面积计算，池槽内、外侧及底部的模板不另行计算。

三、钢筋工程

（一）说明

（1）钢筋工程区分明挖法和盖挖、暗挖法，按不同钢种分别列项，定额中钢筋的规格比例、钢筋品种按常规工程综合考虑。

（2）除定额规定单独列项计算以外，各类钢筋、预埋件的制作成型、绑扎、安装、接头、固定所用工料机消耗均已列入相应定额。

（3）预埋铁件区分单块重量 25kg 以内、25kg 以上分列子目。

（4）定额中钢筋机械连接所指的是套筒冷压、锥螺纹和直螺纹钢筋接头，焊接是指电渣压力焊和气压焊方式钢筋接头。

（5）植筋定额不包括钢筋主材费，钢筋按设计长度计算另行套用钢筋制作安装定额。定额中植筋深度按 10d 考虑，如设计要求植筋深度与定额不同时，相应定额按比例调整。

【例 4-8】 植筋：Φ25 钢筋，植筋深度按 30d 考虑，确定套用的定额子目及基价。

【解】 [3-146] H 基价＝234×30/10＝702 元/10 根。

（二）工程量计算规则

（1）钢筋工程按不同钢种和规格，按设计图示重量以吨为单位计算，固定钢筋位置的支撑筋、马凳筋以及构件的锚固筋与吊筋钢筋等并入钢筋工程量内一并计算。

（2）混凝土构件及砌体内的预埋铁件按设计图示重量以吨为单位计算。

（3）沉降观测点列入钢筋（或铁件）工程量内计算，采用成品的按成品价计算。

（4）钢筋机械连接和焊接按定额划分种类以个计算。

（5）植筋按定额划分的规格以根计算。

【例4-9】某车站因施工需要采用植筋：Φ25钢筋，长度500mm，共800根，试计算该植筋工程量。

【解】根据本章定额说明第五条第5点规定：植筋定额不包括钢筋主材费，钢筋按设计长度计算另行套用钢筋制作安装定额；因此，具体计算过程如下：

（1）植筋工程量＝800根。

（2）钢筋工程量＝0.5×3.25/1000×800＝1.3t。

四、防水工程

（一）说明

（1）防水工程按柔性防水、刚性防水、变形缝、堵漏列项。

（2）柔性防水定额子目中，材料消耗量包含了所有的搭接、阴阳角加强层。

（3）设计采用的卷材及涂膜防水材料品种与定额取定不同时，材料及价格按实调整换算，其余不变。

【例4-10】某车站采用JS防水涂料厚2.5mm，确定套用的定额子目及基价。

【解】[3-149]H基价＝3427+(400/2×2.5-400)×7.9＝4217元/100m²。

【例4-11】某车站采用水泥砂浆保护层厚3mm，确定套用的定额子目及基价。

【解】基价＝[3-160]+[3-161]＝958+277＝1235元/100m²。

（4）变形缝适用于伸缩缝、沉降缝、防震缝等。

【例4-12】某车站钢板止水带展开宽度为550mm，确定套用的定额子目及基价。

【解】[3-163]H基价＝5971+(550/450×1.123-1)×4400＝7610.24元/100m。

（5）变形缝、堵漏如设计用料不同时，主材用量可换算，其他不变。

（二）工程量计算规则

（1）柔性防水按设计图示主体结构外表面积以平方米计算，刚性防水按设计图示铺设面积以平方米计算。

【例4-13】某车站采用SBS卷材防水，主体结构长185m，外表周长52m，其中在内衬墙与底板、顶板转角处需叠合500mm，试计算该卷材防水工程量。

【解】根据本章说明第六条防水工程第2点规定：柔性防水定额的材料消耗量包含了所有的搭接、阴阳角加强层。因此，不能计算内衬墙与底板、顶板转角处需叠合500mm面积，具体计算过程如下：

卷材防水工程量＝185×52＝9620m²。

（2）变形缝分不同材料，按设计图示尺寸以米为单位计算。

（3）堵漏区别不同用途，点堵漏按设计图示以个为单位计算；缝堵漏按设计图示以米为单位计算；墙面堵漏按设计图示以平方米为单位计算。

五、盖挖、暗挖车站洞内临时工程

（一）说明

洞内临时工程的通风、照明、动力、水管及运输轨道等定额项目是按单层设计结构断面面积在35m²以内编制的。

【例4-14】某车站内轨道临时工程，使用时间3个季度（共9个月），确定套用的定额子目及基价。

【解】基价=[3-184]+[3-185]H=39+17×2=73 元/m。

（二）工程量计算规则

（1）洞内通风、照明、动力、水管及运输轨道等按单层设计结构断面面积划分，按车站设计图示长度以延长米为单位计算。

（2）单层设计结构断面面积在 35m² 以外的，工程量计算按以下规定：单层设计结构断面面积在 60m² 以内，工程量乘以 2。

（3）单层设计结构断面面积在 90m² 以内，工程量乘以 3；单层设计结构断面面积在 120m² 以内，工程量乘以 4。

（4）单层设计结构断面面积大于 120m²，工程量乘以 5。当车站结构为多层时，按单层的工程量乘以层数计算。

【例 4-15】某车站单层设计结构断面面积 78m²，共有三层，车站设计长度 185m，试计算洞内通风工程量。

【解】洞内通风工程量=185 长×3 层×2 倍=1110m。

六、砌体工程和金属构件制作安装

（1）本章定额不包括砌体工程，发生时按《浙江省建筑工程预算定额》（2010 版）相关子目执行，其垂直运输费按每 10m³ 砌体 0.3 台班 15t 履带式起重机另行计算。

【例 4-16】某车站设备区内墙采用蒸压砖：墙厚 240mm，M7.5 水泥砂浆砌筑，确定套用的定额子目及基价。

【解】根据本定额说明规定：砌体工程套用《浙江省建筑工程预算定额》（2010 版），同时，再增加垂直运输费按每 10m³ 砌体 0.3 台班 15t 履带式起重机。

土建[3-67]H 基价=2712+（168.17−181.75）×2.36+0.3×515.34=2834.55 元/m³。

（2）金属构件制作安装按《浙江省建筑工程预算定额》（2010 版）相关子目执行。

第二节　地下结构工程计量与计价实例

工程名称：××市轨道交通 X 号线工程××站主体结构（地下两层主体结构）

一、工程概况

××市轨道交通×号线工程××站为侧式站台地下二层车站，双柱三跨钢筋混凝土箱形结构，基坑净宽 24.3～25.3m，净长 223m，站中心基坑深 16.3m，车站南、北端头盾构施工的始发工作井。站台中心里程处顶板覆土约 1.9m，底板埋深约 16.3m。

本工程主体结构设计使用年限为 100 年，安全等级为一级，抗震设防烈度为 7 度，抗震等级为三级。

二、编制依据

（1）由××设计院研究院提供的施工招标图纸如图 4-1～图 4-12 所示。

（2）由××公司编制的《××市轨道交通×号线工程××站工程施工招标文件》等。

预算定额计量与计价综合单价法见表 4-1～表 4-7。

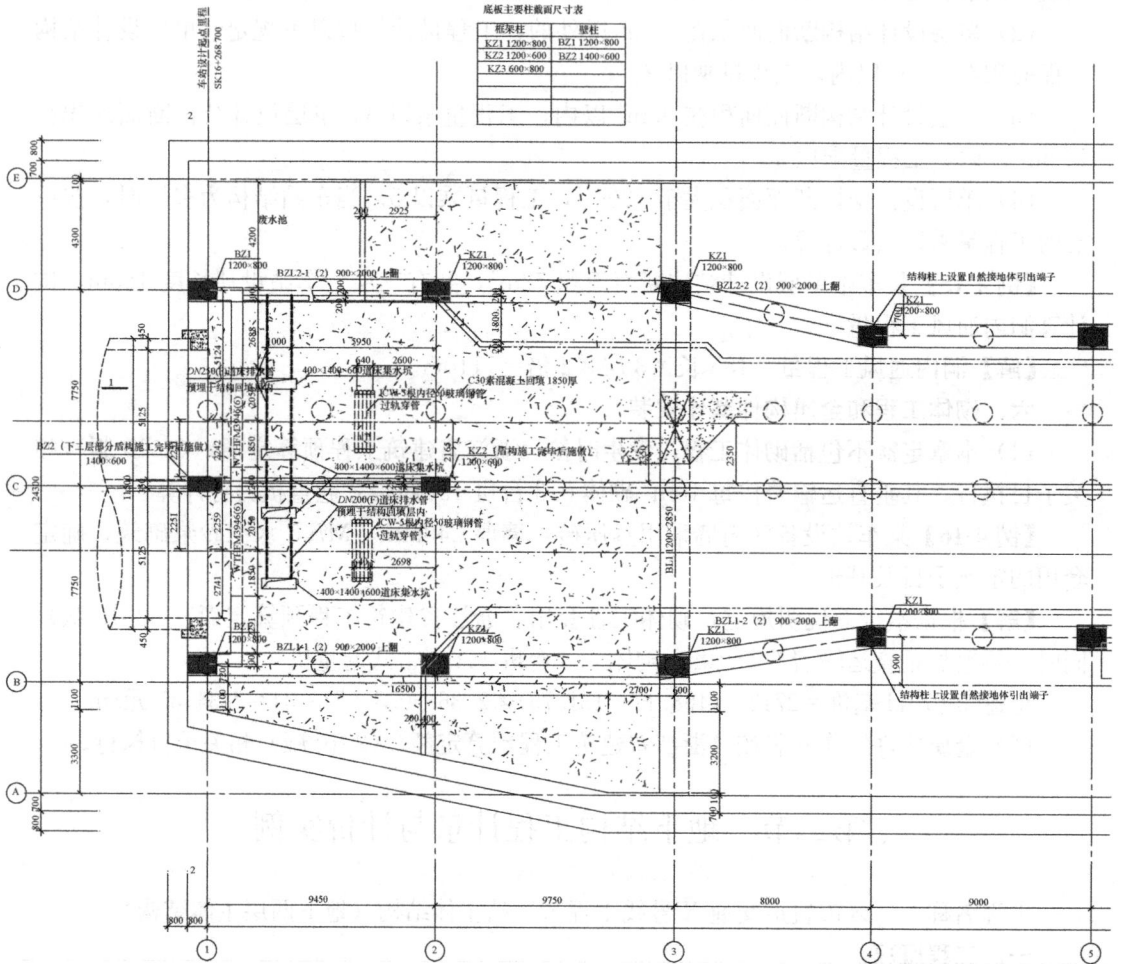

底板主要柱截面尺寸表

框架柱	壁柱
KZ1 1200×800	BZ1 1200×800
KZ2 1200×600	BZ2 1400×600
KZ3 600×800	

图 4-1　底板结构

说明：图中尺寸以毫米为单位，标高和里程以米计。

104

平面图

中板主要梁截面尺寸表

边框梁	明梁	人防墙下梁	暗梁	轨排井梁
ZBKL1 1800×800	ZL1 600×900	ZRFL1 700×900	ZAL1 1000×500	ZGPL1 800×800
ZBKL2 1200×800	ZL2 800×1000	ZRFL2 500×1050	ZAL2 800×500	
ZBKL3 1400×800	ZL3 600×700	ZRFL3 1000×500	ZAL3 600×500	
ZBKL4 1800×800	ZL4 400×500			
	ZL5 800×1050			

中板主要柱截面尺寸表

框架柱	壁柱	暗柱
KZ1 1200×800	BZ1 1200×800	AZ1 1200×700
KZ2 1200×600	BZ2 1400×600	AZ3(RF)1200×700
KZ1(RF)1200×800		AZ3(RF)异形柱
		AZ5 异形柱
		AZ6 异形柱
		AZ7(RF)400×800
		AZ8 1200×800
		AZ9(RF)1200×800

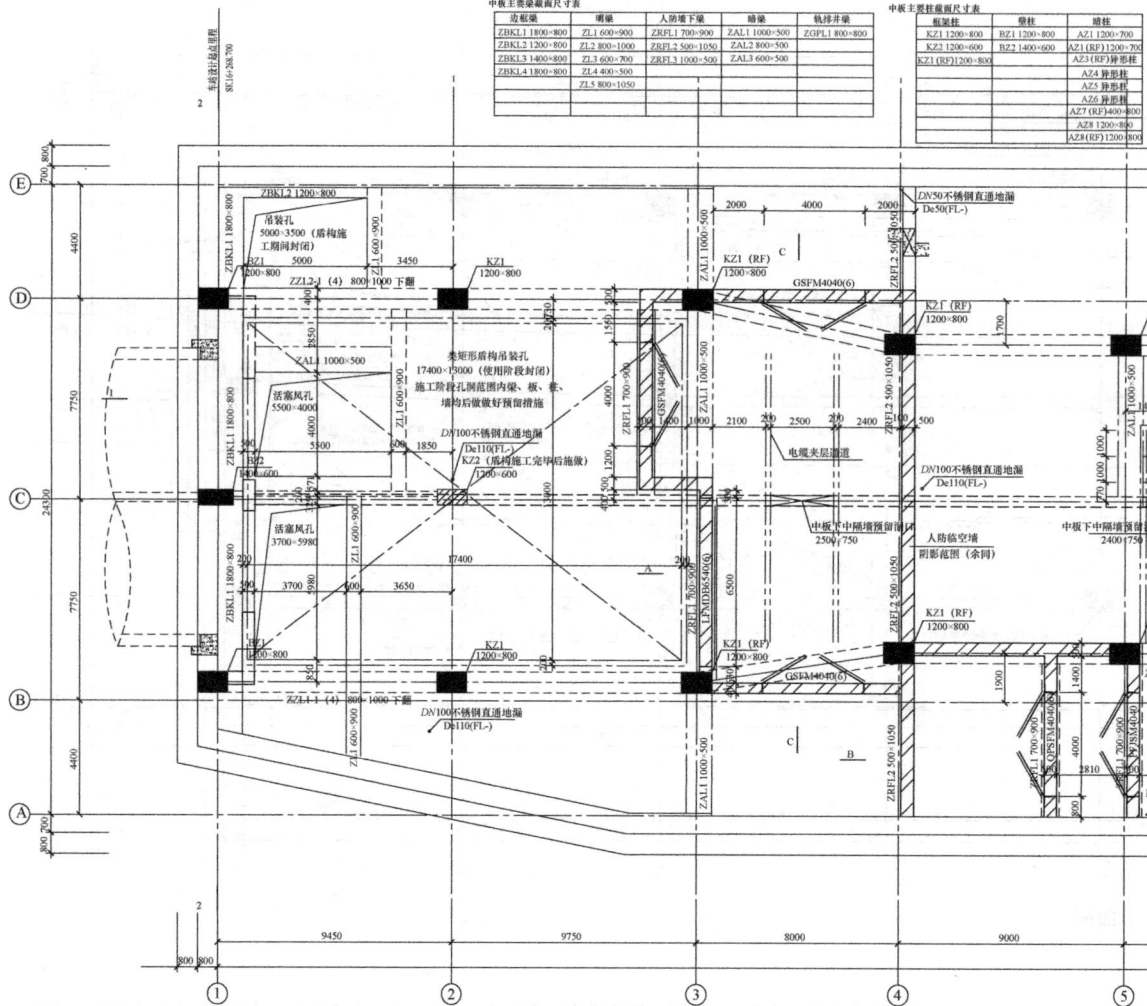

图 4-2　中板

结构平面图

强电孔 400×1500

AZ1 1200×700

AZ8 (RF) 1200×800

AZ7 (RF) 400×900

AZ8 (RF) 1200×800

AZ8 (RF) 1200×800

AZ8 1200×800

DN100不锈钢直通地漏 De110(FL-)

JFJM2635

KZ1 (RF) 1200×800

GSFM5040(6)

KZ1 (RF) 1200×800

BZ1 1200×800

KZ1 1200×800

DN100不锈钢直通地漏 De110(FL-)

DN100不锈钢直通地漏 De110(FL-)

ZAL2 800×500

风孔

ZAL1 1000×500

风孔 1400×1500

风孔 1×1000

类矩形盾构吊装孔 17400×5000 (使用阶段封闭) 施工阶段孔洞范围内梁、板、柱、墙均后做做好预留措施

活塞风孔 4000×5000 1400×600

DN100不锈钢直通地漏 De110(FL-)

ZAL2 800×500

集水坑 600×600×600

活塞风孔 4000×5000

风孔 1400×100

KZ1 (RF) 1200×800

KZ1 1200×800

KZ1 1200×800

ZAL2 800×500

BZ1

人防临空墙 阴影范围 (余同)

ZAL2 600×500

强电孔 1500×400

ZRFL1 700×900

ZRFL2 500×1050

强电孔 1500×400

DN100不锈钢直通地漏 De110(FL-)

DN100不锈钢直通地漏 De110(FL-)

AZ1 1200×700

ZAL2 800×500

车站设计终点里程 SK(6+49).706

E

D

C

B

A

21 22 23 24 25

107

顶板主要梁截面尺寸表

边框梁	过梁	暗梁	明梁	轨排井梁
DBKL1 1800×900	GL1 1000×1800	DAL1 1000×900	DL1 800×1500	DGPL1 1000×900
	GL2 700×1500	DAL2 1000×800	DL2 1200×2000	
	GL3 700×2550		DL3 1000×1800	
	GL4 700×1800		DL4 800×2000	
	GL5 700~900×2550		DL5 500×1200	
	GL6 800×1500			
	GL7 800×1800			

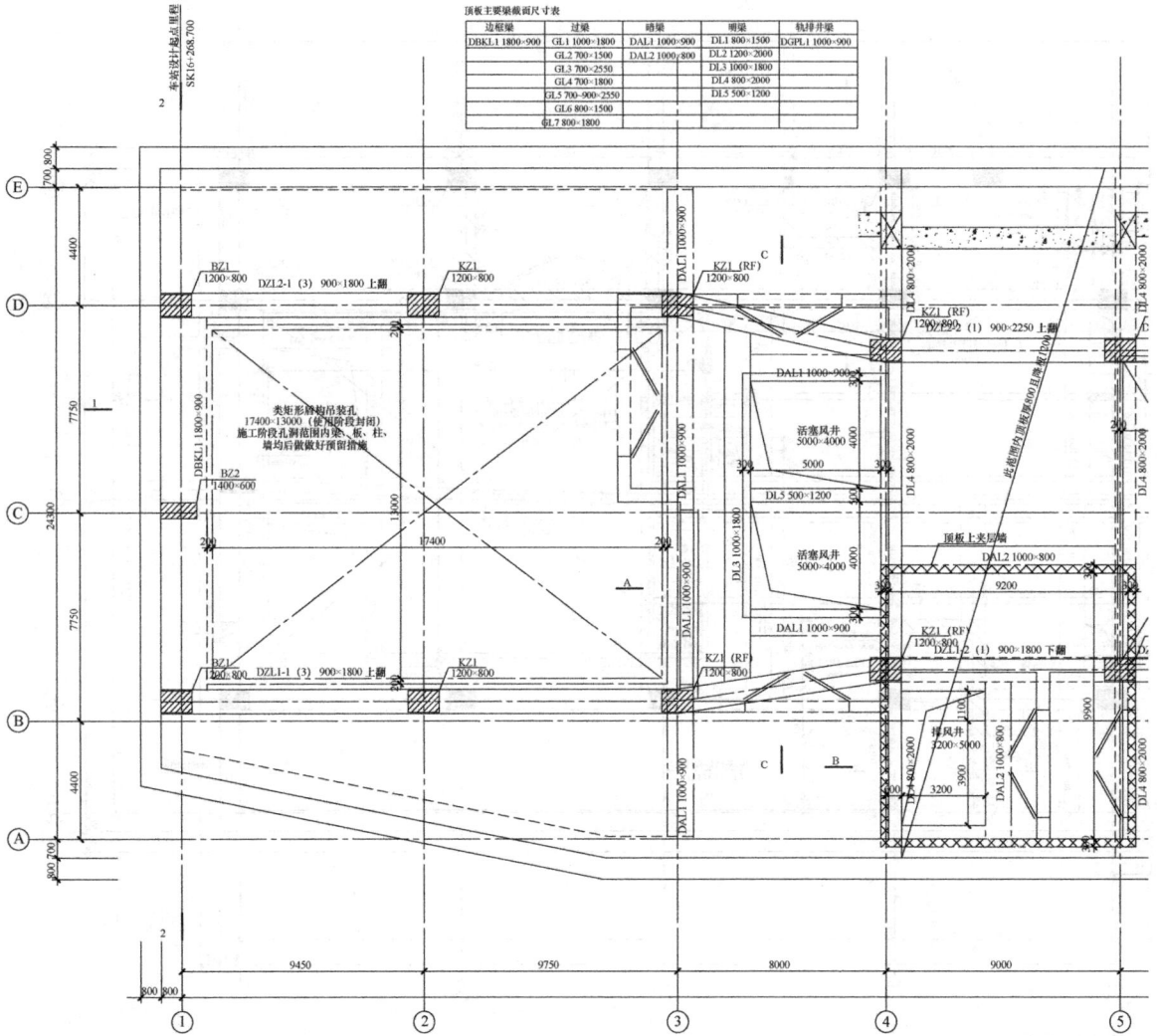

说明：图中尺寸以毫米为单位，标高和里程以米计。

图 4-3　顶板

108

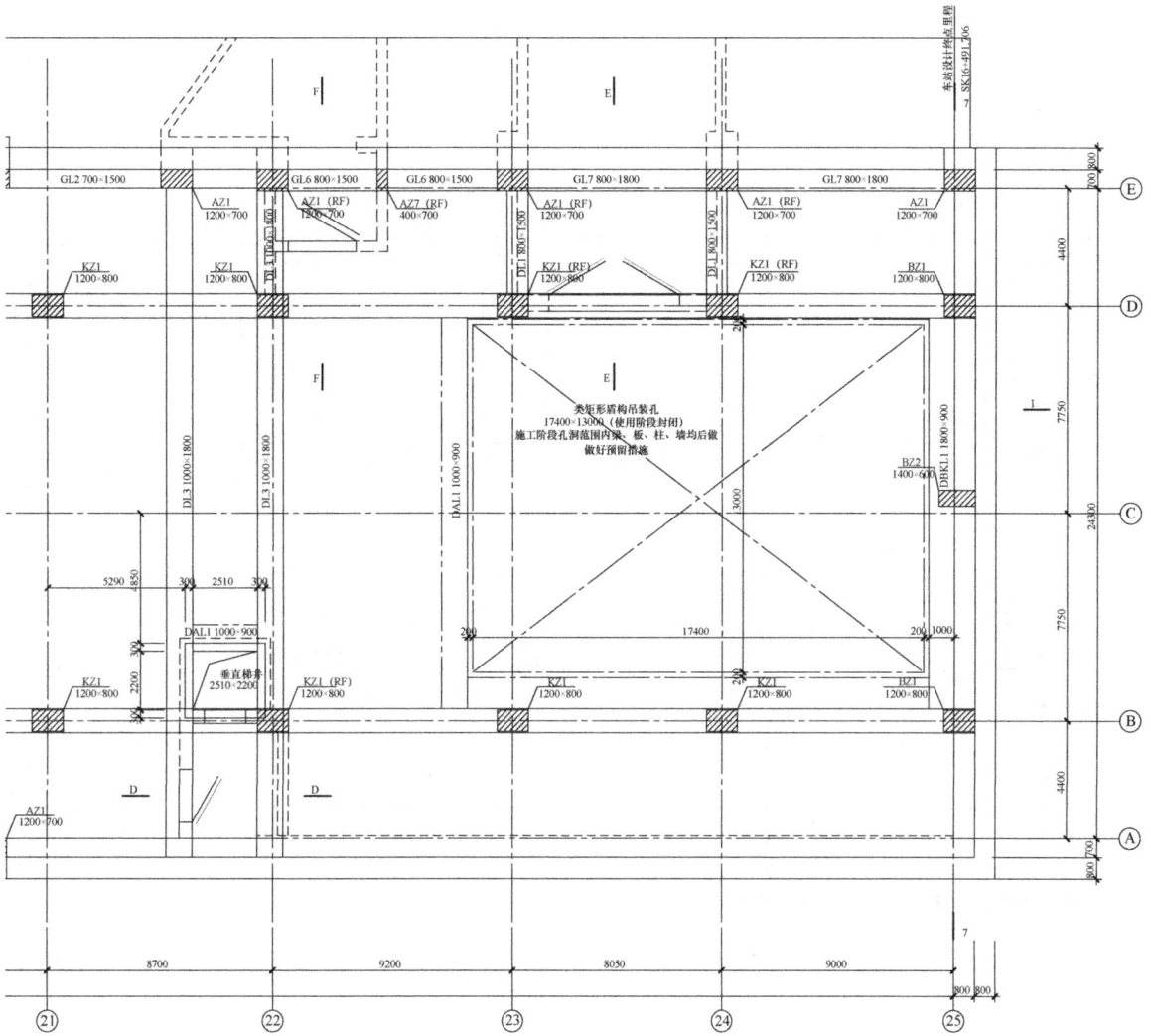

结构平面图

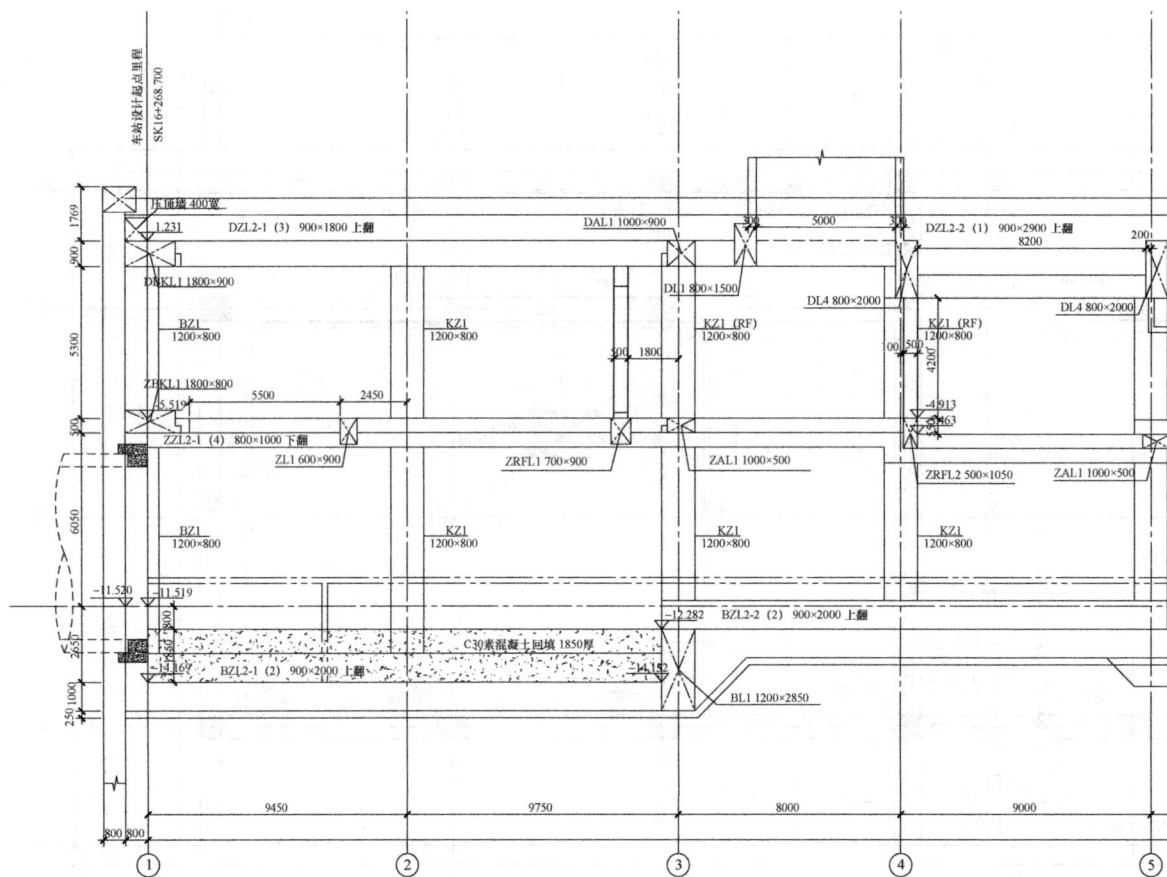

说明：图中尺寸以毫米为单位，标高和里程以米计。

图 4-4 主体结构

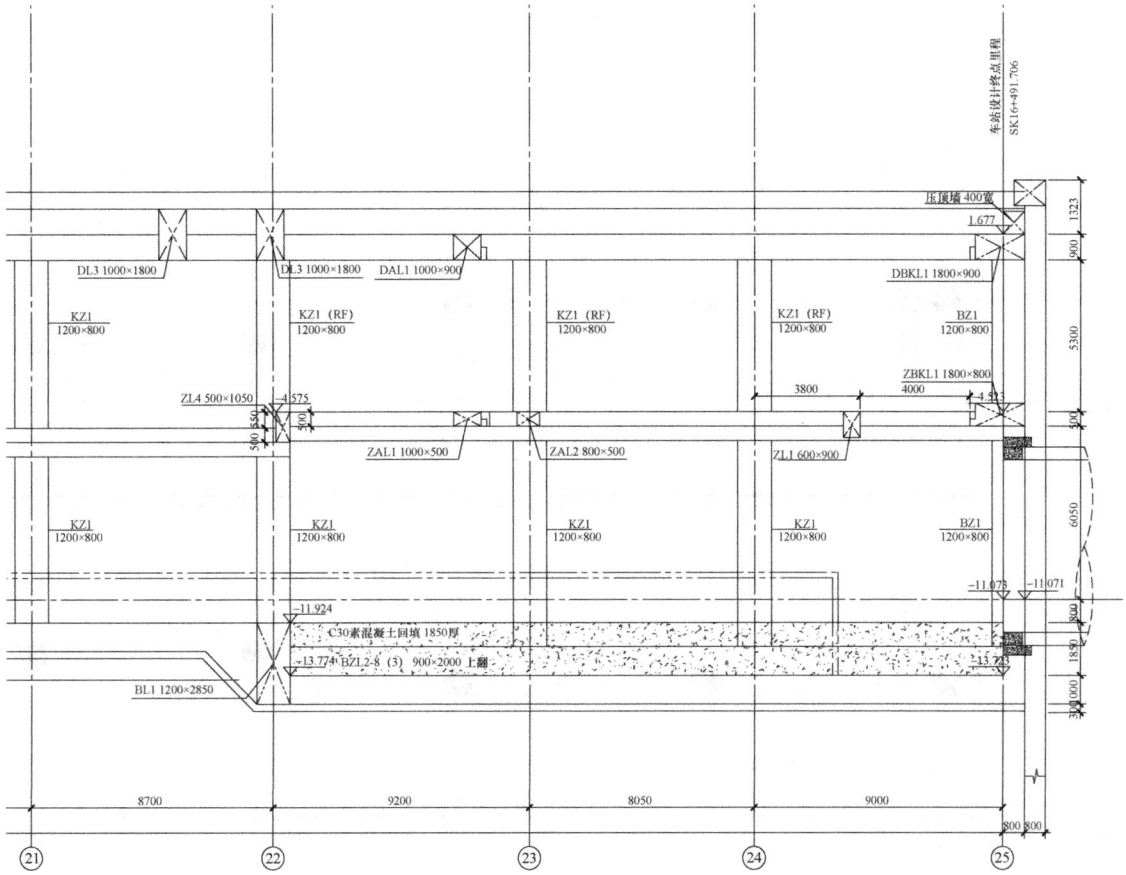

DL3 1000×1800 DL3 1000×1800 DAL1 1000×900

DBKL1 1800×900

压顶墙 400宽

1.677

KZ1
1200×800

KZ1 (RF)
1200×800

KZ1 (RF)
1200×800

KZ1 (RF)
1200×800

BZ1
1200×800

车站设计终点里程
SK16+491.706

ZL4 500×1050 -4.575

ZBKL1 1800×800
4000

3800

-4.571

ZAL1 1000×500 ZAL2 800×500 ZL1 600×900

KZ1
1200×800

KZ1
1200×800

KZ1
1200×800

KZ1
1200×800

BZ1
1200×800

-11.073 -11.071

-11.924

C30素混凝土回填 1850厚

-13.774 BZ1.2-8 (3) 900×2000 上翻

-13.723

BL1 1200×2850

8700 9200 8050 9000

㉑ ㉒ ㉓ ㉔ ㉕

800 800

1-1 纵剖面图

111

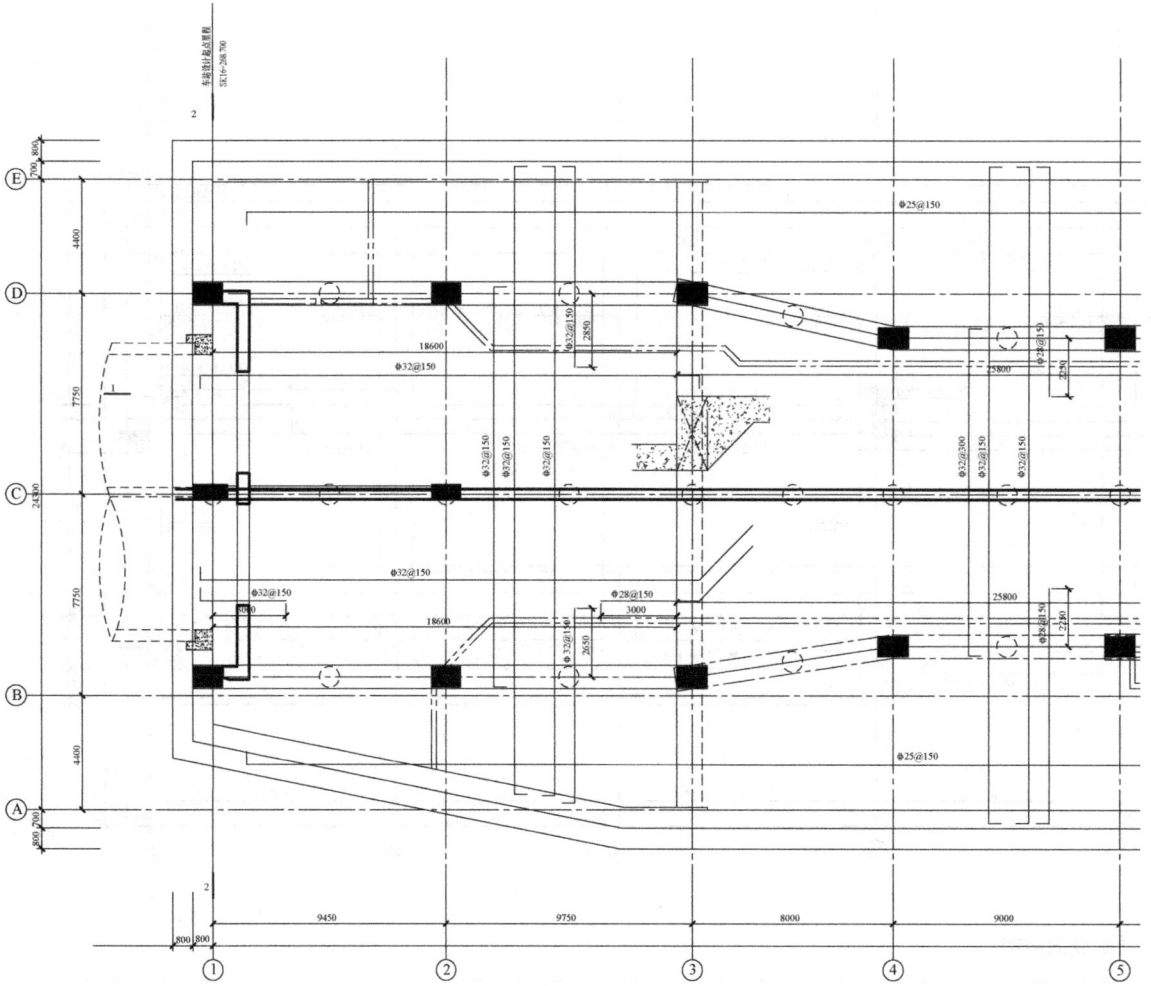

图 4-5 底板结构

112

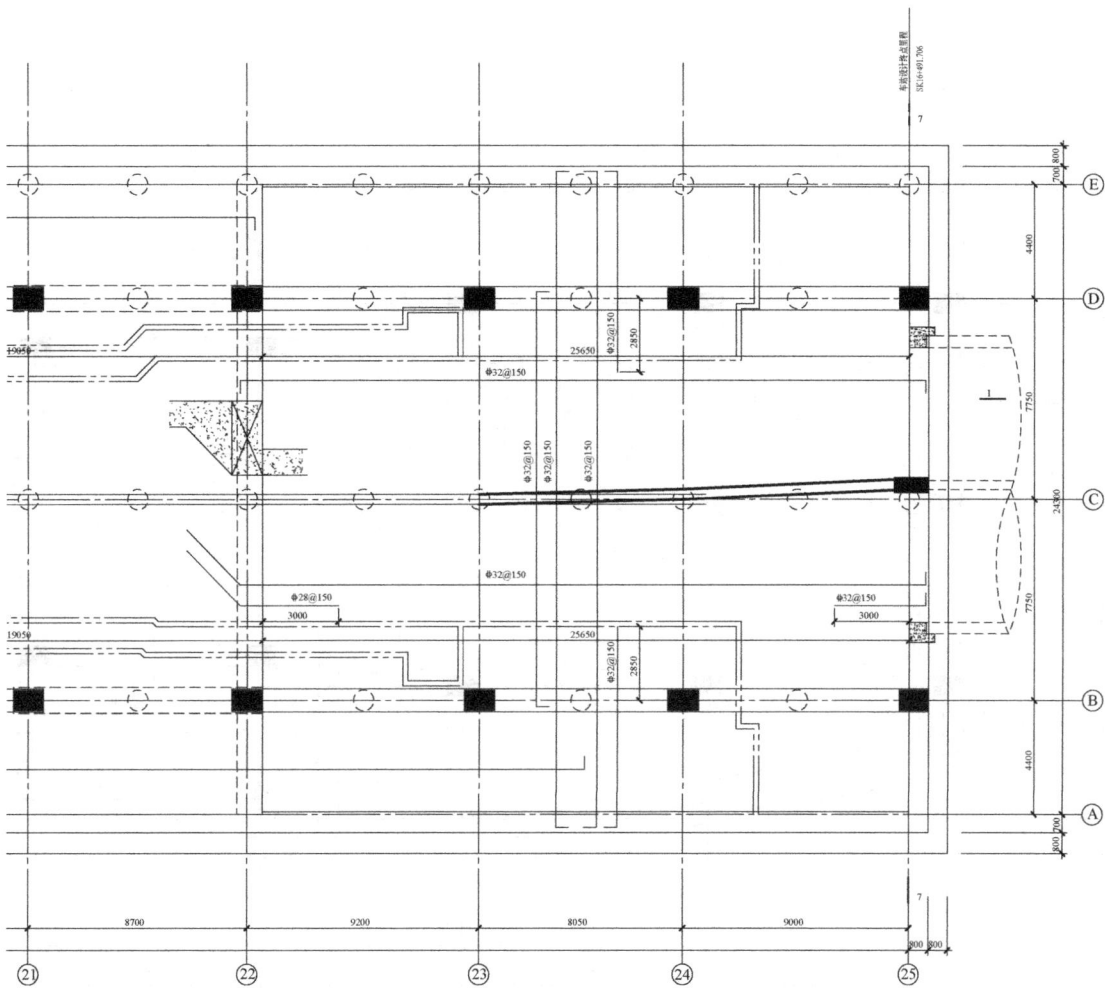

平面两端图

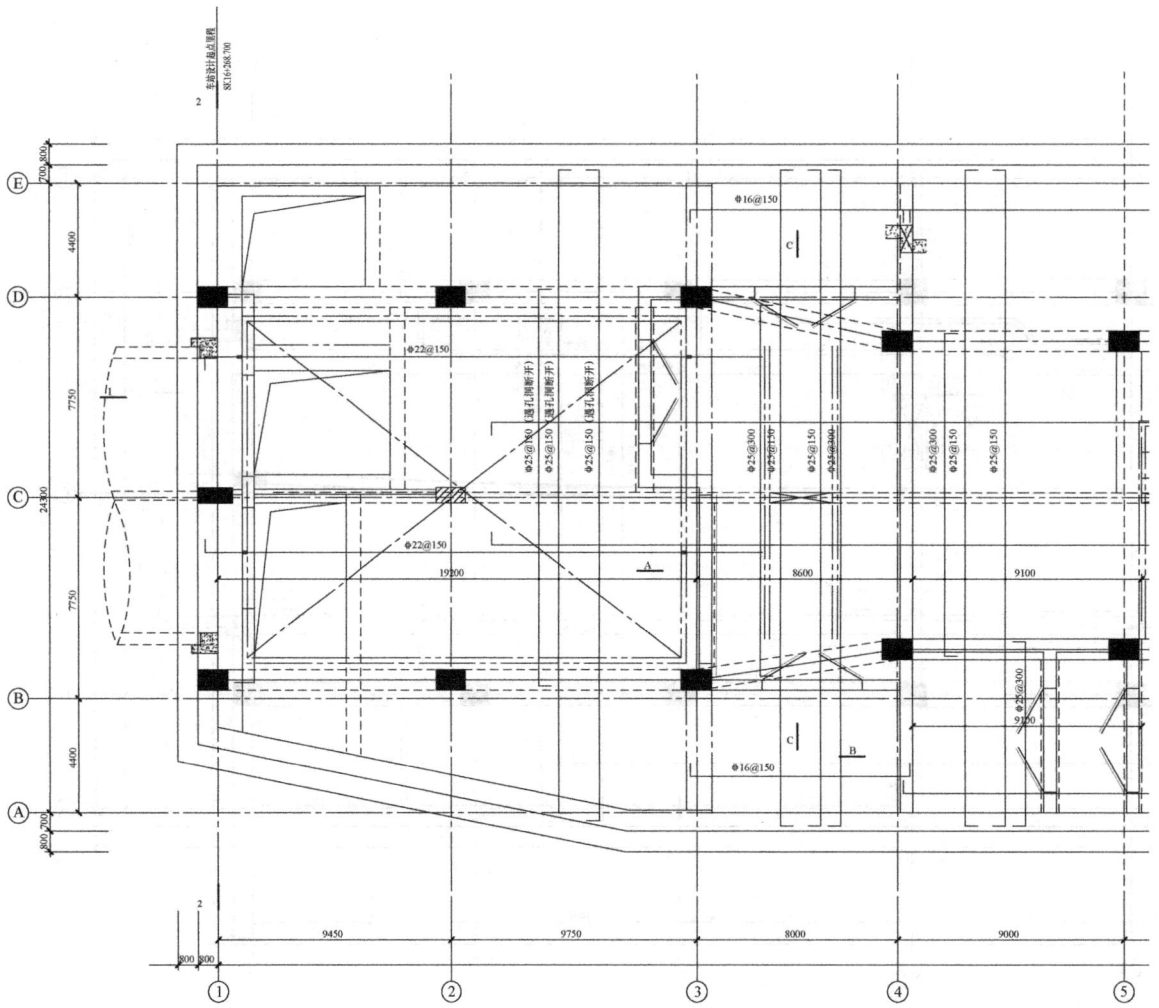

图 4-6 中板结构

平面配筋图

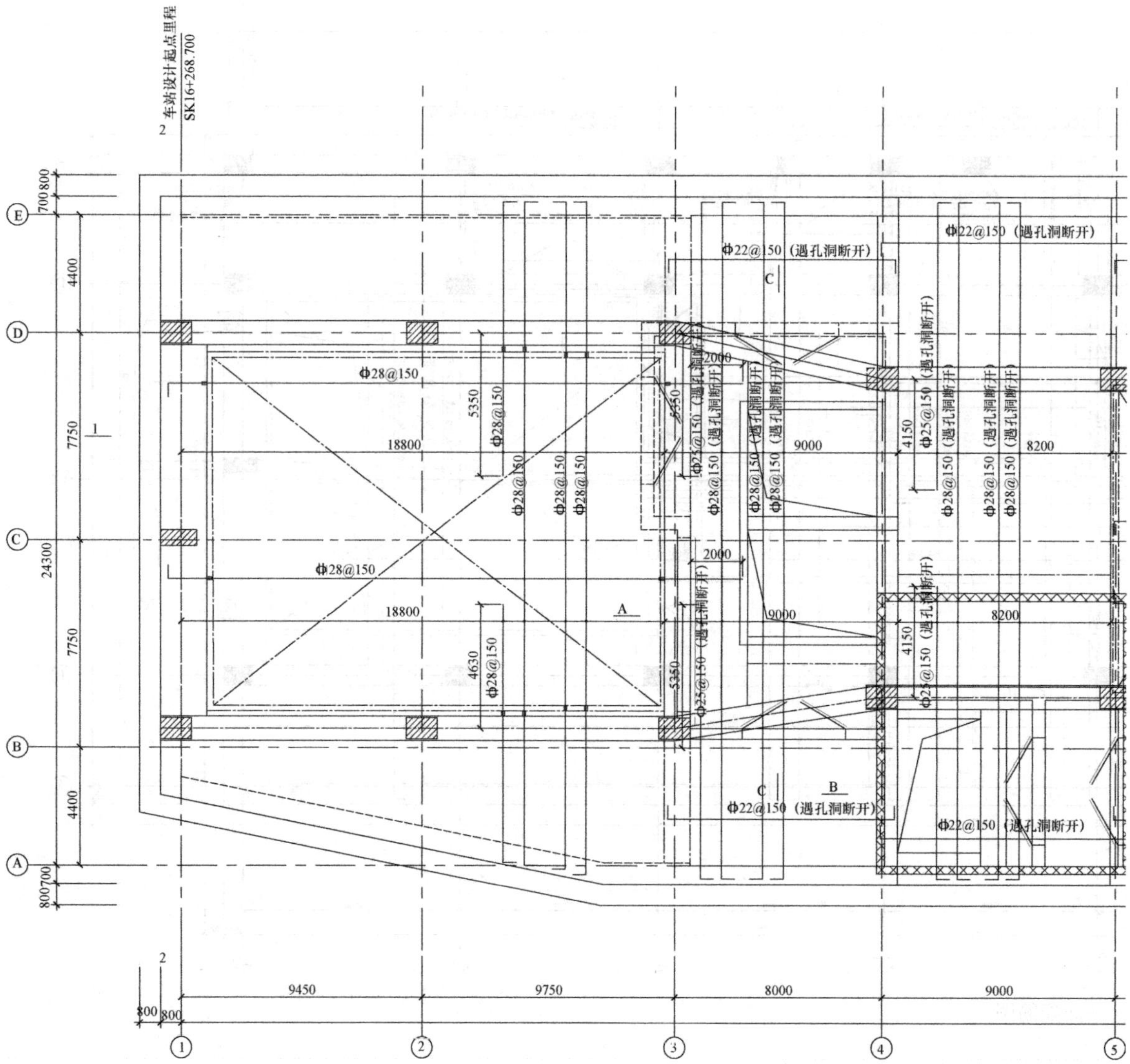

图 4-7　顶板结构

平面配筋图

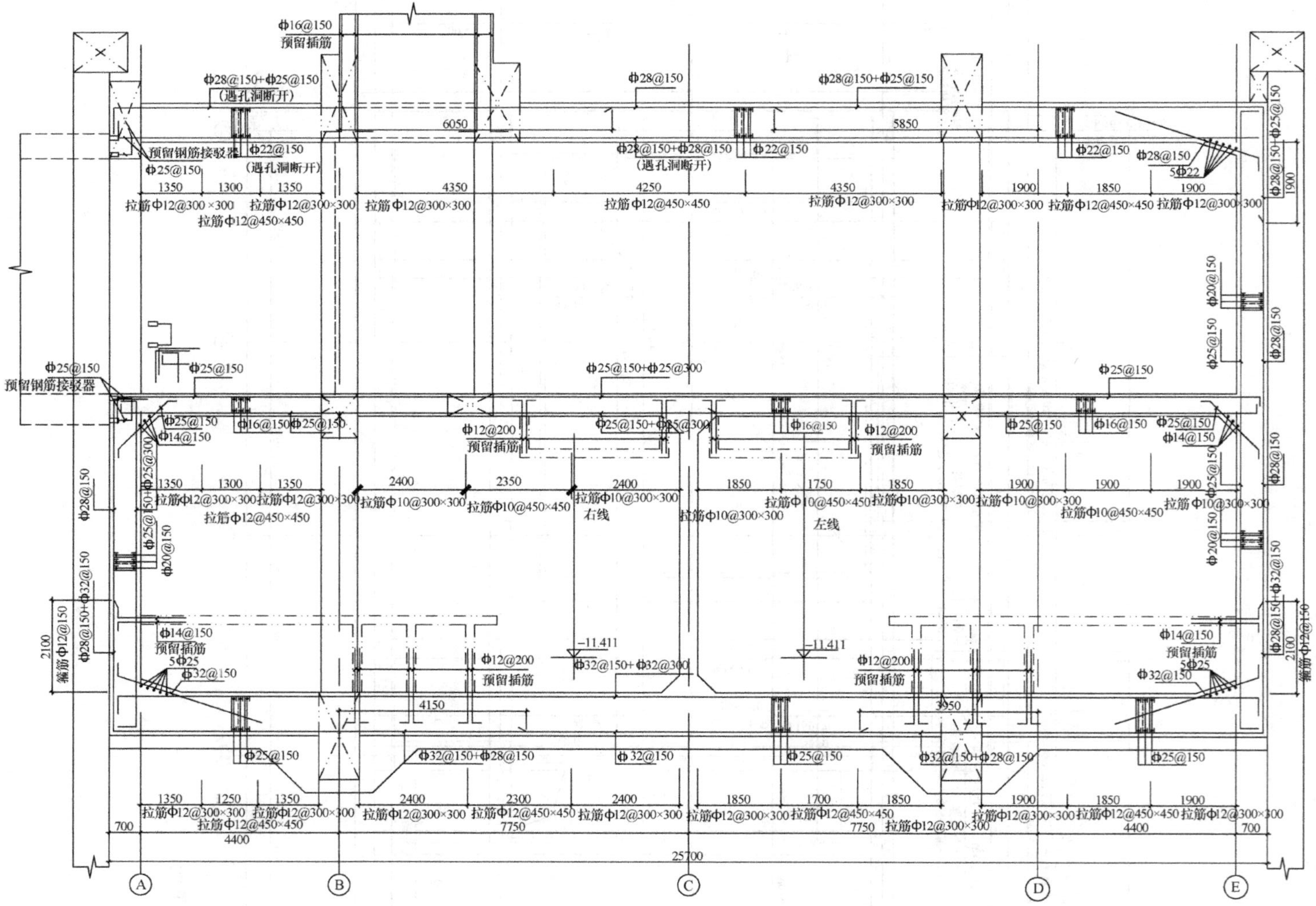

图 4-8　主体结构 3-3 剖面配筋图（⑦轴，侧墙单侧开洞）

118

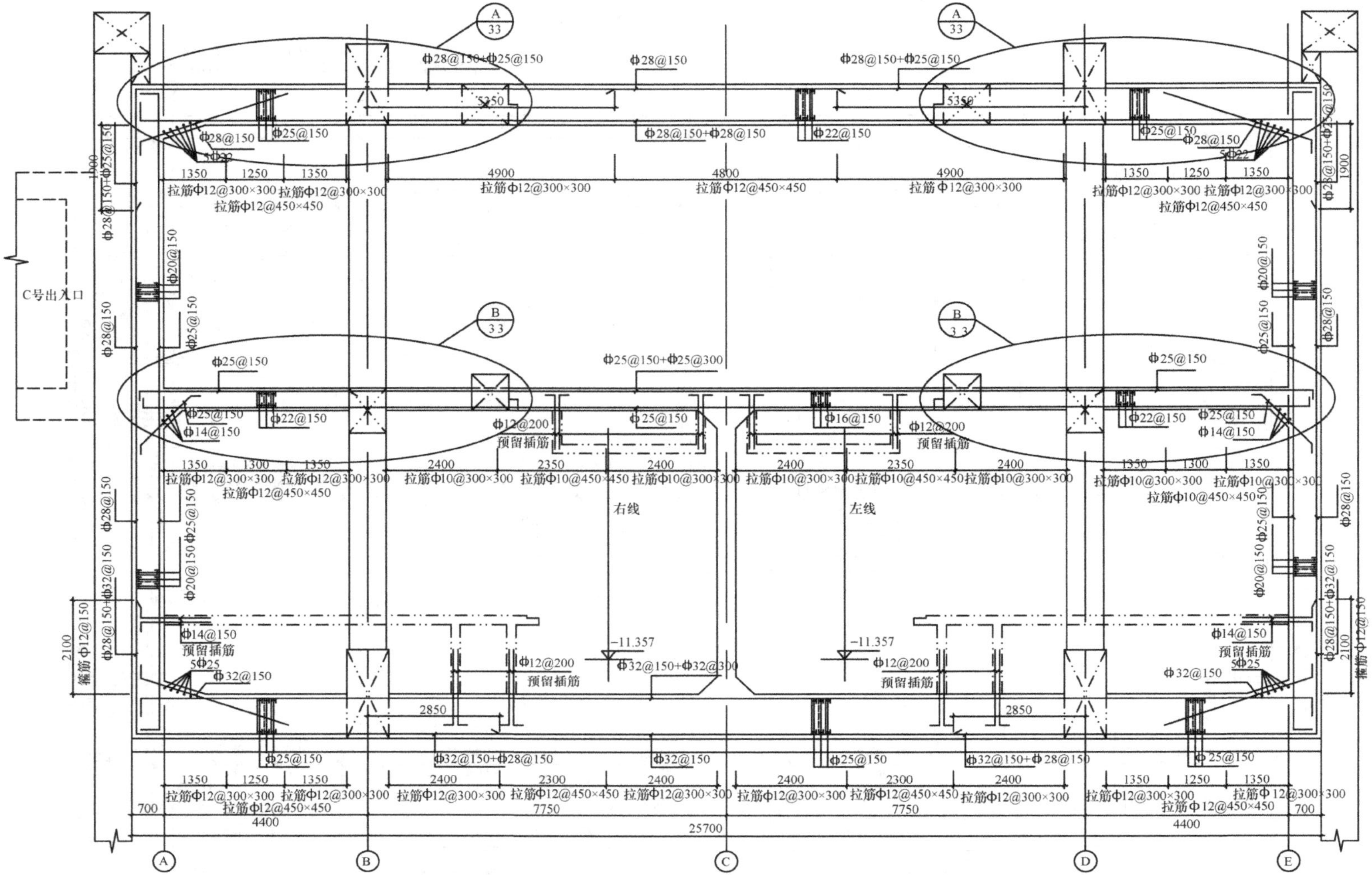

图 4-9 主体结构 4-4 横剖面配筋图（⑩轴，侧墙不开洞）

119

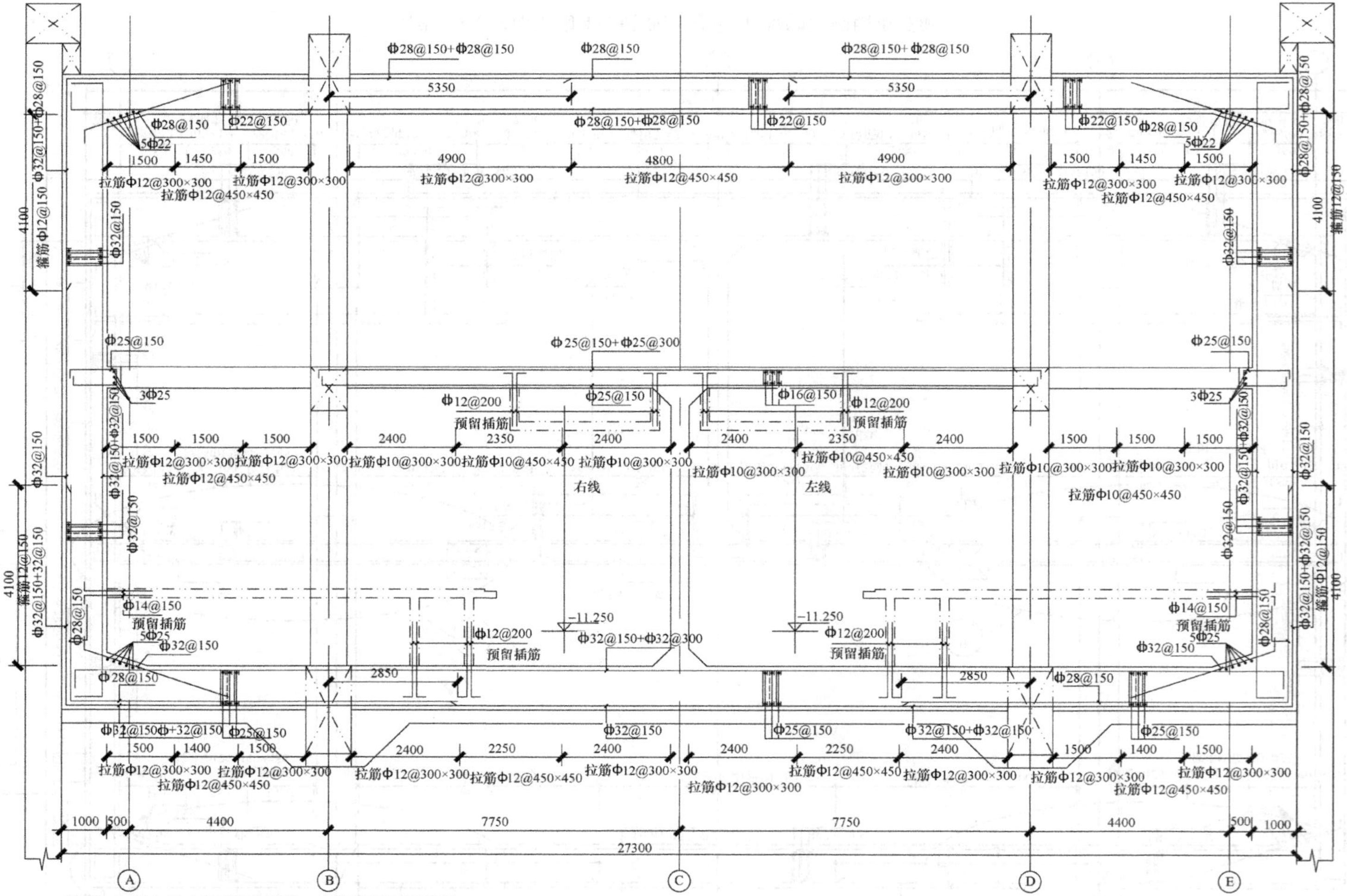

图 4-10　主体结构 5-5 横剖面配筋图（中心里程）

说明：1.图中尺寸以毫米为单位，标高和里程以米计。
2.除特殊注明外，侧墙拉筋Φ12@450×450。

120

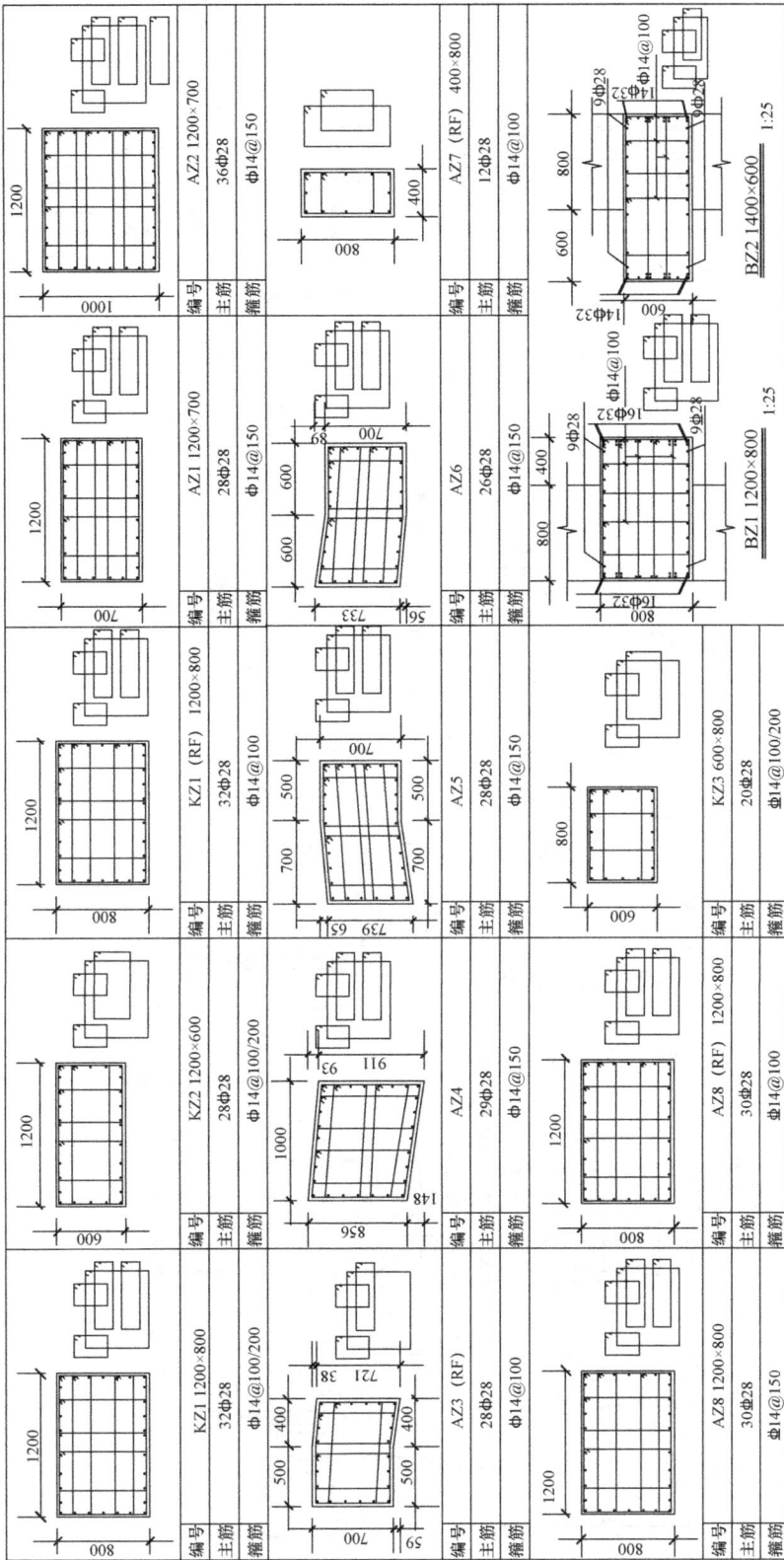

图 4-11 柱配筋图

编号	主筋	箍筋
KZ1 1200×800	32Φ28	Φ14@100/200
KZ2 1200×600	28Φ28	Φ14@100/200
KZ1 (RF) 1200×800	32Φ28	Φ14@100
AZ1 1200×700	28Φ28	Φ14@150
AZ2 1200×700	36Φ28	Φ14@150
AZ3 (RF)	28Φ28	Φ14@100
AZ4	29Φ28	Φ14@150
AZ5	28Φ28	Φ14@150
AZ6	26Φ28	Φ14@150
AZ7 (RF) 400×800	12Φ28	Φ14@100
AZ8 1200×800	30Φ28	Φ14@150
AZ8 (RF) 1200×800	30Φ28	Φ14@100
KZ3 600×800	20Φ28	Φ14@100/200

BZ1 1200×800 1:25
16Φ32 14Φ14@100

BZ2 1400×600 1:25
14Φ32 14Φ14@100

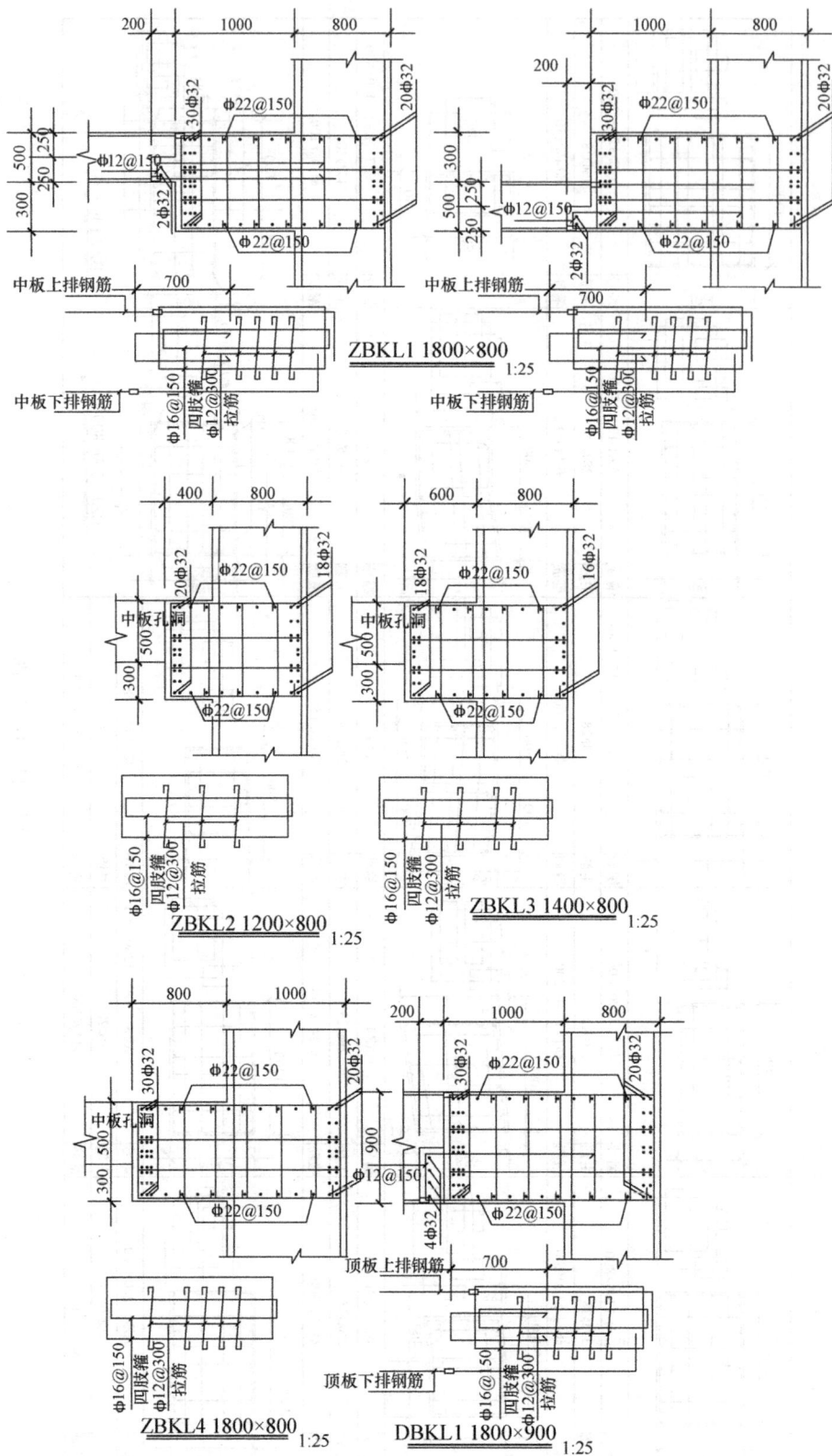

图 4-12　梁配筋详图

表 4-1

主体结构工程量计算书

序号	项目名称	计算式	单位	工程量	备注
一	现浇商品（泵送）混凝土基础垫层浇捣［C15］				
1	1000-垫层1		10m³	125.937	
	①~⑪/Ⓐ~Ⓔ	(466.544［垫层面积］×0.25［垫层厚度］-10.328［基础梁］)/10	10m³	10.631	
	⑫~㉑/Ⓐ~Ⓔ	(27.5［长］×24.3［宽］×0.25［垫层厚度］-18.833［基础梁］)/10	10m³	14.823	
	①~㉑/Ⓐ~Ⓔ	(4387.25［垫层面积］×0.25［垫层厚度］-91.976［基础梁］)/10	10m³	100.484	
二	现浇商品（泵送）混凝土地下室底板、满堂基础浇捣［C30］				
1	0层		10m³	552.204	
	1000		10m³	552.204	
	①~⑪/Ⓐ~Ⓔ	(466.544［满基面积］×1［满基厚度］)/10	10m³	46.654	
	⑫~㉑/Ⓐ~Ⓔ	(27.5［长］×24.3［宽］×1［满基厚度］)/10	10m³	66.825	
	①~㉑/Ⓐ~Ⓔ	(4387.25［满基面积］×1［满基厚度］)/10	10m³	438.725	
三	现浇商品（泵送）混凝土及钢筋混凝土挡土墙、地下室墙（直、弧形）浇捣［C30］		10m³	580.976353	
1	0层		10m³	334.084	
	700		10m³	144.879	
	Ⓐ/③~⑫	(0.7［厚度］×7.748［高度］×80.5［长度］-0.177［交叉］［0层］)/10	10m³	43.641	
	Ⓐ/⑫~㉑	(0.7［厚度］×9.301［高度］×44.271［长度］-1.542［基础梁］［0层］)/10	10m³	28.669	
四	现浇商品（泵送）混凝土独立柱浇捣［C30］				

序号	项目名称	计算式	单位	工程量	备注
1	BZ1		10m³	2.846	
	①(B)~©	(1.2[截面宽度]×0.8[截面高度]×7.627[高度]-0.477[现浇板])/10	10m³	0.684	
	①(D)	1.2[截面宽度]×0.8[截面高度]×7.627[高度]-0.477[现浇板][0层]-0.064[现浇板][-4层])/10	10m³	0.678	
	0层		10m³	21.639	
五	现浇商品(泵送)混凝土板浇捣[C30]		10m³	631.945965	
六	现浇商品(泵送)混凝土板浇捣(封堵)[C30]		10m³	110.101836	
七	现浇商品(泵送)混凝土板浇捣(二次结构)[C30]		10m³	90.389695	
八	现浇商品(泵送)电梯井墙[C30]				
	-4层		10m³	3.602	
1	250电梯侧墙		10m³	0.724	
	(B)~⑯	(0.25[墙厚]×6.64[墙高]×2.5[墙长]-0.037[基础梁][0层]-0.461[混凝土柱][0层]-0.154[现浇板][-4层]-0.11[现浇板][0层])/10	10m³	0.339	
	①~(E).⑮~⑯	(0.25[墙厚]×6.64[墙高]×2.5[墙长]-0.125[现浇板][-4层]-0.175[现浇板][0层])/10	10m³	0.385	
九	现浇商品(泵送)混凝土直形、弧形墙浇捣厚10cm内[C30]		10m³	4.261141	
	0层		10m³	0.022	
1	ZAL1		10m³	0.021	

序号	项目名称	计算式	单位	工程量	备注
	③/④~©	(1[截面宽度]×0.5[截面高度]×5.12[长度]-0.2[混凝土柱][0层]-0.001[混凝土柱][-2层]-0.05[混凝土外墙][0层]-2.285[现浇板][0层])/10	10m³	0.002	
十	内隔墙[C30]		10m³	58.109054	
1	0层		10m³	58.109	
2	200		10m³	1.352	
	400		10m³	56.757	
十一	人防墙[C30]		10m³	26.243448	
	-2层		10m³	26.243	
1	300人防墙		10m³	1.337	
2	400人防墙		10m³	9.818	
3	500人防墙		10m³	13.945	
	①/③~⑤	(0.5[墙厚]×6.281[墙高]×(8[墙长]-0.003[补长])-7.814[门][-2层]-1.196[梁端][-2层]-2.844[现浇板][-2层])/10	10m³	1.326	
4	600人防墙		10m³	1.144	
	①/③~④	(0.6[墙厚]×6.2[墙高]×6.85[墙长]-10.348[门][-2层]-3.699[现浇板][-2层])/10	10m³	1.144	
十二	现浇商品（泵送）混凝土直形、弧形墙浇捣（二次结构）[C30]		10m³	16.766595	
十三	现浇商品（泵送）混凝土直形、弧形墙浇捣（二次结构）[C30]		10m³	40.365779	

表 4-2

分部分项工程量清单与计价表

单位及专业工程名称：××市轨道交通×号线工程××站主体结构

序号	项目编码	项目名称	项目特征	计量单位	工程量	综合单价（元）	合价（元）	其中（元）		备注
								人工费	机械费	
		一、车站主体结构（含车站内风亭）					33642258.41	5221016.57	1546387.45	
1	08020500l001	C30 早强混凝土底板垫层	1. 部位：底板垫层； 2. 混凝土强度等级：C30 早强； 3. 模板及支架材质、支撑高度、摊销（或租赁）等自行考虑	m³	1474.92	425.76	627961.94	36106.04	1681.41	
2	080401001001	C45 混凝土柱	1. 部位：车站框架柱； 2. 混凝土强度等级：C45； 3. 模板及支架材质、支撑高度、摊销（或租赁）等自行考虑	m³	568.42	973.37	553282.98	144429.84	20053.86	
3	080401001002	C50 微膨胀混凝土柱（后浇）	1. 部位：框架柱后浇； 2. 混凝土强度等级：C50 微膨胀； 3. 模板及支架材质、支撑高度、摊销（或租赁）等自行考虑	m³	10.08	1103.27	11120.96	2781.27	418.92	
4	080401002001	C35P8 混凝土基础梁	1. 部位：底板基础梁； 2. 混凝土强度等级：C35P8； 3. 模板及支架材质、支撑高度、摊销（或租赁）等自行考虑	m³	531.37	635.98	337940.69	65836.74	6530.54	
5	080401003001	C35 混凝土压顶梁	1. 部位：压顶梁； 2. 混凝土强度等级：C35； 3. 模板及支架材质、支撑高度、摊销（或租赁）等自行考虑	m³	70.77	585.53	41437.96	7775.50	806.78	

| 序号 | 项目编码 | 项目名称 | 项目特征 | 计量单位 | 工程量 | 综合单价（元） | 合价（元） | 其中（元） | | 备注 |
								人工费	机械费	
6	080401003002	C35混凝土梁中板梁	1. 部位：中板梁； 2. 混凝土强度等级：C35； 3. 模板及支架材质、支撑高度、摊销（或租赁）等自行考虑	m³	206.44	908.87	187627.12	49586.89	6727.88	
7	080401003003	C40微膨胀混凝土梁中板梁（后浇）	1. 部位：中板梁后浇； 2. 混凝土强度等级：C40微膨胀； 3. 模板及支架材质、支撑高度、摊销（或租赁）等自行考虑	m³	9.95	990.92	9859.65	2389.99	324.27	
8	080401003004	C35P8混凝土梁顶板梁	1. 部位：顶板梁； 2. 混凝土强度等级：C35P8； 3. 模板及支架材质、支撑高度、摊销（或租赁）等自行考虑	m³	564.10	857.15	483518.32	119820.48	14170.19	
9	080401005001	C35P8混凝土墙挡土墙	1. 部位：盾构洞洞口、轨排孔洞口周边挡土墙； 2. 混凝土强度等级：C35P8； 3. 模板及支架材质、支撑高度、摊销（或租赁）等自行考虑	m³	277.37	727.20	201703.46	44032.49	12559.31	
10	080401006001	C35P8混凝土内衬墙	1. 部位：一1层、一2层内衬墙； 2. 混凝土强度等级：C35P8； 3. 模板及支架材质、支撑高度、摊销（或租赁）等自行考虑	m³	5673.99	535.72	3039669.92	366029.09	71605.75	

序号	项目编码	项目名称	项目特征	计量单位	工程量	综合单价（元）	合价（元）	其中（元）		备注
								人工费	机械费	
11	080401005002	C40 微膨胀混凝土人防墙	1. 部位：端头井人防门框； 2. 混凝土强度等级：C40 微膨胀； 3. 模板及支架材质、支撑高度、摊销（或租赁）等自行考虑	m³	262.43	807.24	211843.99	39763.39	9927.73	
12	080401005003	C35 混凝土中隔墙	1. 部位：中隔墙； 2. 混凝土强度等级：C35； 3. 模板及支架材质、支撑高度、摊销（或租赁）等自行考虑	m³	486.97	735.03	357937.56	79755.95	22220.44	
13	080401007001	C35P8 混凝土底板	1. 部位：底板； 2. 混凝土强度等级：C35P8； 3. 模板及支架材质、支撑高度、摊销（或租赁）等自行考虑	m³	5931.92	448.67	2661474.55	143137.23	6821.71	
14	080401008001	C35 混凝土中层板	1. 部位：中层板； 2. 混凝土强度等级：C35； 3. 模板及支架材质、支撑高度、摊销（或租赁）等自行考虑	m³	2194.14	820.38	1800028.57	374539.70	64661.31	
15	080401008002	C40 微膨胀混凝土中层板（后浇板）	1. 部位：中层板（后浇）； 2. 混凝土强度等级：C40 微膨胀； 3. 模板及支架材质、支撑高度、摊销（或租赁）等自行考虑	m³	362.95	893.89	324437.38	60652.57	10075.49	

序号	项目编码	项目名称	项目特征	计量单位	工程量	综合单价（元）	合价（元）	其中（元）		备注
								人工费	机械费	
16	080401009001	C35P8混凝土顶板	1. 部位：顶板； 2. 混凝土强度等级：C35P8； 3. 模板及支架材质、支撑高度、摊销（或租赁）等等自行考虑	m³	4125.32	762.97	3147495.40	609928.56	72688.14	
17	080401009002	C40P8微膨胀混凝土顶板（后浇板）	1. 部位：顶板（后浇）； 2. 混凝土强度等级：C40P8微膨胀； 3. 模板及支架材质、支撑高度、摊销（或租赁）等等自行考虑	m³	738.07	837.86	618399.33	106820.87	11986.26	
18	080401013001	C30混凝土填充（端头井及板下沉部位）	1. 部位：端头井回填素混凝土回填； 2. 混凝土强度等级：C30	m³	1831.50	435.81	798186.02	49450.50	567.77	
19	080206001002	现浇混凝土主体钢筋（HPB300综合）	1. 部位：主体结构； 2. 钢筋种类、规格：HPB300综合； 3. 详见技术标准和要求、设计图纸	t	80.462	3638.01	292721.56	66429.43	5353.94	

序号	项目编码	项目名称	项目特征	计量单位	工程量	综合单价（元）	合价（元）	人工费	机械费	备注
								其中（元）		
20	080206001003	现浇混凝土主体钢筋（HRB400 综合）	1. 部位：主体结构； 2. 钢筋种类、规格：HRB400 综合； 3. 详见技术标准和要求、设计图纸	t	120.738	3280.36	396064.11	61817.86	26464.56	
21	080206001004	现浇混凝土主体钢筋（HRB400E综合）	1. 部位：主体结构纵向受力筋； 2. 钢筋种类、规格：HRB400E 综合； 3. 详见技术标准和要求、设计图纸	t	4751.841	3662.19	17402144.59	2734351.87	1143340.46	
22	080206012001	预埋盾构钢环	1. 盾构洞口预埋钢环；钢板Q235B，钢筋HRB400； 2. 详见技术标准和要求、设计图纸	t	7.025	10382.35	72936.01	14241.08	15885.14	
23	081202002003	拆除钢筋混凝土	1. 部位：预留洞口处挡土墙及零星工程等； 2. 结构形式、强度：详见设计图纸； 3. 拆除方式、外运运距及处置自行考虑	m³	277.37	232.42	64466.34	41339.22	21515.59	

工程量清单综合单价计算表

表 4-3

单位及专业工程名称：×××市轨道交通×号线工程××站主体结构

一、车站主体结构（含车站内风亭）

序号	编码	名称	计量单位	数量	综合单价（元）							合计（元）
					人工费	材料费	机械费	管理费	利润	风险费用	小计	
1	080205001001	C30早强混凝土底板垫层 1. 部位：底板垫层； 2. 混凝土强度等级：C30早强； 3. 模板及支架材质、支撑高度、摊销（或租赁）等自行考虑	m³	1474.92	24.48	394.71	1.14	4.23	1.20		425.76	627962
	3-2换	明挖法混凝土结构垫层 C10混凝土 商品混凝土泵送商品混凝土（主体垫层）C30早强	m³	1474.92	24.48	394.71	1.14	4.23	1.20		425.76	627962
2	080401001001	C45混凝土柱 1. 部位：车站框架柱； 2. 混凝土强度等级：C45； 3. 模板及支架材质、支撑高度、摊销（或租赁）等自行考虑	m³	568.42	254.09	620.05	35.28	49.82	14.13		973.37	553283
	3-8换	明挖法混凝土结构矩形柱、圆形柱、异型柱、钢管柱 商品混凝土 矩形柱	m³	568.42	52.32	452.90	0.51	8.57	2.43		516.73	293720
	3-33	明挖法混凝土模板 矩形柱	m²	2407.17	28.52	10.62	8.21	6.66	1.89		55.90	134561
	4-335换	满堂式钢管支架	m³	4286.796	10.74			1.73	0.49		12.96	55557
	主材	满堂式钢管租赁（3个月）	t·月	385.811		180.00					180.00	69446

序号	编码	名　称	计量单位	数量	综合单价（元）							合计（元）
					人工费	材料费	机械费	管理费	利润	风险费用	小计	
3	080401001002	C50微膨胀混凝土柱(后浇) 1. 部位：框架柱后浇； 2. 混凝土强度等级：C50微膨胀； 3. 模板及支架材质、支撑高度、摊销（或租赁）等自行考虑	m³	10.08	275.92	715.29	41.56	54.92	15.58		1103.27	11121
4	080401002001	C35P8混凝土基础梁 1. 部位：底板基础梁； 2. 混凝土强度等级：C35P8； 3. 模板及支架材质、支撑高度、摊销（或租赁）等自行考虑	m³	531.37	123.90	469.87	12.29	23.30	6.61		635.98	337941
	3-10换	明挖法混凝土结构 矩形梁、异型梁、拱梁、弧形梁 商品混凝土～泵送商品抗渗混凝土(主体结构)C35P8	m³	531.37	41.36	418.53	0.93	6.90	1.96		469.68	249574
	3-37	明挖法混凝土模板 矩形梁	m²	588.96	36.26	10.83	9.74	8.29	2.35		67.47	39737
	土3-13	混凝土实心砖基础 240mm×115mm×53mm	m³	62.597	81.60	285.77	2.67	13.83	3.92		387.79	24274
	土11-21	零星水泥砂浆一般抹灰	m²	521.64	33.35	5.78	0.26	5.69	1.61		46.69	24355
5	080401003001	C35混凝土压顶梁 1. 部位：压顶梁； 2. 混凝土强度等级：C35； 3. 模板及支架材质、支撑高度、摊销（或租赁）等自行考虑	m³	70.77	109.87	437.85	11.40	20.58	5.83		585.53	41438

序号	编码	名称	计量单位	数量	综合单价(元)							合计(元)
					人工费	材料费	机械费	管理费	利润	风险费用	小计	
6	080401003002	C35混凝土梁中板梁 1.部位：中板梁； 2.混凝土强度等级：C35； 3.模板及支架材质、支撑高度、摊销(或租赁)等自行考虑	m³	206.44	240.20	575.90	32.59	46.89	13.29		908.87	187627
	3-10 换	明挖法混凝土结构 矩形梁、异型梁、拱梁、弧形梁 商品混凝土～泵送商品混凝土C35	m³	206.44	41.36	418.53	0.93	6.90	1.96		469.68	96961
	3-37 换	明挖法混凝土模板 矩形梁	m²	670.93	36.26	10.83	9.74	8.29	2.35		67.47	45268
	4-335 换	满堂式钢管支架	m³	1556.888	10.74			1.73	0.49		12.96	20177
	主材	满堂式钢管租赁(3个月)	t·月	140.119		180.00					180.00	25222
7	080401003003	C40微膨胀混凝土梁中板梁(后浇) 1.部位：中板梁后浇； 2.混凝土强度等级：C40微膨胀； 3.模板及支架材质、支撑高度、摊销(或租赁)等自行考虑	m³	9.95	240.20	657.95	32.59	46.89	13.29		990.92	9860
8	080401003004	C35P8混凝土梁顶板梁 1.部位：顶板梁； 2.混凝土强度等级：C35P8； 3.模板及支架材质、支撑高度、摊销(或租赁)等自行考虑	m³	564.1	212.41	567.60	25.12	40.53	11.49		857.15	483518

序号	编码	名 称	计量单位	数 量	综合单价（元）							合计（元）
					人工费	材料费	机械费	管理费	利润	风险费用	小计	
9	080401005001	C35P8混凝土墙挡土墙 1. 部位：盾构洞口、轨排孔洞口周边挡土墙；2. 混凝土强度等级：C35P8；3. 模板及支架材质、支撑高度、摊销（或租赁）等自行考虑	m³	277.37	158.75	475.72	45.28	36.98	10.46		727.20	201703
	3-12换	明挖法混凝土结构 直形墙、弧形墙、电梯井壁 商品混凝土（洞口挡墙）C35P8	m³	277.37	35.68	415.45	0.51	5.88	1.67		459.19	127366
	3-42	明挖法混凝土模板 直形墙（高6m内）墙厚6C(cm)以内	m²	1523.9	22.40	10.97	8.15	5.66	1.60		48.78	74336
10	080401006001	C35P8混凝土内衬墙 1. 部位：一1层、一2层内衬墙；2. 混凝土强度等级：C35P8；3. 模板及支架材质、支撑高度、摊销（或租赁）等自行考虑	m³	5673.99	64.51	441.19	12.62	13.56	3.85		535.72	3039670
	3-13换	明挖法混凝土结构 内衬墙 商品混凝土～泵送商品混凝土抗渗商品混凝土（主体结构）C35P8	m³	5673.99	26.08	416.33	0.51	4.34	1.23		448.49	2544728
	3-47	明挖法混凝土模板 内衬墙（厚度60cm以上）	m²	7118.89	23.39	17.24	8.27	5.84	1.66		56.40	401505
	3-48换	明挖法混凝土模板 墙支模高度超过6m，每增加1m，层高8m以内	m²	4983.223	5.57	1.98	1.06	1.16	0.33		10.10	50331

序号	编码	名称	计量单位	数量	人工费	材料费	机械费	管理费	利润	风险费用	小计	合计(元)
								综合单价(元)				
	3-48换	明挖法混凝土模板 墙支模高度超过6m，每增加1m，层高10m以内	m²	2135.667	11.14	3.97	2.12	2.33	0.66		20.22	43183
11	080401005002	C40微膨胀混凝土人防墙 1.部位：端头井人防门框；2.混凝土强度等级：C40微膨胀；3.模板及支架材质、支撑高度、摊销（或租赁）等自行考虑	m³	262.43	151.52	574.38	37.83	33.88	9.63		807.24	211844
12	080401005003	C35混凝土中隔墙 1.部位：中隔墙；2.混凝土强度等级：C35；3.模板及支架材质、支撑高度、摊销（或租赁）等自行考虑	m³	486.97	163.78	477.03	45.63	37.87	10.72		735.03	357938
	3-12换	明挖法混凝土结构 直形墙、弧形墙、电梯井壁 商品混凝土～泵送商品混凝土（主体结构）C35	m³	486.97	35.68	415.45	0.51	5.88	1.67		459.19	223612
	3-42	明挖法混凝土模板 直形墙（高6m内）墙厚60cm以内	m²	2598.55	22.40	10.97	8.15	5.66	1.60		48.78	126757
	3-48换	明挖法混凝土模板 墙支模高度超过6m，每增加1m，层高8m以内	m²	749.02	5.57	1.98	1.06	1.16	0.33		10.10	7565
13	080401007001	C35P8混凝土底板 1.部位：底板；2.混凝土强度等级：C35P8；3.模板及支架材质、支撑高度、摊销（或租赁）等自行考虑	m³	5931.92	24.13	418.03	1.15	4.18	1.18		448.67	2661475

续表

序号	编码	名称	计量单位	数量	综合单价（元）							合计（元）
					人工费	材料费	机械费	管理费	利润	风险费用	小计	
14	3-14换	明挖法混凝土结构 底板 商品混凝土～泵送商品抗渗混凝土（主体结构）C35P8	m³	5931.92	23.68	417.40	1.14	4.10	1.16		447.48	2654416
	土3-13	混凝土实心砖基础 240mm×115mm×53mm	m³	12	81.60	285.77	2.67	13.83	3.92		387.79	4653
	土11-21	零星水泥砂浆一般抹灰	m²	50	33.35	5.78	0.26	5.69	1.61		46.69	2335
	08040100 8001	C35混凝土中层板 1.部位：中层板；2.混凝土强度等级：C35；3.模板及支架材质、支撑高度、摊销（或租赁）等自行考虑	m³	2194.14	170.70	575.42	29.47	34.90	9.89		820.38	1800029
	3-15换	明挖法混凝土结构 中板、顶板 商品混凝土～泵送商品混凝土（主体结构）C35	m³	2194.14	31.60	422.02	1.89	5.57	1.58		462.66	1015141
	3-49	明挖法混凝土模板 中板、顶板（厚度60cm以内）	m²	4968	25.66	13.79	12.18	7.19	2.04		60.86	302352
	4-335换	满堂式钢管支架	t·月	16547.326	10.74			1.73	0.49		12.96	214453
	主材	满堂式钢管支架租赁（3个月）	t·月	1489.259		180.00					180.00	268067
15	08040100 8002	C40微膨胀混凝土中层板（后浇板）1.部位：中层板（后浇）；2.混凝土强度等级：C40微膨胀；3.模板及支架材质、支撑高度、摊销（或租赁）等自行考虑	m³	362.95	167.11	655.52	27.76	33.89	9.61		893.89	324437

序号	编码	名称	计量单位	数量	综合单价（元）							合计（元）
					人工费	材料费	机械费	管理费	利润	风险费用	小计	
16	080401009001	C35P8混凝土顶板；1.部位：顶板；2.混凝土强度等级：C35P8；3.模板及支架材质、支撑高度、摊销（或租赁）等自行考虑	m³	4125.32	147.85	561.23	17.62	28.25	8.01		762.97	3147495
17	080401009002	C40P8微膨胀混凝土顶板（后浇板）；1.部位：顶板；2.混凝土强度等级：C40P8微膨胀；3.模板及支架材质、支撑高度、摊销（或租赁）等自行考虑	m³	738.07	144.73	641.75	16.24	27.39	7.76		837.86	618399
18	080401013001	C30混凝土填充（端头井及板下沉部位）；1.部位：端头井及板下沉部位；2.混凝土强度等级：C30	m³	1831.5	27.00	402.81	0.31	4.43	1.26		435.81	798186
	3-25换	回填混凝土商品混凝土～泵送商品混凝土（端头井回填）C30	m³	1831.5	27.00	402.81	0.31	4.43	1.26		435.81	798186
19	080206001002	现浇混凝土主体钢筋（HPB300综合）；1.部位：主体结构；2.钢筋种类、规格：HPB300综合；3.详见技术标准和要求、设计图纸	t	80.462	825.60	2553.60	66.54	149.82	42.45		3638.01	292722
	3-125换	明挖法车站普通钢筋制作、安装 现浇混凝土钢筋 圆钢～圆钢HPB300	t	80.462	825.60	2553.60	66.54	149.82	42.45		3638.01	292722

序号	编码	名　　称	计量单位	数量	综合单价（元）							合计（元）
					人工费	材料费	机械费	管理费	利润	风险费用	小计	
20	08020600001003	现浇混凝土主体钢筋（HRB400综合） 1. 部位：主体结构； 2. 钢筋种类、规格：HRB400综合； 3. 详见技术标准和要求、设计图纸	t	120.738	512.00	2372.66	219.19	137.54	38.97		3280.36	396064
	3-127换	明挖法车站普通钢筋制作、安装　现浇混凝土钢筋　螺纹钢 HRB400 级	t	120.738	512.00	2372.66	219.19	137.54	38.97		3280.36	396064
21	08020600001004	现浇混凝土主体钢筋（HRB400E综合） 1. 部位：主体结构纵向受力筋； 2. 钢筋种类、规格：HRB400E综合； 3. 详见技术标准和要求、设计图纸	t	4751.841	575.43	2649.61	240.61	153.10	43.44		3662.19	17402145
22	08020601012001	预埋盾构钢环 1. 盾构洞口预埋钢环：钢板 Q235B，钢筋 HRB400； 2. 详见技术标准和要求、设计图纸	t	7.025	2027.20	4946.57	2261.23	894.04	253.31		10382.35	72936
	5-102	安装钢环板	t	7.025	2027.20	4946.57	2261.23	894.04	253.31		10382.35	72936
23	08120202002003	拆除钢筋混凝土 1. 部位：预留洞口处挡土墙及零星工程等； 2. 结构形式、强度：详见设计图纸； 3. 拆除方式、外运运距及处置自行考虑	m³	277.37	149.04	−50.00	77.57	43.49	12.32		232.42	64466
	市1-280	机械拆除有筋混凝土障碍物	m³	277.37	149.04	0.40	77.57	43.49	12.32		282.82	78446
	补	支撑钢筋残值回收	t	27.737		−1200.00					−1200.00	−33284
	主材	余方陆运 20km 及陆域处置费	t	665.688		29.00					29.00	19305

施工组织措施项目清单与计价表

表 4-4

单位及专业工程名称：××市轨道交通×号线工程××站主体结构

序号	项目名称	计算基础	费率（%）	金额（元）
1	安全文明施工费	定额人工费＋定额机械费	7.58	438836.23
2	其他组织措施费			203207.81
2.1	夜间施工增加费	定额人工费＋定额机械费	0.03	1736.82
2.2	二次搬运费	定额人工费＋定额机械费	0.71	41104.71
2.3	冬雨期施工增加费	定额人工费＋定额机械费	0.19	10999.85
2.4	行车、行人干扰增加费	定额人工费＋定额机械费	2.5	144734.91
2.5	已完工程及设备保护费	定额人工费＋定额机械费	0.04	2315.76
2.6	提前竣工增加费	定额人工费＋定额机械费		
2.7	工程定位复测费	定额人工费＋定额机械费	0.04	2315.76
2.8	特殊地区增加费	定额人工费＋定额机械费		
	合计			642044.04

专业工程招标控制价计算表

表 4-5

单位及专业工程名称：××市轨道交通×号线工程××站主体结构

序号	费用名称	计算公式	金额（元）
1	工程量清单分部分项工程费	Σ（分部分项工程量×综合单价）	36304831
2	措施项目费	2.1＋2.2	8829563
2.1	施工技术措施项目	Σ（技术措施工程量×综合单价）	8187519
2.2	施工组织措施项目	Σ（定额人工费＋定额机械费）×费率	642044
其中	安全文明施工费	（定额人工费＋定额机械费）×费率	438836
	其他措施项目费	（定额人工费＋定额机械费）×费率	203208
3	其他项目	3.1＋3.2＋3.3＋3.4	
3.1	总承包服务费		
4	规费	4.1＋4.2	654694
4.1	排污费、社保费、公积金	（定额人工费＋定额机械费）×费率	602097

序号	费用名称	计算公式	金额(元)
4.2	农民工工伤保险费	按各地市相关规定记取	52597
5	危险作业意外伤害保险费	（定额人工费＋定额机械费）×费率	43420
6	税金	（1＋2＋3.3＋3.4＋4＋5）×费率	1639429
	合计	1＋2＋3＋4＋5	47471938

主要工日价格表　　　　　　　　　　　　　　表 4-6

单位及专业工程名称：××市轨道交通×号线工程××站主体结构

序号	工　种	单位	数量	单价（元）
1	二类人工	工日	80440.99	80.00
2	三类人工	工日	315.01	89.00

主要材料价格表　　　　　　　　　　　　　　表 4-7

单位及专业工程名称：××市轨道交通×号线工程××站主体结构

序号	编码	材料名称	规格型号	单位	数量	单价（元）	备注
1	0101021	冷轧带肋钢筋	HRB400E 综合	t	5413.30	2340.00	
2	0433044	泵送商品抗渗混凝土（主体结构）	C35P8	m³	11320.00	405.00	
3	0433044	泵送商品抗渗混凝土（主体结构）	C35P8	m³	5759.10	405.00	
4	0433025	泵送商品混凝土（主体结构）	C35	m³	2227.05	405.00	
5	0433022	泵送商品混凝土（端头井回填）	C30	m³	1858.97	385.00	
6	0433024	泵送商品混凝土（主体垫层）	C30 早强	m³	1497.04	385.00	
7	0433025	泵送商品混凝土（二次结构）	C35	m³	1212.73	405.00	
8	0433044	泵送商品抗渗混凝土（主体结构）	C40P8	m³	749.14	420.00	
9	0101021	冷轧带肋钢筋	HRB400	t	130.54	2290.00	
10	3201021	木模板		m³	142.22	2000.00	
11	0109001	螺纹钢	HRB400	t	122.81	2290.00	
12	0433005	非泵送商品混凝土（重载车辆道路）	C30	m³	707.40	385.00	
13	0433026	泵送商品混凝土（主体结构）	C40	m³	644.86	420.00	

序号	编码	材料名称	规格型号	单位	数量	单价（元）	备注
14	0433025	泵送商品混凝土（风道）	C35	m³	341.09	405.00	
15	3115001	水		m³	20013.42	5.95	
16	0433025	泵送商品混凝土（洞口挡墙）	C35P8	m³	281.53	405.00	
17	0433005	非泵送商品混凝土（交通导改）	C30	m³	153.47	385.00	

第五章　桥　涵　工　程

第一节　桥涵工程计量与计价

本章定额包括打桩工程、钻孔灌注桩工程、钢筋及钢结构工程、现浇混凝土工程、预制混凝土工程、安装工程、临时工程及顶进结构工程，共 8 节 399 个子目。

适用范围：城市轨道交通工程中单跨 100m 以内的桥梁、现浇箱涵及穿越城市道路的立交箱涵顶进。

一、打桩工程

（一）说明

（1）预制混凝土及钢筋混凝土构件均属现场预制，不适用于独立核算、执行产品出厂价格的构件厂所生产的构配件。

（2）定额中土质类别均按甲级土考虑。

（3）定额均为打直桩，如打斜桩（包括俯打、仰打）斜率在 1∶6 以内时，人工乘以 1.33，机械乘以 1.43。

【例5-1】某车站采用支架上打钢筋混凝土方桩：桩长 22m，桩断面积 0.15m² 斜桩，斜率在 1∶5，甲级土，确定套用的定额子目及基价。

【解】[4-2] H基价＝1769＋343.14×(1.33−1)＋1350.22×(1.43−1)＝2462.83 元/10m³。

（4）定额均考虑在已搭置的支架平台上操作，但不包括支架平台，其支架平台的搭设与拆除应按有关项目计算。

（5）陆上打桩采用履带式柴油打桩机时，不计陆上工作平台费，可计 20cm 碎石垫层，面积按陆上工作平台面积计算。

（6）打桩工程机械配备，均按桩长及截面综合考虑。

（7）陆上、支架上打桩定额中均未包括运桩。

（8）送桩定额按送 4m 为界，如实际超过 4m 时，按相应子目乘以下列调整系数：

1）送桩 5m 以内乘以 1.2 系数；

2）送桩 6m 以内乘以 1.5 系数；

3）送桩 7m 以内乘以 2.0 系数；

4）送桩 7m 以上，以调整后 7m 为基础，每超过 1m 递增 0.75 系数。

（9）打桩机械的安拆、场外运输费按机械台班费用定额有关规定计算。

（二）工程量计算规则

（1）打桩

1）钢筋混凝土桩按桩长（包括桩尖长度）乘以桩截面面积以立方米计算，不包括管桩空心部分体积。

2）钢管桩按成品桩考虑，以吨计算。

$$\omega = (D - \sigma) \times \sigma \times 0.0246 \times L/1000 \tag{5-1}$$

式中　ω——钢管桩重量（t）；

　　　D——钢管桩直径（mm）；

　　　σ——钢管桩壁厚（mm）；

　　　L——钢管桩长度（m）。

【例5-2】某承台下部采用成品钢管桩，钢管桩直径 ϕ609.6mm，桩长 15m，壁厚 15mm，共 80 根，外运距离 20km，喷砂除锈，两道红丹防锈漆三道氟碳面漆，试计算钢管桩的直接工程费。

【解】① 制作：重量 $\omega = (609.6 - 15) \times 15 \times 0.0246 \times 15/1000 \times 80 = 263.289$t。

套土建定额［6-41］基价＝7326 元/t。

直接工程费＝263.289×7326＝1928855 元（定额已包括一道红丹防锈漆）。

② 构件运输：重量 ω＝263.289t。

套土建定额［6-78］＋［6-79］H 基价＝419＋22×15＝749 元/t。

直接工程费＝263.289×749＝197203 元。

③ 安装：重量 ω＝263.289t。

套土建定额［6-97］基价＝345 元/t。

直接工程费＝263.289×345＝90835 元。

④ 除锈：重量 ω＝263.289t。

套土建定额［6-118］基价＝201 元/t。

直接工程费＝263.289×201＝52912 元。

⑤ 油漆：柱外围面积＝3.14×0.6096×15×80＝2296.97m²。

套土建定额［14-127］＋［14-132］＋［14-133］基价＝540＋2437＋993＝3970 元/100m²。

直接工程费＝2296.97×39.70＝91190 元。

（2）焊接桩型钢用量可按实调整。

（3）送桩

1）陆上打桩时，以原地面平均标高增加1m为界线，界线以下至设计桩顶标高之间的打桩实体积为送桩工程量。

2）支架上打桩时，以当地施工期间的最高潮水位增加0.5m为界线，界线以下至设计桩顶标高之间的打桩实体积为送桩工程量。

【例5-3】钢管桩的设计要求同上题。自然地坪标高0.6m，桩顶标高－0.3m，采用钢管桩焊接接桩，钢管桩1.5m处采用C20混凝土桩心，试计算打桩、接桩与送桩的直接工程费。

【解】① 打桩：重量 ω＝263.289t。

套定额［4-16］基价＝2512 元/10t。

直接工程费＝263.289×2512＝661382 元。

② 接桩：n＝80 个。

套定额［4-28］基价＝131 元/个。

直接工程费＝80×131＝10480 元。

③ 切割：$n=80$ 个。

套定额 [4-44] 基价＝218 元/个。

直接工程费＝80×218＝17440 元。

④ 精割盖帽：$n=80$ 个。

套定额 [4-47] 基价＝167 元/个。

直接工程费＝80×167＝13360 元。

⑤ 管内钻孔取土：$V = 3.14 \times (0.6096 - 0.015)2/4 \times 1.5 \times 80 = 33.30\text{m}^3$

套定额 [4-49] 基价＝1436 元/10m³。

直接工程费＝33.30×143.6＝4782 元。

⑥ 桩内填心：$V=33.30\text{m}^3$。

套定额 [4-50] 基价＝2513 元/10m³。

直接工程费＝33.30×251.3＝8368 元。

二、钻孔灌注桩工程

（一）说明

（1）定额中涉及的各类土（岩石）鉴别标准如下：

1）砂、黏土层：粒径在 2～20mm 的颗粒质量不超过总质量 50％的土层，包括黏土、粉质黏土、粉土、粉砂、细砂、中砂、粗砂、砾砂。

2）碎、卵石层：粒径在 2～20mm 的颗粒质量超过总质量 50％的土层，包括角砾、圆砾及在 20～200mm 的碎石、卵石、块石、漂石，此外亦包括软石及强风化岩。

3）岩石层：除软石及强风化岩以外的各类坚石，包括次坚石、普坚石和特坚石。

（2）埋设钢护筒子目中钢护筒按摊销量计算，若在深水作业，钢护筒无法拔出时，可按护筒实际用量（或参考表 5-1 重量）减去定额数量一次增列计算。

护筒单位重量　　　　　　　　　　　　　　　　　　　　表 5-1

桩径（mm）	600	800	1000	1200	1500	2000
每米护筒重量（kg）	120.28	155.37	184.96	286.06	345.09	554.99

【例 5-4】某车站采用支架上埋设钢护筒：桩直径 ϕ1500mm，深水作业钢护筒无法拔出，确定套用的定额子目及基价。

【解】[4-64] H 基价＝1555＋(10×345.09/1000－0.074)×4440.00＝16548.44 元/10m。

（3）人工挖孔桩挖孔按设计注明的桩芯直径及孔深套用定额；桩孔土方需要外运时，按土方工程相应定额计算；挖孔时若遇淤泥、流砂、岩石层，可按实际挖、凿的工程量套用相应定额计算挖孔增加费。

（4）回旋钻机成孔定额按桩径划分子目，定额已综合考虑了穿越砂（黏）土层和碎（卵）石层的因素。如设计要求进入岩石层时，套用相应定额计算入岩增加费。

（5）冲孔打桩机冲抓（击）锤冲孔定额分别按桩长及进入各类土层、岩石层划分套用相应定额。

（6）桩孔空钻部分回填根据施工组织设计要求套用相应定额。填土者套用土石方工程松填土定额，填碎石者套用碎石垫层定额乘以系数 0.7。

（7）钻孔桩灌注混凝土定额均已包括混凝土灌注充盈量。

（8）泥浆场外运输按成孔体积和实际运距套用泥浆运输定额。旋挖桩的土方场外运输按成孔体积和实际运距分别套用土方装车、运输定额。

（9）定额中未包括：钻机场外运输、截除余桩、废泥浆处理及外运，发生时另行计算。

（10）定额中不包括在钻孔中遇到障碍必须清除的工作，发生时另行计算。

（11）套用回旋钻机钻孔、冲孔桩机带冲抓锤成孔、冲孔桩机带冲击锤成孔定额时，若工程量小于150m³，定额的人工及机械乘系数1.25。

（二）工程量计算规则

（1）钻孔桩、旋挖桩成孔工程量按成孔长度乘以设计桩截面积以立方米计算。成孔长度：陆上时，为原地面至设计桩底的长度；水上时，为水平面至设计桩底的长度减去水深。岩石层增加费工程量按实际入岩数量以立方米计算。

（2）冲孔桩机冲抓（击）锤冲孔工程量分别按进入各类土层、岩石层的成孔长度乘以设计桩截面积以立方米计算。

（3）人工挖桩工程量按护壁外围截面积乘以深度以立方米计算，孔深按自然地坪至设计桩底标高的长度计算。挖淤泥、流砂、入岩增加费按实际挖、凿数量以立方米计算。

（4）钻孔桩灌注混凝土工程量按桩长乘以设计桩截面积计算，桩长＝设计桩长＋设计加灌长度。设计未规定加灌长度时，加灌长度按不同设计桩长确定：25m以内按0.5m、35m以内按0.8m、35m以上按1.2m计算。

（5）桩孔回填土工程量按加灌长度顶面至自然地坪的长度乘以桩孔截面积以立方米计算。

（6）泥浆池建造和拆除、泥浆运输工程量按成孔工程量以立方米计算。

（7）钻孔灌注桩如需搭设工作平台，可套用相应定额计算。

（8）钻孔灌注桩钢筋笼按设计图示重量计算，套用相应定额。

（9）钻孔灌注桩需使用预埋铁件时，套用相应定额计算。

【例5-5】某车站附属结构采用旋挖桩围护，桩直径 ϕ1200mm，共8根，原地面标高1.0m，设计桩顶标高－1.2m，设计桩底标高－36.5m，入岩0.5m；桩身采用C25水下混凝土，设置3根D56声测管，泥浆外运距离20km，试计算旋挖桩的直接工程费。

【解】① 成孔：数量＝3.14×1.2×1.2/4×（1＋36.5）×8＝339.12m³。

套定额［4-84］基价＝1757元/10m³。

直接工程费＝339.12×175.7＝59583元。

② 入岩增加费：数量＝3.14×1.2×1.2/4×0.5×8＝4.52m³。

套定额［4-88］基价＝6855元/10m³。

直接工程费＝4.52×685.5＝3099元。

③ 泥浆池建造、拆除：数量＝成孔数量＝339.12m³。

套定额［4-101］基价＝35元/10m³。

直接工程费＝339.12×35＝11869元。

④ 泥浆外运：数量＝成孔数量＝339.12m³。

套定额［4-102］＋［4-103］H基价＝631＋35×15＝1156元/10m³。

直接工程费＝339.12×115.6＝39202元。

⑤ 浇筑桩混凝土：数量＝成孔数量＝$3.14 \times 1.2 \times 1.2 / 4 \times (36.5 - 1.2 + 1.2) \times 8 = 330.08 \text{m}^3$。

套定额［4-109］基价＝4078元/10m^3。

直接工程费＝$330.08 \times 407.8 = 134607$元。

⑥ 声测管制作、安装：数量＝$(59-5) \times 5 \times 0.0246 \times (36.5 + 1.2) \times 3 \times 8/1000 = 6.009\text{t}$。

套定额［4-140］基价＝4731元/t。

直接工程费＝$6.009 \times 4731 = 28429$元。

三、钢筋及钢结构工程

（一）说明

（1）定额中钢筋按圆钢、螺纹钢两种分列，圆钢采用 HPB300，螺纹钢采用 HRB335，钢板均按 A3 钢分列，预应力筋采用 RRB400 级钢筋、钢绞线和高强钢丝。因设计要求采用钢材与定额不符时，可以调整。

【例 5-6】钻孔桩钢筋笼 130t，其中圆钢 45t、螺纹钢 85t，确定套用的定额子目及基价。

【解】① 根据定额规定可知，因设计要求采用钢材与定额不符时可以调整。查定额［4-116］子目每吨圆钢消耗量 0.17t、螺纹钢 0.85t，共计钢筋消耗量 1.02t。

② 现钢筋总量 130t，每吨定额消耗量：

圆钢 $45/130 \times 1.02 = 0.353\text{t}$，螺纹钢 $85\text{t}/130 \times 1.02 = 0.667\text{t}$，

［4-116］H 基价＝$4676 + (0.353 - 0.17) \times 3850 + (0.85 - 0.667) \times 3780 = 6072.29$ 元/t。

（2）因束道长度不等，故定额中未列锚具数量，但已包括锚具安装的人工费。

（3）先张法预应力筋制作、安装子目，未包括张拉台座，张拉台座套用临时工程。

（4）压浆管道子目中的镀锌钢导管、波纹管均已包括套管及三通管安装费用，但未包括三通管费用，可另行计算。

（5）后张法预应力张拉时未包括张拉脚手架，发生时另行计算。

（6）定额中钢绞线按 $\phi 15.24$ 考虑。

（7）预埋钢板套用预埋铁件定额，其中钢板、型钢、螺纹钢综合按实际材质及用量换算，其余不变。

【例 5-7】预埋铁件 10t，其中钢板 3.3t、型钢 5.1t、螺纹钢 1.6t，确定套用的定额子目及基价。

【解】① 根据定额规定可知，因设计要求钢板、型钢、螺纹钢与定额不符时可以调整。查定额［4-117］子目每吨中厚钢板消耗量 673kg、型钢 139kg、螺纹钢 243kg，共计钢筋消耗量 1.055t。

② 现钢筋总量 10t，每吨定额消耗量：

中厚钢板 $3.3/10 \times 1.055 = 0.348\text{t}$，型钢 $5.1\text{t}/10 \times 1.055 = 0.538\text{t}$，螺纹钢 $1.6\text{t}/10 \times 1.055 = 0.169\text{t}$，

［4-116］H 基价＝$6133 + (0.348 - 0.673) \times 3800 + (0.538 - 0.139) \times 3850 + (0.169 - 0.243) \times 3780 = 6154.43$ 元/t。

（8）声测管按无缝钢管编制，具体尺寸及数量应按设计图纸确定。

（9）注浆管埋设定额按桩底注浆考虑，如设计采用侧向注浆，则人工和机械乘以系数1.2。

【例5-8】 注浆管设计侧向注浆，确定套用的定额子目及基价。

【解】 ［4-142］H 基价＝649＋（209.84＋110.36）×（1.2－1）＝713.04 元/t。

（10）钢梁定额中已包括了构件的场内外运输，钢梁的钢材及焊条品种与定额不同时，可以调整换算。

（11）钢梁仅考虑涂刷防锈底漆，面漆根据设计图纸要求套用相应定额，定额未包括钢梁焊缝的无损探伤费用，发生时另行计算。

（二）工程量计算规则

（1）钢筋按设计重量套用相应定额以吨计算（损耗已包括在定额中）。

（2）T 形梁连接钢板项目按设计图纸重量，以吨计算。

（3）锚具工程量按设计用量计算。

（4）管道压浆不扣除钢筋体积。

（5）声测管按设计图纸重量以吨计算。

（6）注浆管工程量按打桩前的自然地坪标高至设计桩底标高的长度另加 0.2m 计算。

（7）桩底（侧）后注浆工程量按设计注入水泥用量计算。

（8）钢梁工程量按设计图纸的主材（钢板、型钢、方钢、圆钢等）的重量，以吨为单位计算，不扣除孔眼、缺角、切肢、切边的重量，但焊条、铆钉、螺栓等重量也不另增加。不规则或多边形钢板以其面积乘以厚度及单位理论重量以吨为单位计算。

（9）理论质量计算

1）钢筋单位质量＝$0.00617 \times d$。

式中，d 以毫米为单位，钢筋单位质量为 kg/m。

如：$\phi 12$ 钢筋质量＝$0.00617 \times 12 = 0.889$kg/m。

2）钢板单位质量＝$7.85 \times$厚度（mm）。

式中，厚度以毫米为单位，钢板单位质量为 kg/m。

如：1.5mm 钢板质量＝$7.85 \times 1.5 = 11.775$kg/m。

（10）钢筋计算

1）直钢筋长度计算＝构件长度－保护层厚度＋搭接长度
$$L_0 = L - 2 \times 0.025 + n_1 \times 35d$$

2）弯钢筋长度计算＝构件长度－保护层厚度＋弯钩长度＋搭接长度

半弯钩长度＝$6.25d$/个，弯钩 $L_0 = L - 2 \times 0.025 + 2 \times 6.25d + n_1 \times 35d$

直弯钩长度＝$3d$/个，弯钩 $L_0 = L - 2 \times 0.025 + 2 \times 3d + n_1 \times 35d$

斜弯钩长度＝$4.9d$/个，弯钩 $L_0 = L - 2 \times 0.025 + 2 \times 4.9d + n_1 \times 35d$

3）分布钢筋长度计算＝配筋长度×间距＋1
$$L_0 = L - 2 \times 0.025 + 2 \times 6.25d + n_1 \times 35d$$

式中　L_0——钢筋长度；

L——构件长；

d——钢筋直径；

n_1——搭接个数（单根钢筋连续长度超过 8m 设一个搭接）。

【例 5-9】 钢筋混凝土预制板长 $3.85m$，宽 $0.65m$，厚 $0.1m$，保护层为 $2.5cm$。计算钢筋工程量。

【解】 ① $\phi12 = (3.85 - 0.025 \times 2 + 0.012 \times 6.25 \times 2) \times [(0.65 - 0.025 \times 2)/0.1 + 1] \times 0.00617 \times 12 \times 12$

$$= 3.95 \times 4 \times 0.889 = 14.05kg$$

② $\phi8 = (0.65 - 0.025 \times 2) \times [(3.85 - 0.025 \times 2)/2 + 1] \times 0.00617 \times 8 \times 8$

$$= 0.6 \times 20 \times 0.395 = 4.74kg$$

③ 钢筋焊接 $= 14.03 + 4.74 = 18.77kg$

④ 弯起钢筋长度计算：

$$L = L_0 + 0.4n_2 \times H$$

式中 L_0——直钢筋长度；

      L——弯起钢筋长；

      n_2——弯起钢筋个数；

      H——梁高或板高；

⑤ 箍筋长度计算：

箍筋单根长度＝断面周长（不考虑延伸率、保护层厚）

箍筋个数＝配筋范围长度/间距＋1

双肢箍筋长度：$L_1 = 2 \times (H + B)$

四肢箍筋长度：$L_2 = 4 \times H + 2 \times B$

螺旋箍筋长度 $L_3 = H/h \times \sqrt{[3.14 \times (D - 2b - d)]2 + h_2}$

式中 H——梁高或板高；

      h——螺距；

      D——圆直径；

      b——保护层厚。

四、现浇混凝土工程

(一) 说明

(1) 定额中提升高度按原地面标高至梁底标高 8m 为界，若超过 8m，超过部分可另行计算超高费（悬浇箱梁除外）。

1) 现浇项目按提升高度不同将全桥划分为若干段，以超高段承台顶面以上混凝土（不含泵送混凝土）、模板、钢筋的工程量，按表 5-2 调整相应定额中起重机械的规格及人工、起重机械台班的消耗量分段计算。

起重机械的规格及人工、起重机械台班的消耗量分段调整表   表 5-2

项　　目	现浇混凝土、模板、钢筋			陆上安装梁	
	人工	5t 履带式电动起重机或 50kN 电动卷扬机		人工	起重机械
提升高度 H（m）	消耗量系数	消耗量系数	规格调整为	消耗量系数	消耗量系数
$H \leqslant 15$	1.02	1.02	15t 履带式起重机	1.10	1.25
$H \leqslant 22$	1.05	1.05	25t 履带式起重机	1.25	1.60
$H > 22$	1.10	1.10	40t 履带式起重机	1.50	2.00

2）陆上安装梁可按表5-2调整相应定额中的人工及起重机械台班的消耗量，但起重机械的规格不作调整。

3）本章定额均为包括各类操作脚手架，发生时按其他章相应定额执行。

【例5-10】某高架站采用支架上现浇商品混凝土箱形梁，提升高度12m，确定套用的定额子目及基价。

【解】根据表5-2可知，实际提升高度12m已超过定额规定8m，浇筑人工必须计算调整系数1.02。

[4-185] H基价 $=4222+6.01\times(1.02-1)\times43=4485.60$ 元/m³。

【例5-11】某高架站采用支架上现浇商品混凝土箱形梁模板，提升高度12m，箱梁内模无法拆除，确定套用的定额子目及基价。

【解】根据表5-2可知，实际提升高度12m已超过定额规定8m，浇筑人工、5t履带式电动起重机必须计算调整系数1.02。同时，箱梁内模无法拆除每10m² 增加板方材0.3m³。

[4-186] H基价 $=571+5.99\times(1.02-1)\times43+0.28\times(1.02-1)\times144.71+0.3\times1200=936.96$ 元/10m²。

（2）定额中均未包括预埋铁件，如设计要求预埋铁件时，可按设计用量套用相应定额。

（3）承台分有底模及无底模两种，应按不同的施工方法套用相应子目。

（4）定额中混凝土按常用强度等级列出，如设计要求不同时，可以换算。

（5）模板以木模、工具式钢模为主，除防撞护栏采用定型钢模板外。

（6）现浇梁等模板子目中均未包括支架部分，如发生时可套用相应定额。

（7）混凝土项目分现拌混凝土和商品混凝土，商品混凝土定额中已按结构部位取定泵送或非泵送，如果定额所列混凝土形式与实际不同时，应作相应调整。

（8）混凝土运输均采用1t机动翻斗车，并已包括了150m水平运输距离。

（9）当设计对混凝土结构的外观有特殊要求时，模板费用可根据实际情况另行调整。

（二）工程量计算规则

（1）混凝土工程量按设计图示尺寸以实际体积计算（不包括梁的空心体积），不扣除钢筋、钢丝、铁件、预留压浆孔道和螺栓所占的体积。

（2）模板工程量按模板接触混凝土的面积计算。

（3）现浇混凝土墙、板上单孔面积在0.3m² 以内的孔洞体积不予扣除，洞侧壁模板面积亦不再计算；单孔面积在0.3m² 以上时，应予扣除，洞侧壁模板面积并入墙、板模板工程量之内计算。

【例5-12】某现浇混凝土箱形梁，单箱室，梁长24.96m，梁高2.4m，梁上顶面宽12.8m，下顶面宽7.6m，其他尺寸见《市政计价书》中标注，计算该箱梁混凝土工程量。

【解】① 大矩形面积：$S_1=12.8\times2.4=30.72$m²；

② 两翼下空心面积：$S_2=0.2\times2.3+2\times(2.3+2.6\times2)/2=10.26$m²；

③ 箱梁箱室面积：$S_3=(7.5+7.6)/2\times0.1+(7.4+7.6)/2\times1.7=13.505$m²；

④ 箱梁横截面面积：$S=S_1-S_2-S_3=30.72-10.26-13.505=173.60$m²。

【例5-13】某桥梁采用U形桥台，C20泵送商品桥台混凝土，桥台外侧为垂直面，面内侧为侧向放坡；台帽为 L 形。已知：$H=2.0m$，$A=9m$，$a_1=7m$，$B=2.5m$，$b_1=7m$，$b_2=1.0m$，$h_1=0.8m$，$h_2=1.0m$，计算该桥台混凝土工程量和直接工程费。

【解】① 大长方体体积：$V_1=2.0\times2.5\times9=45m^3$；

截头方锥体体积：$V_2=2.0/6\times[7\times1.5+6\times1+(7+6)\times(1.5+1)]=16.33m^2$；

台帽处的长方体体积：$V_3=0.8\times1.0\times9=7.2m^3$；

桥台体积：$V=V_1-V_2-V_3=45-16.33-7.2=21.47m^3$。

② 模板＝模板接触混凝土的面积＝$(9+2.5)\times2\times2.0+(1.5+1)/2\times2.0\times2=51m^2$；

③ 套定额 [4-161] 基价＝3168 元/$10m^3$

桥台直接混凝土工程费＝$21.47\times3168/10=6801.70$ 元。

④ 套定额 [4-162] 基价＝401 元/$10m^2$。

桥台直接模板工程费＝$51\times401/10=2045.10$ 元。

【例 5-14】C20 泵送商品混凝土桥梁立柱，混凝土工程量＝$100m^3$，模板工程量＝$210m^2$，立柱高度 10m，试确定定额编号及直接工程费。

【解】① 套定额 [4-164] 基价＝3274 元/$10m^3$。

商品混凝土立柱直接工程费＝$100\times3274/10=32740$ 元。

② 套定额 [4-165] 基价＝567 元/$10m^2$。

立柱模板直接工程费＝$210\times567/10=11907$ 元。

③ 套定额 [6-2] 基价＝707 元/$100m^2$。

立柱模板直接工程费＝$210\times707/100=1484.7$ 元。

五、预制混凝土工程

（一）说明

（1）定额中均未包括预埋铁件，如设计要求预埋铁件时，可按设计用量套用相应定额。

（2）本定额不包括地模、胎模费用，需要时可按有关子目计算。

（3）预制构件场内运输按构件重量及运输距离计算，实际运距不足 100m 按 100m 计算。

（4）平板拖车运输中龙门架装车子目，未列龙门架费用，套用时按具体情况补列。

（二）工程量计算规则

1. 混凝土工程量计算

（1）预制桩工程量按桩长度（包括桩尖长度）乘以桩横断面面积计算。

（2）预制空心构件按设计图尺寸扣除空心体积，以实体积计算。空心板梁的堵头板体积不计入工程量内，其消耗量已在定额中考虑。

【例 5-15】C40 预应力先张法的现浇混凝土空心板梁，采用钢模为内模，混凝土工程量＝$200m^3$，模板工程量＝$110m^2$，单个构件重 15t，梁长 15m，起重机装车外运 20km、吊装，试确定定额编号及直接工程费。

【解】① 套定额 [4-231] 基价＝3457 元/$10m^3$。

混凝土直接工程费＝$200\times3457/10=69140$ 元。

② 套定额［4-232］基价＝565 元/10m²。

　　模板直接工程费＝110×565/10＝6215 元。

③ 套定额［4-244］基价＝241 元/10m²。

　　出槽堆放直接工程费＝200×241/10＝4820 元。

④ 套定额［4-264］＋［4-268］×19＝275＋39×19＝1016 元/10m³。

　　外运 20km 直接工程费＝200×1016/10＝20320 元。

⑤ 套定额［4-274］＝283 元/10m³。

　　安装工程费＝200×283/10＝5660 元。

（3）预制空心板梁，凡采用橡胶囊做内膜的，考虑其压缩变形因素，可增加混凝土数量。当梁长在 16m 以内时，可按设计计算体积增加 7%；若梁长大于 16m 时，则增加 9% 计算。如设计图已注明考虑橡胶囊变形时，不得再增加计算。如采用钢模时，不考虑内膜压缩变形因素。

【例 5-16】非预应力预制 C30 混凝土空心板梁，采用橡胶囊做内膜，梁长 15m，空心板梁设计工程量 10000m³，试确定定额编号及基价。

【解】套定额［4-229］基价＝3206 元/10m³。

$$工程数量＝10000×1.07＝10700m^3。$$

$$直接工程费＝10700×3206/10＝3430420 元。$$

（4）预应力混凝土构件的封锚混凝土数量并入构件混凝土工程量计算。

2. 模板工程量计算

（1）预制构件中预应力混凝土构件均按模板接触混凝土的面积(包括侧模、底模)计算。

（2）灯柱、端柱、栏杆等小型构件按预制时的平面投影面积计算。

（3）预制构件中非预应力构件按模板接触混凝土的面积，不包括胎、地模。

（4）空心板梁中空心部分，本定额均采用橡胶囊抽拔，其摊销量已包括在定额中，不再计算空心部分模板工程量；如采用钢模板时，模板工程量按其与混凝土的接触面积计算。

【例 5-17】某桥梁工程采用现浇钢筋混凝土箱梁，已知每根梁长 16m，该桥总长 64m，桥面宽 26.0m，桥梁立柱高 10m，为双向六车道，试计算该工程的现浇箱梁混凝土、模板工程量和支架工程量。

【解】由于桥面总宽 26.0m，每两根箱梁之间有 0.25m 的砂浆勾缝，则在桥梁横断面上共需箱梁 $3.5\chi＋(\chi-1)×0.25＝26, \chi＝7$ 根。桥梁全长 64m，每根梁长 16m，则在纵断面上需 4 根，所以该工程所需现浇箱梁共 28 根。

① 现浇箱梁工程量：

$$V_1＝[(3.5＋2.5)×0.5×0.4＋(2.5＋2.0)×0.5×2.1$$

$$-(1.5＋2.0)×0.5×1.85＋4×0.5×0.3×0.3]×16×28$$

$$＝1284.64m^3。$$

② 现浇箱梁模板工程量：

$$S= (3.5+2.0+2.7\times2+0.54\times2+0.2\times2+0.9+1.4+0.35\times4$$
$$+1.75\times2)\times16\times28$$
$$=8771.84m^2。$$

③ 现浇箱梁支架工程量：

$$V_2=桥梁总体积-箱梁外围体积。$$

$$V_2-1=64\times26\times(10+2.5)=20800m^3$$

$$V_{2-2}=[(0.2+0.4)\times0.5\times0.5\times2+2.5\times0.4+(2.5+2.0)\times0.5\times2.7]\times16\times28$$

$$=3304m^3。$$

$$V_2=V_{2-1}-V_{2-2}=20800-3304=17496m^3。$$

六、安装工程

（一）说明

(1) 小型构件安装已包括150m场内运输，其他构件均未包括场内运输。

(2) 安装预制构件定额中，均未包括脚手架。如需要用脚手架时，可套用相应定额。

(3) 安装预制构件，应根据施工现场具体情况，采用合理的施工方法，套用相应定额。

(4) 水上安装梁均包括搭、拆木垛，组装、拆卸船排在内，但不包括船排压舱。

(5) 构件导梁安装定额中不包括导梁的安拆和使用，发生时可套用装配式钢支架定额，工程量按实计算。

(6) 安装排水管定额中已包括集水斗安装工作内容，但集水斗的材料费需按实另计。

(7) 预留槽混凝土采用钢纤维混凝土，定额中钢纤维用量按水泥用量的1‰考虑，如设计用量与定额用量不同时，应按设计用量调整。

(8) 隔声屏障制作安装定额不包括下部基础顶面的预埋铁件，预埋铁件应另行套用相应定额。

(9) 隔声屏障安装如需要搭、拆脚手架或支架时，可套用相应定额另行计算。

（二）工程量计算规则

(1) 安装预制构件按构件混凝土实体积以立方米计算，不包括空心部分。

(2) 驳船未包括进出场费，发生时应另行计算。

(3) 隔声屏障制作由金属构件和隔声屏板两部分组成。金属构件工程量按设计图示构件的总质量以吨为单位计算，如设计采用型钢或组成与定额不符时，可以调整。钢构件的防锈处理、零星配件等已包括在定额中，不得另行计算。隔声屏板按设计图示高度乘以长度以平方米为单位计算，如隔声板设计材料与定额不同时，可以换算。

【隔声屏技术小知识】 隔声屏障常见的四种类型分别是：阻性声屏障、普通透明声屏障、微孔板透明声屏障以及复合式声屏障。声屏障形式主要分为直立式声屏障和全封闭声屏障，涉及吸声材料主要为波浪形金属吸声板、透视隔声窗、透视隔声聚碳酸酯板、通孔型泡沫铝板。

某城市1号线二期工程线路全长约25.514km，其中高架线长约21.761km，高架段、过渡段及敞开段两侧分布有学校、幼儿园、居民楼等敏感建筑物，为了基本维持轨道交通沿线两侧的声环境质量或满足声环境质量的标准要求，在线路两侧存在敏感建筑物地段采取了设置声屏障的降噪措施（图 5-1、图 5-2）。

图 5-1　全封闭声屏障

图 5-2　侧边（半封闭）声屏障

【例 5-18】 某高架线工程采用全封闭隔声屏障，非标钢立柱、钢梁、支撑、檩条部位在隔声屏安装的渐变区间段，本次案例暂不考虑非标段。已知：Q345B 标准钢立柱及钢梁 5000t，Q235B 标准钢支撑 2000t，Q345B 钢材价格为 5500 元/t，试计算隔声屏障金属构件的工程直接费。

【解】 分析隔声屏障金属构件定额 [4-323] 的材料消耗量可知：H 形钢 0.944t，型钢 0.032t，中厚钢板 86.39kg，总消耗量 $=0.944+0.032+86.39/1000=1.06239$t。

① 计算各钢材的消耗量：总钢材用量 $=5000+2000=7000$t。

标准钢立柱及钢梁 Q345B 的消耗量 $Q_1=5000/7000\times1.06239=0.7589$t。

标准钢支撑 Q235B 的消耗量 $Q_2=2000/7000\times1.06239=0.3035$t。

② 套定额 [4-323] H 基价 $=8653+(0.7589\times5500-0.944\times4000)+(0.3035-0.032)\times3850-86.39\times3.80=10424.51$ 元/t。

七、临时工程

（一）说明

（1）支架平台适用于陆上、支架上打桩及钻孔灌注桩。支架平台分陆上平台与水上平台两类，其划分范围及结构组成如下：

1）水上支架平台：凡河道原有河岸线、向陆地延伸 2.5m 范围，均可套用水上支架平台。

2）陆上支架平台：除水上支架平台范围以外的陆地部分，均属陆上支架平台，但不包括坑洼地段。如坑洼地段平均水深超过 2m 的部分，可套用水上支架平台；平均水深在 1～2m 时，按水上支架平台和陆上支架平台各取 50% 计算；如平均水深在 1m 以内时，按陆上工作平台计算。

3）支架结构组成：陆上支架采用方木上铺大板；水上支架采用打圆木桩，在圆木桩上放盖梁、横梁大板，圆木桩固定采用型钢斜撑，桩与盖梁连接采用 U 形箍。

（2）支架不包括底模及地面加固在内。

（3）打桩机械锤重的选择：

1）钻孔灌注桩工作平台按孔径 $\phi \leqslant 1000$mm，套用锤重 1800kg 打桩工作平台；$\phi >$ 1000mm，套用锤重 2500kg 打桩工作平台。

2）钢筋混凝土方桩、管桩桩锤选择见表 5-3。

钢筋混凝土方桩、管桩桩锤选择表　　　　　　　　　　　表 5-3

桩类别	桩长度（m）	桩截面积 S（m²）或管径 ϕ（mm）	柴油桩机锤重（kg）
钢筋混凝土方桩	$16 < L \leqslant 24$	$0.125 < S \leqslant 0.160$	2500
	$24 < L \leqslant 28$	$0.160 < S \leqslant 0.225$	4000
	$28 < L \leqslant 32$	$0.225 < S \leqslant 0.250$	5000
	$32 < L \leqslant 40$	$0.250 < S \leqslant 0.300$	7000
钢筋混凝土管桩	$L \leqslant 25$	$\phi 600$	5000
	$L \leqslant 50$	$\phi 600$	7000
	$L \leqslant 25$	$\phi 800$	5000
	$L \leqslant 50$	$\phi 800$	7000
	$L \leqslant 25$	$\phi 1000$	7000
	$L \leqslant 50$	$\phi 1000$	8000

（4）搭、拆水上工作平台时，定额已综合考虑了组装、拆卸船排及组装、拆卸打拔桩架工作内容，不得重复计算。

（5）满堂式钢管支架、装配式钢支架、门式钢支架定额未含钢管、钢支架的使用费，发生时应按实际租赁数量计算使用费。

（6）水上安装挂篮需浮吊配合时应另行计算。

（7）挂篮、扇形支架发生场外运输可另行计算。

（8）地模定额中，砖地模厚度为 75mm，混凝土地模定额中未包括毛砂垫层，发生时按相应定额执行。

（二）工程量计算规则

（1）搭拆打桩工作平台面积计算一般按施工组织设计确定，如无设计可按下列规定[式（5-2）～式（5-7）] 计算：

1）桥梁打桩 $\qquad$ $F=N_1F_1+N_2F_2$ $\qquad$ (5-2)

每座桥台（桥墩） $\qquad$ $F_1=(5.5+A+2.5)\times(6.5+D)$ $\qquad$ (5-3)

每条通道 $\qquad$ $F_2=6.5\times[L-(6.5+D)]$ $\qquad$ (5-4)

2）桩孔灌注桩 $\qquad$ $F=N_1F_1+N_2F_2$ $\qquad$ (5-5)

每座桥台（桥墩） $\qquad$ $F_1=(A+6.5)\times(6.5+D)$ $\qquad$ (5-6)

每条通道 $\qquad$ $F_2=6.5\times[L-(6.5+D)]$ $\qquad$ (5-7)

公式　F——工作平台总面积(m^2)；

　　F_1——每座桥台（桥墩）工作平台面积(m^2)；

　　F_2——桥台至桥墩间或桥墩至桥墩间通道工作平台面积(m^2)；

　　N_1——桥台和桥墩总数量；

　　N_2——通道总数量；

　　D——二排桩之间距离(m)；

　　L——桥梁跨径或护岸的第一根桩中心至最后一根桩中心之间的距离(m)；

　　A——桥台（桥墩）每排桩的第一根桩中心至最后一根桩中心之间的距离(m)。

工作平台面积计算如图 5-3 所示。

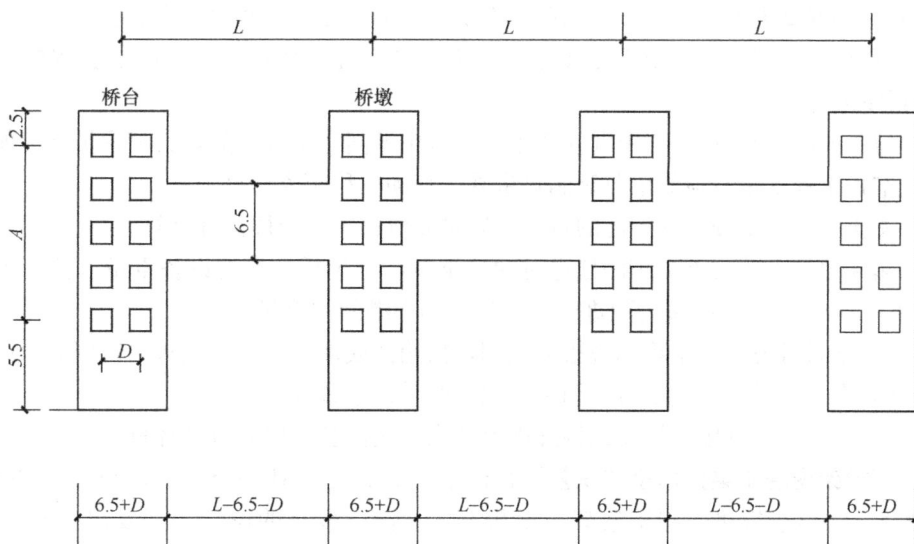

图 5-3　工作平台面积计算示意图

注：图中尺寸均为 m，桩中心距为 D，通道宽 6.5m

（2）凡台与墩或墩与墩之间不能连续施工时（如不能断航、断交通或拆迁工作不能配合），每个墩、台可计一次组装、拆卸柴油打桩架及设备运输费。

（3）支架空间体积计算：

1）桥涵支架体积为结构底至原地面（水上支架为水上支架平台顶面）平均高乘以纵向距离再乘以（桥宽＋2m）计算。

2）现浇盖梁支架体积为盖梁底至承台顶面高度乘以长度（盖梁长＋1m）再乘以（盖梁宽＋1m）计算，并扣除立柱所占体积。

3）支架堆载预压工程量按施工组织设计要求计算，设计无要求时，按支架承载的梁体设计重量乘以系数1.1计算。

（4）挂篮及扇形支架：

1）定额中的挂篮形式为自锚式无压重轻型钢挂篮，钢挂篮重量按设计要求确定。推移工程量按挂篮重量乘以推移距离以吨·米为单位计算。

2）0号块扇形支架安拆工程量按顶面梁宽计算，边跨采用挂篮施工时，其合拢段扇形支架的安拆工程量按梁宽的50%计算。

3）挂篮、扇形支架的制作工程量按安拆定额括号中所列的摊销量计算。

八、顶进结构工程

（一）说明

（1）顶进土质按Ⅰ、Ⅱ类土考虑，若实际土质与定额不同时，可进行调整。

（2）箱涵顶进分空顶、无中继间实土顶和有中继间实土顶。

（3）定额中未包括箱涵顶进的后背设施等，其发生费用可另行计算。

（4）定额中未包括深基坑开挖、支撑及排水的工作内容，可套用有关定额计算。

（二）工程量计算规则

（1）箱涵滑板下的肋楞，其工程量并入滑板内计算。

（2）箱涵混凝土工程量，不扣除单孔面积0.3m² 以下的预留孔洞所占体积。

（3）顶柱、中继间护套及挖土支架均属专用周转性金属构件，定额中已按摊销量计列，不得重复计算。

（4）箱涵顶进分空顶、无中继间实土顶和有中继间实土顶三类，其工程量计算如下：

1）空顶工程量按空顶的单节箱涵重量乘以箱涵位移距离计算。

2）实土顶工程量按被顶箱涵的重量乘以箱涵位移距离分段累计计算。

3）箱涵顶进中的自重指箱涵顶进时的总重量，应包括拖带的设备重量（按箱涵重量的5%计算），采用中继间接力顶进时，还应包括中继间的重量。

（5）气垫只考虑在预制箱涵底板上使用，按箱涵底面积计算。气垫的使用天数由施工组织设计确定，但采用气垫后再套用顶进定额时乘以系数0.7。

（6）箱涵顶进土方按设计图结构外围尺寸乘以箱涵长度以立方米计算。

【滑移模架现浇箱梁技术小知识】滑移模架系统是英文 Move Support System 的译名，简称 MSS，又称造桥机、移动模架造桥机等。在国内较早的设计中开发出30m、45m、50m、62.5m 滑移模架系统，涵盖上行式、下行式、自行牛腿和非自行牛腿等型式，在高速公路桥梁建设和城市高架桥施工中得到广泛应用，取得了施工信誉、创造了经济效益，受到了用户的赞誉。

滑移模架系统适用于滩涂、峡谷高墩身、城市高架桥等场地的连续梁或简支梁的现浇混凝土桥梁的施工。具有周转次数多，施工周期短，施工安全可靠，现场文明简洁，使用 MSS 施工不需要中断桥下交通等特点，与传统的满堂支架相比，使用辅助设备少，减少了人力资源的浪费，既保证了工程质量，又能加快施工进度，具有良好的经济效益。

（1）移动模架的工作原理

预应力混凝土连续箱梁移动模架施工方法是一种新型的专用机械化桥梁施工技术。1999年大陆首次在厦门海沧东引桥十跨连续曲线梁中进行施工，其次在湖北境内的京珠线上的桥梁施工中得到大规模的应用，2002年武汉市轻轨交通工程上也得到使用。根据实际的施工情况，分为上、下行两种结构形式（图5-4、图5-5）。

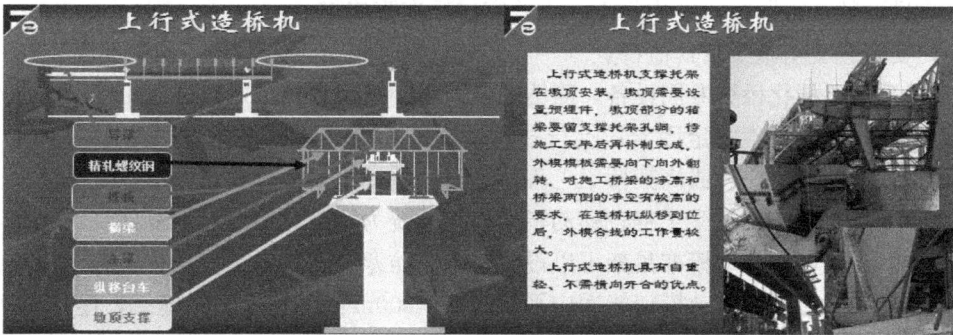

图5-4　上行式造桥机

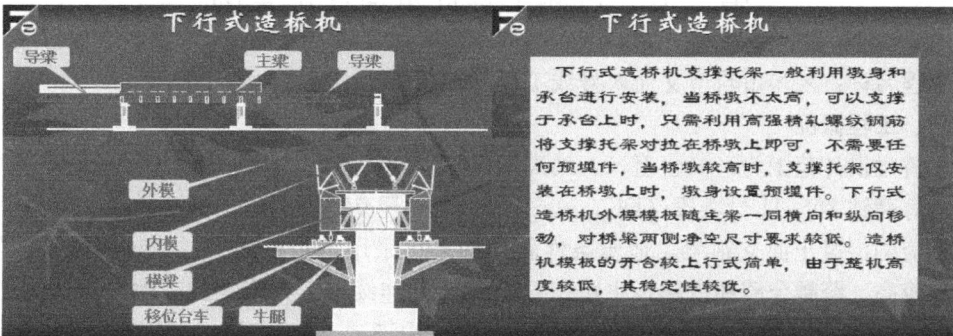

图5-5　下行式造桥机

移动模架的使用已引起中国桥梁界的高度关注，因长期以来我国对软土地区的桥梁结构现浇施工均采用满堂支架地基处理或钢管桩配合梁式结构处理等传统的落地支架方案，而传统的落地支架往往受地质条件的影响，地基的沉降量不易控制而造成梁体的线型不够理想。随着桥梁事业的不断发展，高架连续桥梁日趋增多，使用传统的落地支架投入大，占地大，稳定性不易控制，同时施工工期、施工安全、占道对交通的影响都难以满足规定的要求。下面简单介绍移动模架的特点及其施工工艺。

（2）移动模架的特点

1）构造特点

主梁采用箱形断面，全部采用钢板焊接而成。标准节段每9m分段，节段之间采用高强螺栓连接，便于安装、存放、运输；吊架采用小型型钢焊接成桁，通过精压螺纹钢将箱梁底篮固定，使构件小型化、标准化，便于加工、安装、运输、存放；底篮在桥轴线处销节处理，便于分开通过墩身；上行式移动模架支撑系统采用钢管柱与墩顶预埋件螺栓连接，可以充分利用，降低成本消耗；下行式移动模架采用托架的结构，托架的牛腿直接支承于承台上，托架分别置于墩身两侧。

2）力学特点

主梁承重系统采用箱形断面，受力性能好，刚度大，变形小；采用简支梁的两点受力方式，受力明确，施工控制方便；整个连续箱梁的施工荷载全部通过墩顶支撑传至地基，充分利用结构自身的有利条件，完全抛开复杂的软基对施工中的梁体结构产生影响。

3）进度特点工期短，平均每 10~14d 完成标准跨施工。

4）安全、文明施工及其他特点

现场采用机械化桥梁专用设备，简洁明了；移动模架提供了足够的施工平面，减少施工空间重叠，避免了不安定因素；上行式移动模架作业面通常在桥墩顶部不限制桥下净空，特别适合城市立交桥或高架桥梁工程；下行式移动模架适合桥墩超过一定高度而无法设置脚手架施工的高架桥梁工程；移动模架操作系统为标准化作业、重复熟练的工序，施工周期快，质量好。移动模架吊架可以设置防雨、防寒、防晒的顶棚围护措施，保证施工期间不受天气的影响；移动模架能适应平曲线 $R \geqslant 600$m 的多跨连续梁施工，逐孔现浇时，梁体整体性能好，几何尺寸易于调整，使梁体结构更趋合理。

第二节　桥涵工程计量与计价实例

工程名称：××市轨道交通×号线工程××站桥涵工程

一、工程概况

本桥梁设计范围为××台至××站高架区间（DK6＋103.05~DK9＋299.5），其中不含跨沿海高铁 30~41 号墩段（DK7＋061.1~DK7＋604.5）。新建双线桥梁一般为 30m、35m 预应力混凝土简支箱梁，地质条件较差的基坑采用钢板桩防护。跨越河流水深较深或墩高较高、跨越公路和铁路，主跨在 64m 以上的连续梁、大跨钢构考虑采用挂篮悬浇；主跨在 64m 以下或墩高较矮的连续梁，可考虑采用满铺支架施工；小跨钢架及小跨钢构连续梁采用满铺支架施工，施工时桥下设防护。

30m、35m 双线简支箱梁采用移动模架法现浇施工，一般连续梁采用挂篮悬灌施工，道岔连续梁、40m 双线简支箱梁及单线简支箱梁采用支架现浇施工。在铁路、公路上方施工时设置防护棚，保证施工期间被交铁路、公路运营安全；桥梁基础采用钻孔桩或钢板桩防护施工。

二、编制依据

（1）由××设计院研究院提供的施工招标图纸（图 5-6~图 5-14）。

（2）由××公司编制的《××市轨道交通×号线工程××站工程施工招标文件》等。

预算定额计量与计价综合单价法见表 5-4~表 5-14。

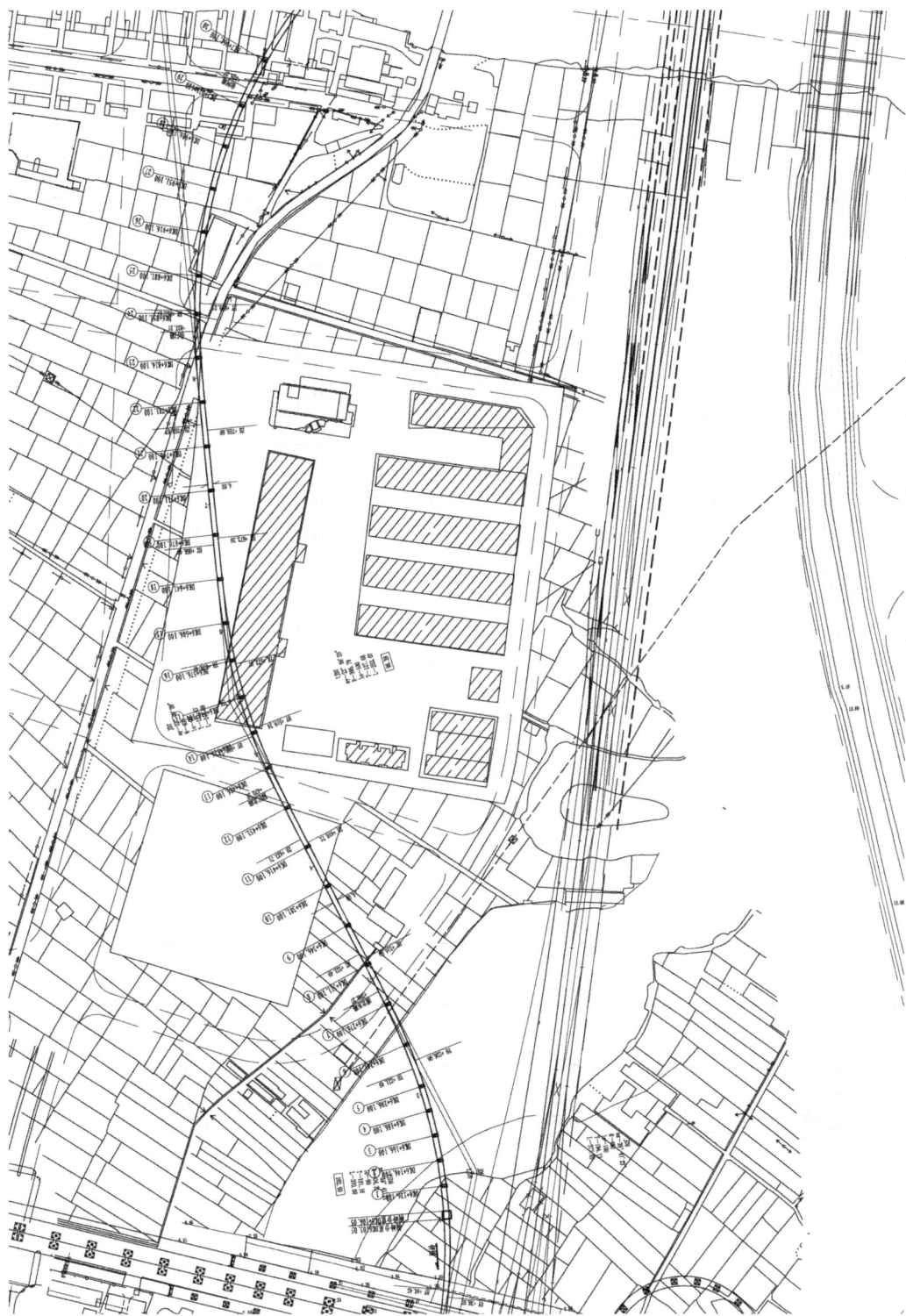

图 5-6　桥梁平面布置图

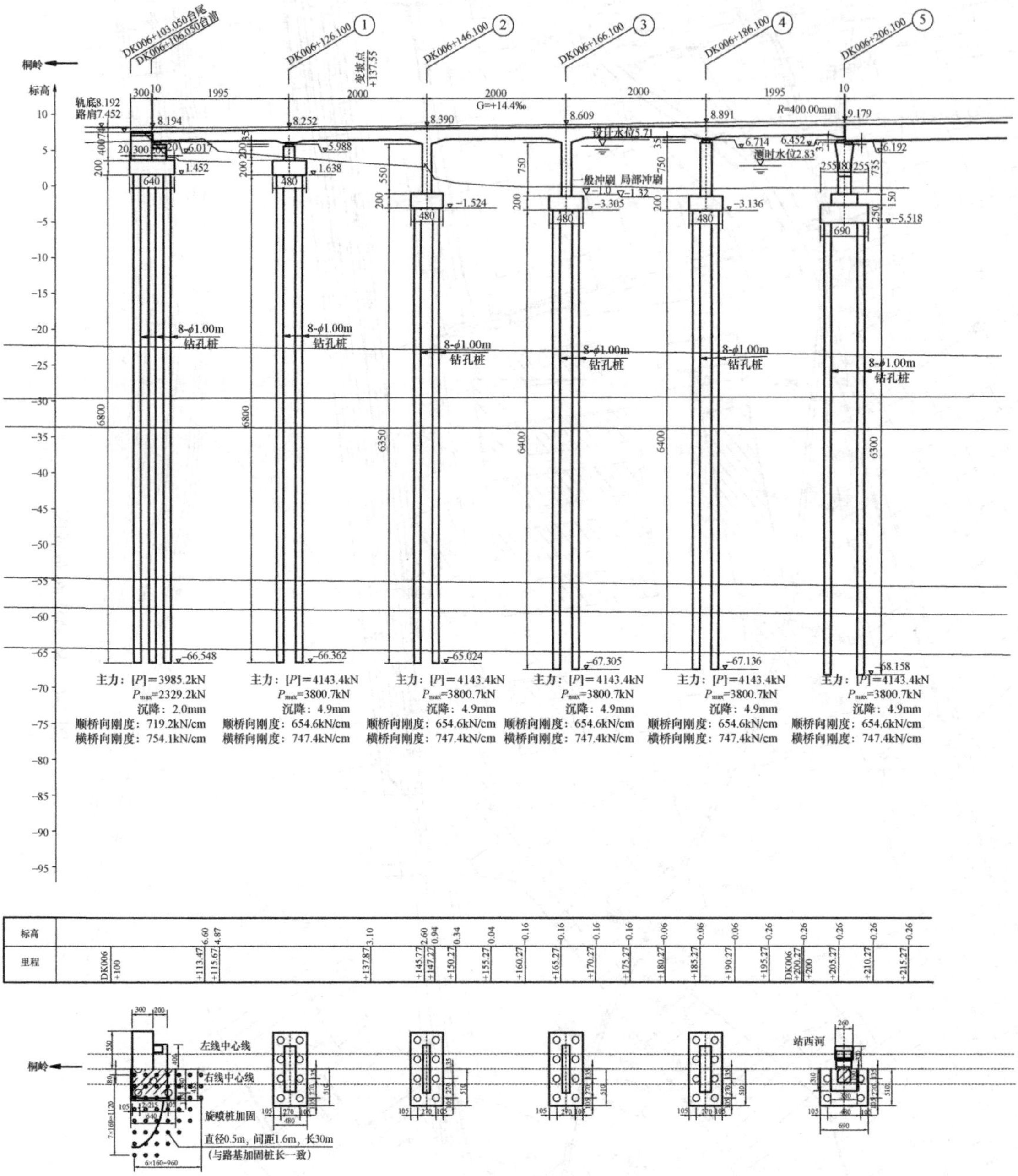

DK006+103.050台尾
DK006+106.050台前
DK006+126.100 ①
DK006+146.100 ②
DK006+166.100 ③
DK006+186.100 ④
DK006+206.100 ⑤
桐岭
标高
变坡点 +137.55
轨底8.192
路肩7.452
G=+14.4‰
R=400.00mm
设计水位5.71
测时水位2.83
一般冲刷 局部冲刷
8-ϕ1.00m 钻孔桩
主力：[P]=3985.2kN
Pmax=2329.2kN
沉降：2.0mm
顺桥向刚度：719.2kN/cm
横桥向刚度：754.1kN/cm
主力：[P]=4143.4kN
Pmax=3800.7kN
沉降：4.9mm
顺桥向刚度：654.6kN/cm
横桥向刚度：747.4kN/cm
标高
里程
左线中心线
右线中心线
旋喷桩加固
直径0.5m，间距1.6m，长30m
(与路基加固桩长一致)
站西河

图 5-7　全桥

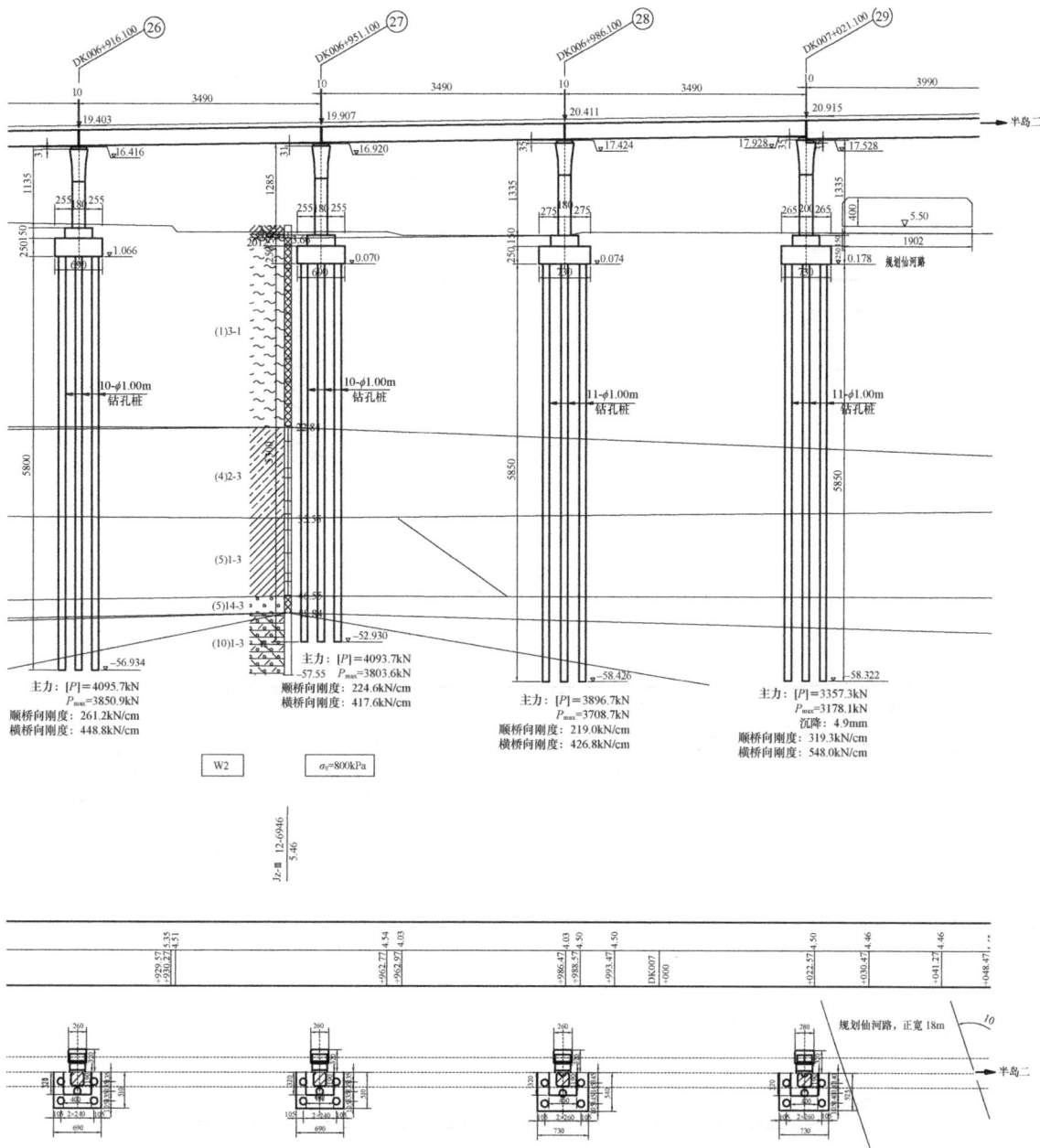

布置图

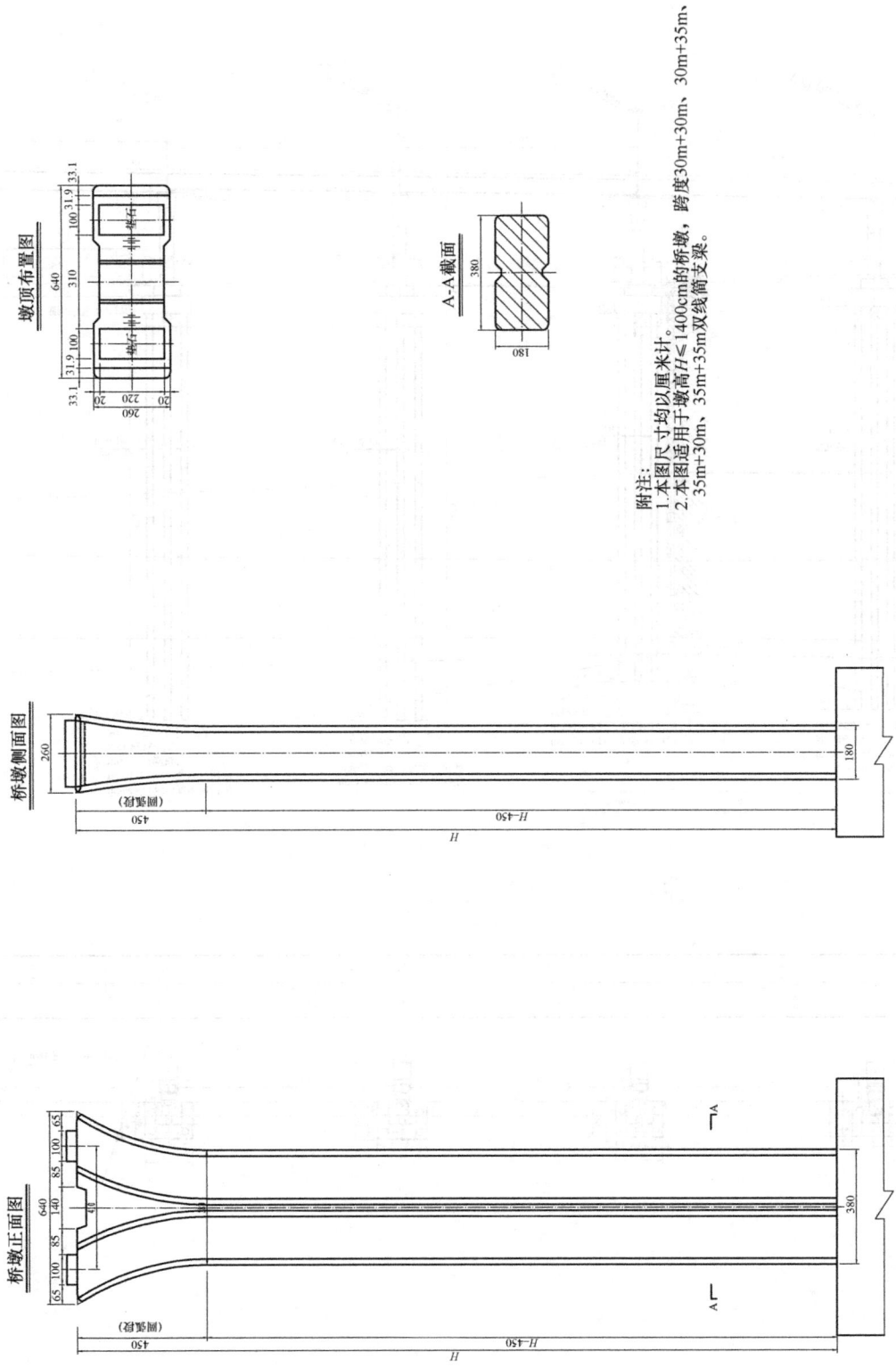

墩顶布置图

A-A截面

附注:
1.本图尺寸均以厘米计。
2.本图适用于墩高 $H \leqslant 1400cm$ 的桥墩,跨度30m+30m、30m+35m、35m+30m、35m+35m双线简支梁。

桥墩侧面图

桥墩正面图

图 5-8　桥墩轮廓图(1)

162

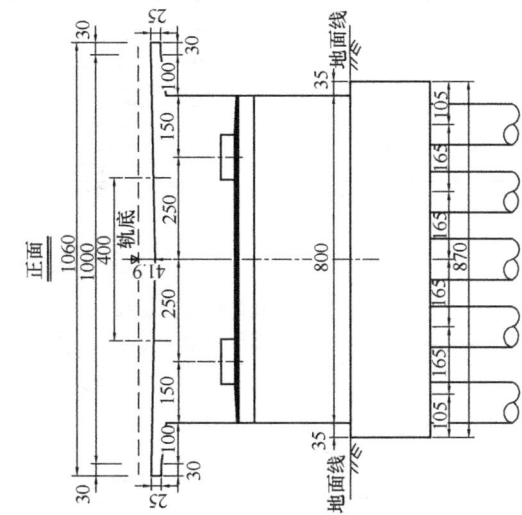

尺寸表

桥台名	所接刚构跨度	填土高H cm
桥台	5~20m	400

附注：本图尺寸除注明者外，其余均以厘米计。

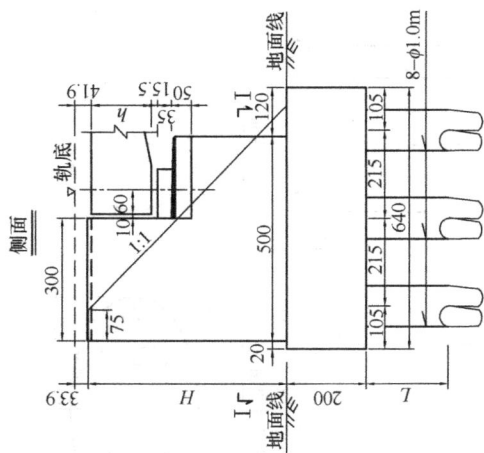

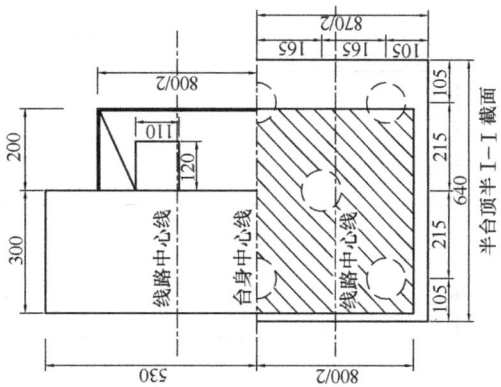

图 5-9　桥台轮廓图

163

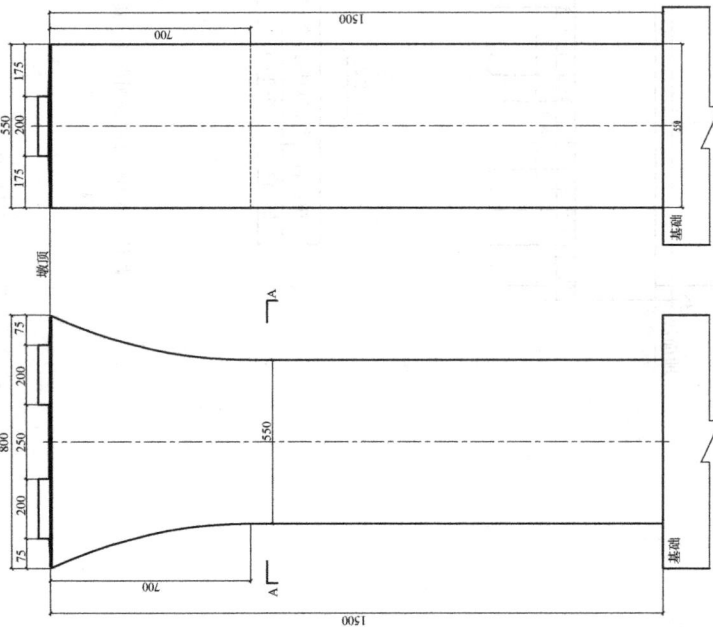

66号桥墩

桥墩侧面图　桥墩正面图

A-A截面

墩顶布置图

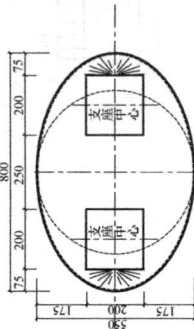
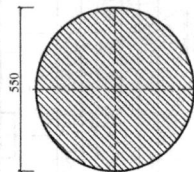

附注：
1.本图尺寸单位除注明者外，余均以厘米计。
2.本图墩顶采用5cm×5cm直倒角。
3.本图支承垫石采用C50钢筋混凝土，顶帽部分采用C50钢筋混凝土，墩身部分采用C35钢筋混凝土。

图 5-10　桥墩轮廓图（2）

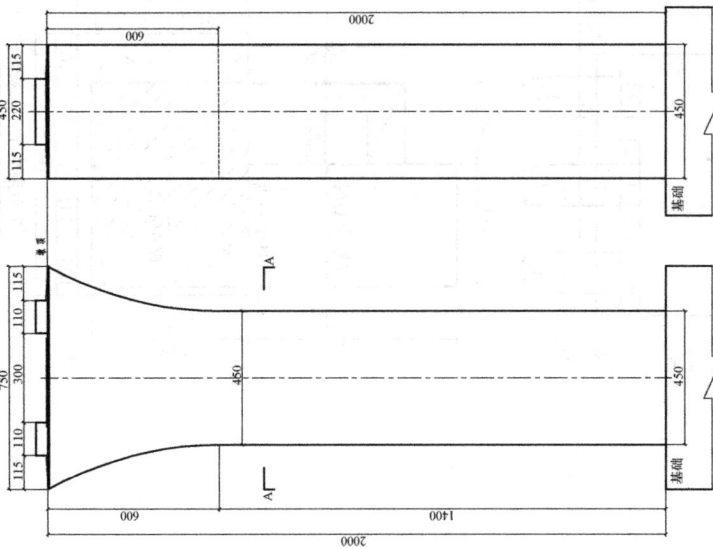

42号桥墩

桥墩侧面图　桥墩正面图

A-A截面

墩顶布置图

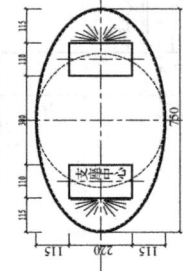
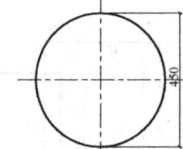

164

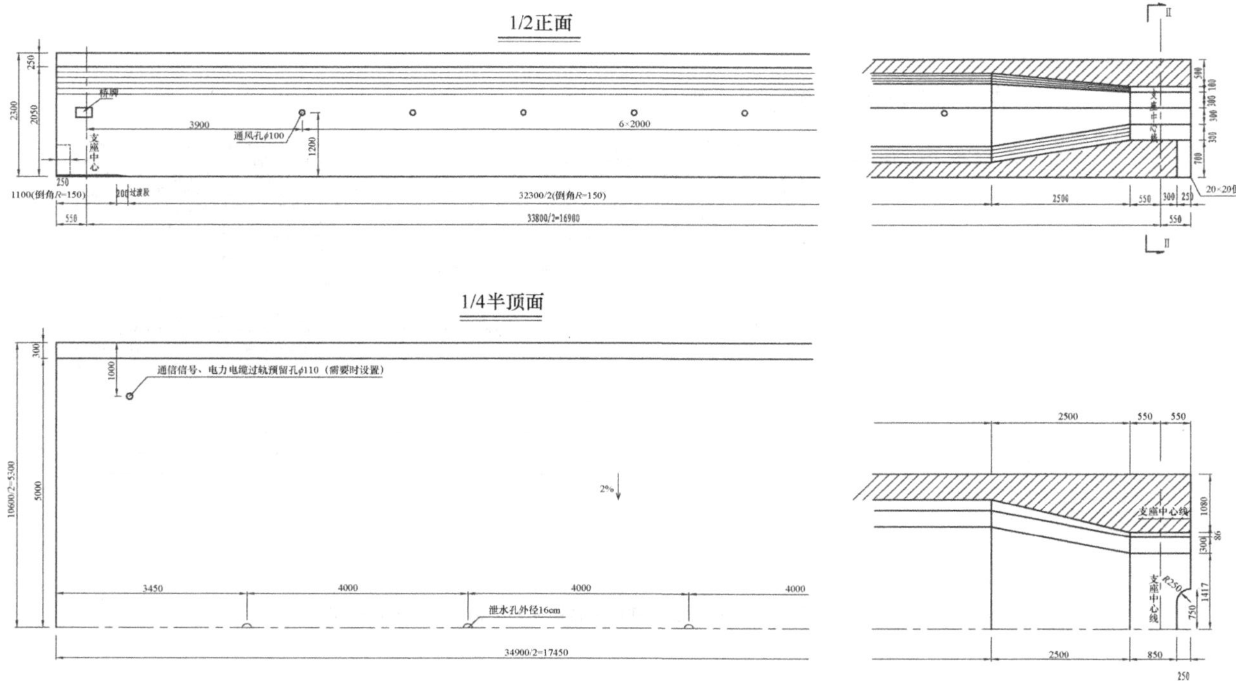

梁部主要数量表

工程项目		单位	数量
主梁	梁体	C50混凝土	m³	252.0
		C50微膨胀混凝土	m³	9.0
		φ15.20钢绞线	t	12.809
		M15-16锚具	套	24
		M15-19锚具	套	14
		φ100金属波纹管	m	238.81
		HPB300钢筋	t	410.34
		HRB335钢筋	t	2.237
	支撑钢筋网片 通风孔预埋件	网箱面积	m²	55.935
	封端混凝土	外模面积	m²	309.820 / 840.287
桥面附属		聚氨酯防水涂料	m²	0.211 / 0.430
	桥面系	C40纤维混凝土	m³	15.5 / 34.9
	保护层		m²	212.89
	防落梁	外径φ160	m	10.3
		UPVC管		1
	支座	CGQZ-4500型	低毫双幅	43.625
			个	4

1/2正面

1/4半顶面

I-I 截面

II-II 截面

人大样

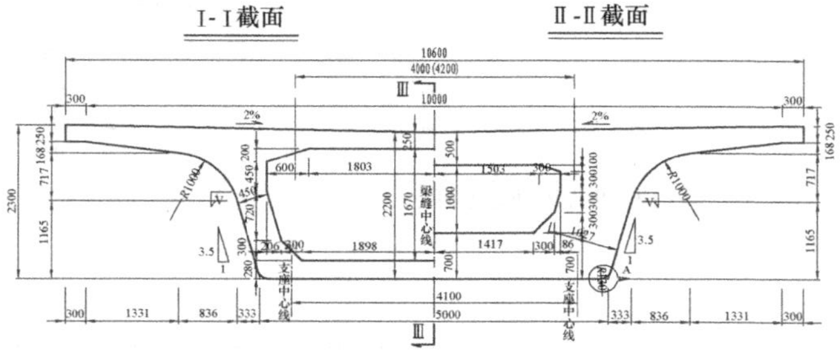

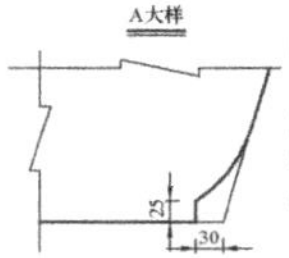

附注：
1. 本图尺寸除注明者外，其余单位均以毫米计。
2. 通风孔按2间距布置，若与预应力筋相碰，可适当移动通风孔位置。
3. 预制梁体时，应注意预埋伸缩缝预埋件的位置正确。
4. 数量表中未计声屏障、接触网支柱基础、综合接地地的数量。
5. 支座及防落梁装置重量未包括防水层(保护层厚度为6cm)，梁体混凝土容重按26kN/m³计算。
6. 每孔精梁设置一处防水层，位置设于左线下行侧，具体位置及高度如图所示。
7. 为防止预张拉时对梁端预埋支座处凸台损伤，可设置一定长度过渡段。
8. 本设计防护挡墙高度按照与相邻轨道顶面高度一致的原则确定，直线段内侧外侧挡墙顶面高度按530mm设计，曲线外侧挡墙高度按680mm设计。

图 5-11 预应力箱梁布置图（1）

165

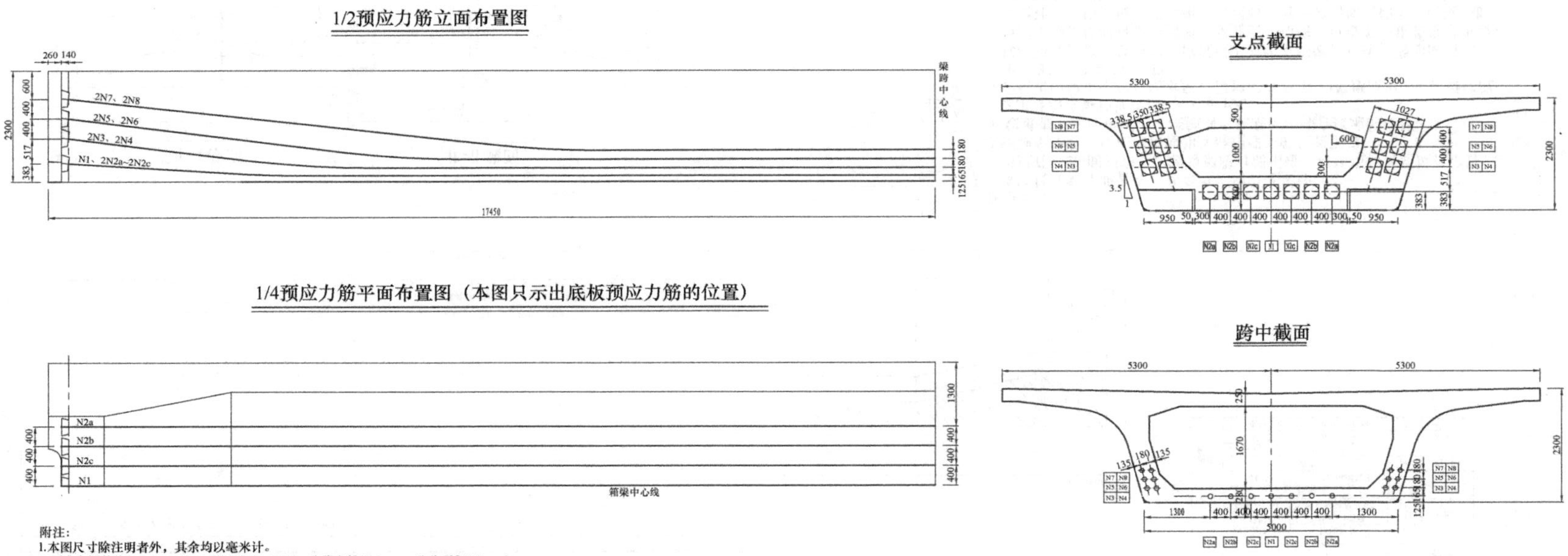

支点截面

跨中截面

1/2预应力筋立面布置图

1/4预应力筋平面布置图（本图只示出底板预应力筋的位置）

图 5-12　预应力箱梁布置图（2）

附注：
1. 本图尺寸除注明者外，其余均以毫米计。
2. 预应力钢绞线1×7-15.2-1860-GB/T 5224-2014，公称直径15.2mm，公称面积140mm²。
   预应力束采用内径φ90的金属波纹管成孔，其真空压浆技术。
3. 每束钢绞线两端各预留85cm工作长度。
4. 所有预应力张拉达到设计强度的80%方可进行初张拉。
5. 混凝土强度达到设计强度的80%时，张拉应力以油压表读数为准，伸长量作为校核。
6. 梁全断面预应力张拉应拉时，应张拉伸长与伸长量双控，不应冲梁体量双控。
7. 张拉程序：0→初应力(0.20σₚ)→σₖₒₙ持续5min锚固。张拉工艺按《铁路混凝土工程施工技术指南》
   (TZ 210-2005)及《客运专线铁路桥涵施工质量验收暂行标准》(TZ 213-2005)相关要求执行。预应力张拉过程中应保持两端伸长量基本一致。
8. 预应力应采用两端同步张拉，两端采用梁体混凝土张拉龄期应。
9. 终拉应力在梁体龄期达到设计值后进行。
10. 施工中除用张点力及弹性压缩值外，龄期不少于10d时进行，终拉应完成后进行常温升张及封锚。
11. 施工时，可采用锚圈实际情况用加大定位网钢筋直径或加密网以定位钢绞向间距以及梁体网钢筋调整涨拉力。
12. 预应力筋左数量表中的伸长值仅为锚具内锚工作段长度段的伸长值，应力范围为0~σₖₒₙ，伸长值为左端和右端伸长值之和

166

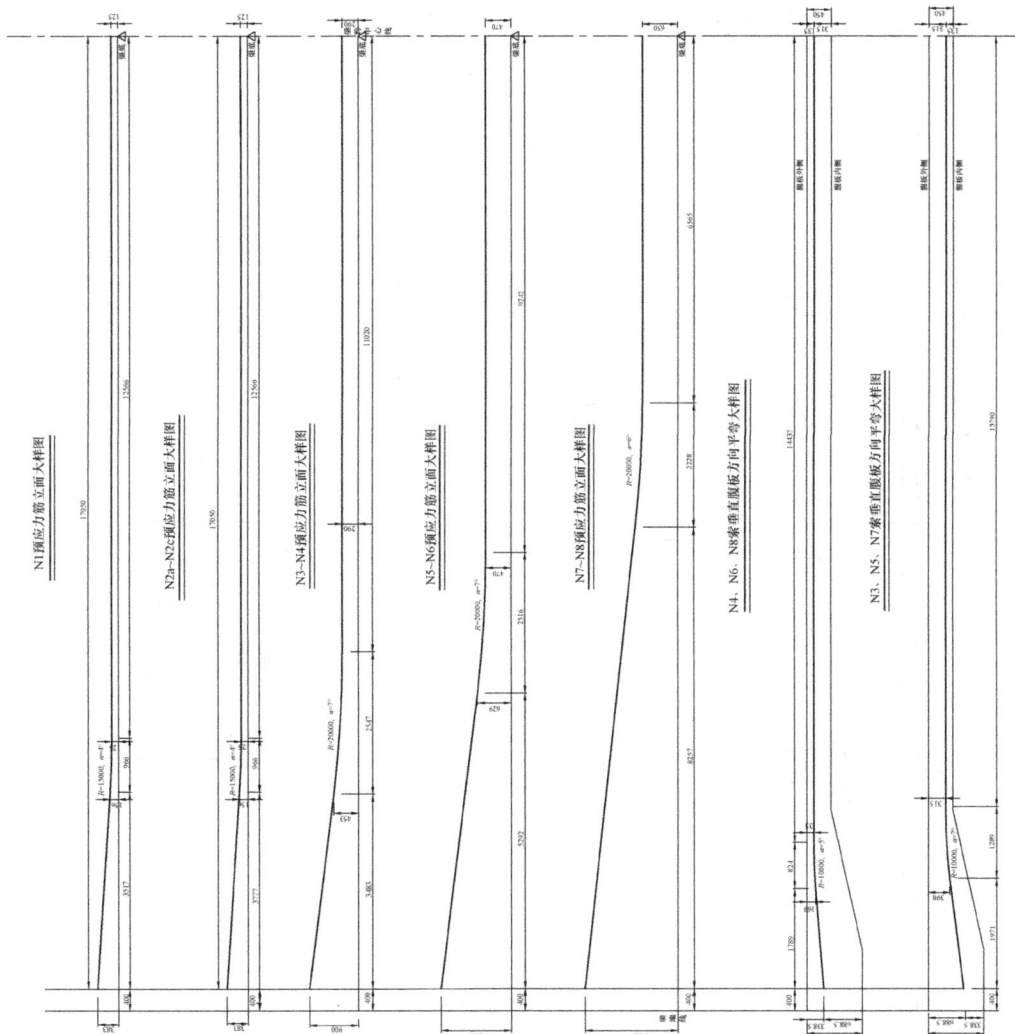

预应力筋数量表

张拉顺序及控制应力表

附注：
1. 本图均计毫米计。
3. 腹板预应力筋平弯大样为沿腹板方向在水平面上的投影，竖弯大样为准在立面上的投影。

N1预应力筋立面大样图

N2a~N2c预应力筋立面大样图

N3~N4预应力筋立面大样图

N5~N6预应力筋立面大样图

N7~N8预应力筋立面大样图

N4、N6、N8梁竖直腹板方向平弯大样图

N3、N5、N7梁竖直腹板方向平弯大样图

图 5-13 预应力箱梁布置图(3)

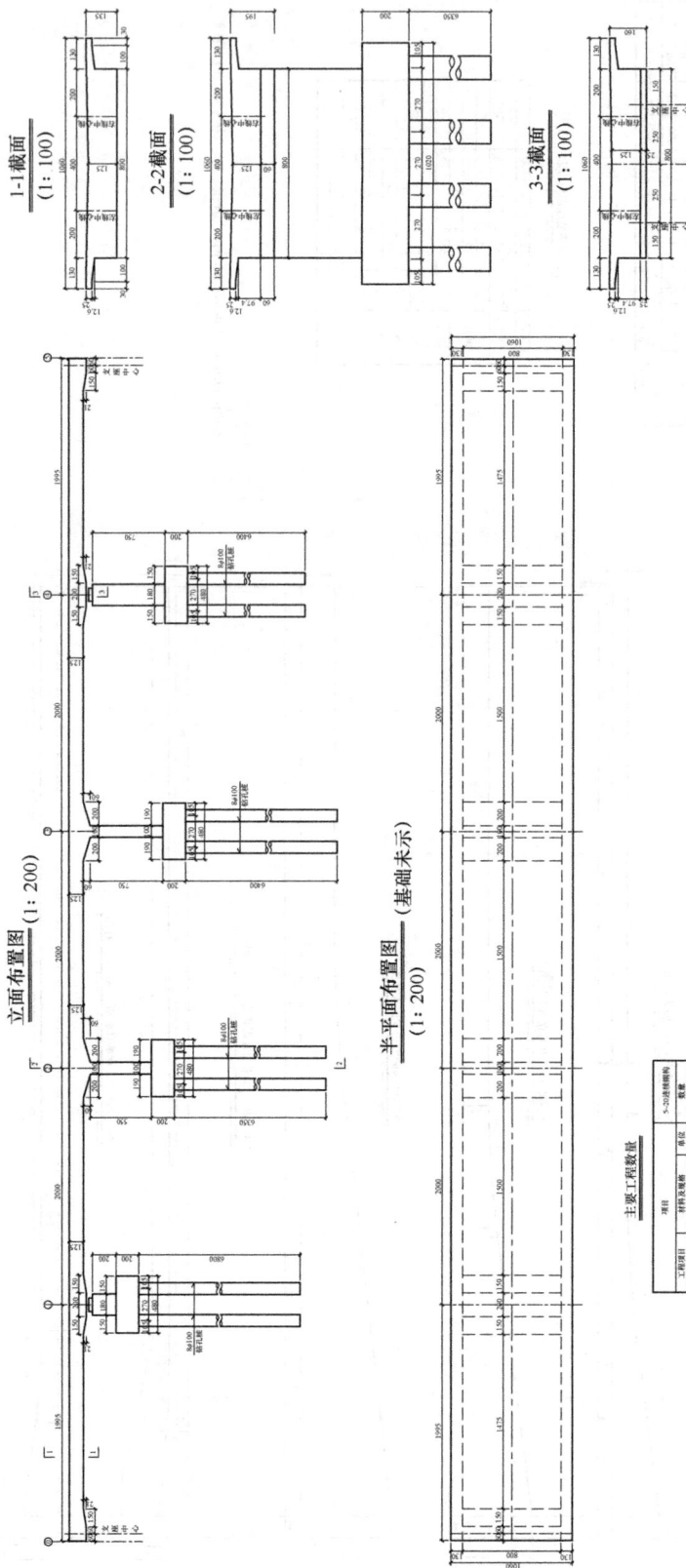

图 5-14　钢构连续梁布置图

桥涵预算表

表 5-4

桥梁类型（大中）	中心里程	孔跨类型	用途	线路与道路（水流）交角（右偏）（°）	立交要求			线路情况				全长（m）
					立交孔跨	净宽（m）	净高（m）	控制轨面里程	控制轨面标高（m）	起始里程	终止里程	
特大桥	DK14+867.82	5-20m 钢构连续梁+（8－35m＋4－30m＋7－35m＋1－30m＋4－35m＋1－40m）简支梁＋（50＋80＋50）m 预应力混凝土连续梁＋（4－30m＋1－35m）简支梁＋（54.2＋100＋54.2）m 连续钢构连续梁＋（4－35m＋1－30m）简支梁＋（40＋60＋40）m 预应力混凝土连续梁＋（5－30m＋9－35m＋1－30m）简支梁＋（60＋100＋100＋60）m 预应力混凝土连续梁＋（4－35m＋3－30m）简支梁＋8－35m＋（2－30m）简支箱梁	××路	47	1-35m 简支梁	18	4	DK06+477.89～DK06+506.51	13.3	DK06+103.05	DK9+299.5	2653.05
			××路	98	1-35m 简支梁	24	4	DK06+844.68～DK06+872.92	13.3			
			××路	109	1-35m 简支梁	24	4	DK07+042.61～DK07+071.99	13.3			
			××路	69	1-35m 简支梁	24	4	DK07+443.70～DK07+473.40	12.8			
			××路	70	2-35m 简支梁	52	5	DK07+630.83～DK07+690.17	14.6			
			×××高速	80	（40+60+40）m 连续梁	41	5.5	DK07+842.18～DK07+887.82	17.5			
			××路	30	（60+100+100+60）m 连续梁	40	4.5	DK08+478.00～DK08+562.00	22			
			××路	107	2-35m 简支梁	50	4.5	DK09+070.16～DK09+126.44	14.6			

169

钻孔灌注桩工程量计算

表 5-5

墩号	承台位置	原地面标高(m)	桩底标高(m)	桩顶标高(m)	桩径(m)	桩根数	单桩长(m)	总桩长(m)	桩身混凝土强度等级	成孔体积(m³)	桩身体积(m³)	超灌混凝土(m³)	钢筋笼(t)
桥台	陆上	6.452	−66.548	1.452	1	8	68.00	544	C30	458.67	427.04	7.536	16.068
1	陆上	4.138	−66.362	1.638	1	8	68.00	544	C30	442.96	427.04	7.536	16.095
2	水中	3.976	−65.024	−1.524	1	8	63.50	508	C30	433.54	398.78	7.536	15.405

承台土方工程量计算表

表 5-6

墩号	承台位置	原地面标高(m)	承台底标高1(m)	承台高度1(m)	宽度1(m)	长度1(m)	承台底标高2(m)	承台高度2(m)	宽度2(m)	长度2(m)	挖土方高度(m)	承台个数	土方开挖清单量(m³)	土方开挖定额量(m³)	清单弃方量(m³)	墩身回填高(m)	回填(m³)
桥台	陆上	6.452	1.452	2	6.4	8.7	3.452				5.3	1	295.10	380.43	197.64	3	182.80
1	陆上	4.138	1.638	2	4.8	10.2	3.638				2.8	1	137.09	181.89	118.82	0.5	63.07
2	水中	3.976	−1.524	2	4.8	10.2	0.476				5.8	1	283.97	376.77	111.62	3.5	265.15

表 5-7

承台混凝土工程量计算书

墩号	承台位置	承台高度1(m)	宽度1(m)	长度1(m)	承台高度2(m)	宽度2(m)	长度2(m)	混凝土强度等级	混凝土(m³)	HRB335钢筋(t)	模板(m²)	垫层(m³)
桥台	陆上	2	6.4	8.7					111.36	3.430	60.40	15.74
1	陆上	2	4.8	10.2				C40	97.92	3.695	60.00	13.72
2	水中	2	4.8	10.2				C40	97.92	3.695	60.00	13.72
3	水中	2	4.8	10.2				C40	97.92	3.695	60.00	13.72

表 5-8

墩身工程量计算书

墩号	承台顶标高(m)	墩顶标高(m)	墩身高度(m)	墩身混凝土(m³)	HRB335钢筋(t)	HPB300钢筋(t)	墩身模板(m²)	支座垫石混凝土(m³)	支座垫石模板(m²)	HRB335钢筋(t)	HPB300钢筋(t)
桥台	3.452	6.01	2.558					0.924	3.22	0.228	0.007
1	3.638	5.988	2.35	28.80	2.016	0.288	39.20	1.54	4.48	0.380	0.012
2	0.476	5.976	5.5								
3	−1.305	6.195	7.5								
4	−1.136	6.714	7.85	108.00	7.560	1.080	147.00	1.54	4.48	0.380	0.012
5	−1.158	6.452	7.61	57.81	5.429	0.332	95.73	1.54	4.48	0.325	0.010

表 5-9

上部结构计算书

序号	项目		单位	单片梁数量	片数	总工程量
一	30m 双线简支梁		孔		6	
1	梁体	C50 混凝土	m³	218.6	6	1311.6
2		C50 微膨胀混凝土	m³	0.6	6	3.6
3		ϕ_j15.20 钢绞线	t	8.378	6	50.268
4		15-13 锚具张拉端	套	38	6	228
5		金属波纹管 $\phi_内$90	m	554.15	6	3324.9
6		HPB300 钢筋	t	1.942	6	11.652
7		HRB335 钢筋	t	48.54	6	291.24
8		内模面积	m²	340.27	6	2041.62
9		外模面积	m²	719.902	6	4319.412
10	支座钢筋网及预埋钢板	预埋铁件	t	0.178	6	1.068
11	封锚端防水	HPB300 钢筋	t	0.43	6	2.58
12		聚氨酯防水涂料	m²	15.5	6	93
13	桥面系	桥面系	延米/双侧	29.9	6	179.4
14		保护层	C40 纤维混凝土 m³	8.9	6	53.4
15	桥面防水层	桥面防水层	m²	182.39	6	1094.34
16	防落梁	钢料	t	1	6	6
17	UPVC 管	外径 ϕ160	m	37.375	6	224.25
18	支座	CGGZ-4000 型	个	4	6	24
二	35m 双线简支梁		孔		16	
1	梁体	C50 混凝土	m³	252	16	4032
2		C50 微膨胀混凝土	m³	9	16	144
3		ϕ_j15.20 钢绞线	t	12.809	16	204.944

序号		项目	单位	单片梁数量	片数	总工程量
4	梁体	15-16锚具张拉端	套	24	16	384
5		15-19锚具张拉端	套	14	16	224
6		金属波纹管φ内100	m	238.81	16	3820.96
7		金属波纹管φ内90	m	410.34	16	6565.44
8		HPB300钢筋	t	2.237	16	35.792
9		HRB335钢筋	t	55.935	16	894.96
10		内模面积	m²	399.82	16	6397.12
11		外模面积	m²	840.27	16	13444.32
12	支座钢筋网及预埋钢板	预埋铁件	t	0.211	16	3.376
13		HPB300钢筋	t	0.43	16	6.88
14	封锚端防水	聚氨酯防水涂料	m²	15.5	16	248
15	桥面系	桥面系	延米/双侧	34.9	16	558.4
16	保护层	C40纤维混凝土	m³	10.3	16	164.8
17	桥面防水层	桥面防水层	m²	212.89	16	3406.24
18	防落梁	钢料	t	1	16	16
19	UPVC管	外径φ160	m	43.625	16	698
20	支座	CGGZ-4500型	个	4	16	64
三		35m三线简支梁	孔		3	
1	梁体	C50混凝土	m³	414.9	3	1244.7
2		C50微膨胀混凝土	m³	5	3	15
3		φj15.20钢绞线	t	20.965	3	62.895
4		M15-15锚具	套	76	3	228
5		金属波纹管φ内90	m	1298	3	3894

173

序号	项	目	单位	单片梁数量	片数	总工程量
6	梁体	HPB300 钢筋	t	4.357	3	13.071
7		HRB335 钢筋	t	87.133	3	261.399
8		内模面积	m²	754.85	3	2264.55
9		外模面积	m²	1163.566	3	3490.698
10	支座钢筋网及预埋钢板	预埋铁件	t	0.607	3	1.821
11		HPB300 钢筋	t	0.84	3	2.52
12	封锚端防水	聚氨酯防水涂料	m²	30	3	90
13	桥面系		延米/双侧	0	3	0
14	保护层	C40 纤维混凝土	m³	15.5	3	46.5
15	桥面防水层		m²	530.48	3	1591.44
16	防落梁	钢料	t	0.91	3	2.73
17	UPVC管	外径 φ160	m	87.25	3	261.75
18	桥面泄水管		套	26	3	78
19	接地端子		套	8	3	24
20	支座	CGGZ-4000kN-ZX±100	个	3	3	9
21	支座	CGGZ-4000kN-DX±100	个	3	3	9
四	30m单线简支梁		孔		10	
1	梁体	C50 混凝土	m³	139.5	10	1395
2		C50 微膨胀混凝土	m³	3.3	10	33
3		φj15.20 钢绞线	t	5.288	10	52.88
4		15-13 锚具张拉端	套	24	10	240
5		金属波纹管 φ内90	m	291.54	10	2915.4
6		HPB300 钢筋	t	1.239	10	12.39

序号		项　目	单位	单片梁数量	片数	总工程量
7	梁体	HRB335 钢筋	t	30.972	10	309.72
8		内模面积	m²	253.139	10	2531.39
9		外模面积	m²	565.031	10	5650.31
10	支座钢筋网及预埋钢板	预埋铁件	t	0.148	10	1.48
11		HPB300 钢筋	t	0.43	10	4.3
12	封锚端防水	聚氨酯防水涂料	m²	9.3	10	93
13	桥面系	桥面系	延米/双侧	30.9	10	309
14	保护层	C40 纤维混凝土	m³	4.7	10	47
15	桥面防水层	桥面防水层	m²	117.42	10	1174.2
16	防落梁	钢料	t	0.91	10	9.1
17	UPVC 管	外径 φ160	m	38.5	10	385
18	支座	CGGZ-2500 型	个	4	10	40
五	35m 单线简支梁		孔		20	
1	梁体	C50 混凝土	m³	161.1	20	3222
2		C50 微膨胀混凝土	m³	3.3	20	66
3		φj15.20 钢绞线	t	8.511	20	170.22
4		M15-18 锚具张拉端	套	24	20	480
5		金属波纹管 φ内 90	m	341.65	20	6833
6		HPB300 钢筋	t	1.431	20	28.62
7		HRB335 钢筋	t	35.769	20	715.38
8		内模面积	m²	297.089	20	5941.78
9		外模面积	m²	565.031	20	11300.62

序号		项目	单位	单片梁数量	片数	总工程量
10	支座钢筋网及预埋钢板	预埋铁件	t	0.148	20	2.96
11		HPB300 钢筋	t	0.43	20	8.6
12	封锚端防水	聚氨酯防水涂料	m²	9.3	20	186
13	桥面系	桥面系	延米/双侧	34.9	20	698
14	保护层	C40 纤维混凝土	m³	5.3	20	106
15	桥面防水层	桥面防水层	m²	132.62	20	2652.4
16	防落梁	钢料	t	1	20	20
17	UPVC管	外径 φ160	m	42.5	20	850
18	支座	CGGZ-3000型	个	4	20	80
六		34.3＋3×35＋34.3三线渡线连续梁（线间距 4.3m＋4.3m）	联		2	
1	梁体	C50 混凝土（含梁体、横梁、齿块）	m³	2208.5	2	4417
2		C50 微膨胀混凝土（封锚）	m³	4.4	2	8.8
3		管道压浆，M50 水泥浆	m³	56.9	2	113.8
4		φj15.20 钢绞线	t	128.4	2	256.8
5		4-φs15.20 横向预应力	t	26.1	2	52.2
6		M15-15 锚具张拉端	套	148	2	296
7		M15-12 锚具张拉端	套	88	2	176
8		L15-15 连接器	套	64	2	128
9		BM15-4	套	400	2	800
10		BM15-4P	套	400	2	800
11		金属波纹管 φ内90	m	1197.6	2	2395.2
12		金属波纹管 φ内100	m	6279.5	2	12559
13		金属波纹管 70mm×19mm	m	5529.3	2	11058.6
14		HPB300 钢筋（含梁体、横梁、齿块）	t	143.6	2	287.2
15		HRB335 钢筋（含梁体、横梁、齿块）	t	496.9	2	993.8

序号	项　目	单位	单片梁数量	片数	总工程量
16	支座板	t	1.9	2	3.8
17	封锚端防水	m²	23.3	2	46.6
18	桥面系	延米/双侧	0	2	0
19	保护层	m³	69	2	138
20	C40纤维混凝土	m²	2657	2	5314
21	桥面防水层	t	4.3	2	8.6
22	甲基丙烯酸甲酯树脂（MMA）	m	399	2	798
23	防落梁　钢料	套	96	2	192
24	UPVC管　外径φ160	套	2	2	4
25	泄水管/排水管　CGGZ-4000ZX±100型	套	4	2	8
26	CGGZ-4000DX±100型	套	3	2	6
27	支座　CGGZ-10000ZX±100型	套	6	2	12
28	CGGZ-10000DX±100型	套	2	2	4
29	CGGZ-10000HX±10型	套	1	2	2
30	接　CGGZ-10000GD	个	40	2	80
31	接地端子　内模面积	m²	3137	2	6274
32	外模面积	m²	3679.4	2	7358.8
七	34.3+50+34.3三线连续梁	联		1	
1	梁体　C50混凝土	m³	1843.1	1	1843.1

177

序号		项目	单位	单片梁数量	片数	总工程量
2		HPB300 钢筋	t	27.26	1	27.26
3		HRB335 钢筋	t	292.71	1	292.71
4		ϕ_j15.20 钢绞线	t	88.2482	1	88.2482
5		金属波纹管 $\phi_{内}$90	m	4081.95	1	4081.95
6		金属波纹管 $\phi_{内}$90	m	1646.85	1	1646.85
7		M15-12 锚具	套	280	1	280
8		M15-15 锚具	套	120	1	120
9		C50 混凝土（锯齿块、锯齿块封锚）	m³	47.236	1	47.236
10		HRB335 钢筋（锯齿块、封锚、防崩、锚后加强钢筋）	t	33.04	1	33.04
11		HPB300 钢筋（锯齿块、封锚、防崩、锚后加强钢筋）	t	0.392	1	0.392
12		M50 水泥浆（梁体抽真空灌浆）	m³	31.36	1	31.36
13		3-7φ5 钢绞线（梁体横向预应力索）	t	12.6	1	12.6
14	梁体横向预应力筋	BM15-3 型锚具张拉端/固定端	套	339/339	1	339/339
15	梁体横向预应力筋	内径 60mm×19mm 金属波纹管	m	3518.6	1	3518.6
16	梁体横向预应力筋锚下螺纹筋	HPB300 钢筋	t	1.5	1	1.5
17	梁体竖向预应力筋	φ25 预应力用螺纹钢筋	t	12.9	1	12.9
18	梁体竖向预应力筋锚下螺纹筋	HPB300 钢筋	t	0.8	1	0.8
19	梁体竖向预应力索	JLM-25 型锚具	套	622/622	1	622/622
20	梁体竖向预应力索	$\phi_{内}$35 薄钢板套管	m	1695.2	1	1695.2

序号	项　目	单位	单片梁数量	片数	总工程量
21	梁体竖向预应力索	m	549.1	1	549.1
22	支座钢筋网及预埋钢板	t	2.054	1	2.054
23	CGGZ-3500kN-DX±100	套	4	1	4
24	CGGZ-3500kN-ZX±100	套	2	1	2
25	CGGZ-12000kN-GD	套	1	1	1
26	CGGZ-12000kN-HX±10	套	1	1	1
27	CGGZ-12000kN-ZX±100	套	2	1	2
28	CGGZ-12000kN-DX±100	套	2	1	2
29	外模面积	m²	2383	1	2383
30	内模面积	m²	1228.5	1	1228.5
31	接地端子	个	24	1	24
32	挂篮 50t	套	4	1	4
33	桥面系	m/双侧	119.8	1	119.8
34	保护层	C40 纤维混凝土 m³	49.65	1	49.65
35	桥面防水层	m²	1023.09	1	1023.09
36	防落梁	钢料 t	6	1	6
37	UPVC管	外径 φ160 m	209.65	1	209.65

单位及专业工程名称：××市轨道交通×号线工程××站桥涵工程　　第 1 页　共 1 页

序号	费用名称	计算公式	费率（%）	金额（元）
1	工程量清单分部分项工程费	Σ（分部分项工程量×综合单价）		176035577
2	措施项目费	2.1＋2.2		10755013
2.1	施工技术措施项目	Σ（技术措施工程量×综合单价）		8587588
2.2	施工组织措施项目	Σ（人工费＋机械费）×费率		2167424
其中	安全文明施工费	（人工费＋机械费）×费率		1107394
	建设工程检验试验费	（人工费＋机械费）×费率		277412
	其他措施项目费	（人工费＋机械费）×费率		782618
3	其他项目	3.1＋3.2＋3.3＋3.4		
3.1	暂列金额			
3.2	暂估价			
3.3	计日工			
3.4	总承包服务费			
4	规费			2598203
5	税金	（1＋2＋3＋4）×费率	3.577	6774437
	合计	1＋2＋3＋4＋5		196163230

表 5-11

分部分项工程量清单与计价表

单位及专业工程名称：××市轨道交通×号线工程××站桥涵工程

序号	项目编码	项目名称	项目特征	计量单位	工程量	综合单价（元）	合价（元）	其中（元）		备注
								人工费	机械费	
		一、土石方及桩基工程					53721936.04	7291016.11	5226707.06	
1	08010100004001	基坑围护挖土方	土壤类别、挖土深度：详见设计图纸	m³	26662.84	17.90	477264.84	262095.72	131981.06	
2	08010101011001	填方	填方材料品种、密实度：详见设计图纸	m³	7463.55	20.77	155017.93	105086.78	23584.82	
3	040103002001	余方弃置	1. 废弃料品种：综合考虑； 2. 运距及处置费：见清单说明	m³	19199.29	60.00	1151957.40		0.00	
4	040103002002	余方弃置（泥浆）	1. 废弃料品种：泥浆； 2. 运距及处置费：见清单说明	m³	43817.55	80.00	3505404.00		0.00	
5	08020100008001	φ1000 钻孔灌注桩(陆上)	1. 单桩长度、根数、土质类别详见设计图纸； 2. 桩径：φ1000； 3. 成孔方法：自行考虑； 4. 入岩深度：详见设计图纸； 5. 混凝土强度等级：C30 水下混凝土； 6. 埋设护筒、泥浆池建拆、灌注水下混凝土、凿桩头、凿桩头清理	m	4808.00	629.26	3025482.08	468972.32	396852.32	
6	08020100008002	φ1000 钻孔灌注桩(陆上)	1. 单桩长度、根数、土质类别详见设计图纸； 2. 桩径：φ1000； 3. 成孔方法：自行考虑； 4. 入岩深度：详见设计图纸； 5. 混凝土强度等级：C35 水下混凝土； 6. 埋设护筒、泥浆池建拆、灌注水下混凝土、凿桩头、凿桩头清理	m	22744.00	689.52	15682442.88	2396762.72	2135206.72	

序号	项目编码	项目名称	项目特征	计量单位	工程量	综合单价(元)	合价(元)	其中(元)		备注
								人工费	机械费	
7	080201008003	φ1000钻孔灌注桩(陆上)	1. 单桩长度、根数、土质类别详见设计图纸; 2. 桩径：φ1000; 3. 成孔方法：自行考虑; 4. 入岩深度：详见设计图纸; 5. 混凝土强度等级：C45水下混凝土; 6. 埋设护筒、泥浆池建拆、成孔(含空桩部分及成孔)、灌注水下混凝土、凿桩头、桩头清理	m	6770.50	720.88	4880718.04	667842.12	559243.30	
8	080201008004	φ1000钻孔灌注桩(水中)	1. 单桩长度、根数、土质类别详见设计图纸; 2. 桩径：φ1000; 3. 成孔方法：自行考虑; 4. 入岩深度：详见设计图纸; 5. 混凝土强度等级：C30水下混凝土; 6. 水中平台、埋设护筒、泥浆池建拆、成孔(含空桩部分及成孔)、灌注水下混凝土、凿桩头、桩头清理	m	2536.00	717.35	1819199.60	321311.20	297295.28	
9	080201008005	φ1000钻孔灌注桩(水中)	1. 单桩长度、根数、土质类别详见设计图纸; 2. 桩径：φ1000; 3. 成孔方法：自行考虑; 4. 入岩深度：详见设计图纸; 5. 混凝土强度等级：C35水下混凝土; 6. 水中平台、埋设护筒、泥浆池建拆、成孔(含空桩部分及成孔)、灌注水下混凝土、凿桩头、桩头清理	m	709.50	755.60	536098.20	91972.49	85565.70	

序号	项目编码	项目名称	项目特征	计量单位	工程量	综合单价（元）	合价（元）	其中（元）		备注
								人工费	机械费	
10	080201008006	ϕ1250钻孔灌注桩（陆上）	1. 单桩长度、根数、土质类别详见设计图纸； 2. 桩径：ϕ1250； 3. 成孔方法：自行考虑； 4. 入岩深度：详见设计图纸； 5. 混凝土强度等级：C35 水下混凝土； 6. 埋设护筒、泥浆池建拆、成孔（含空桩部分）成孔、灌注水下混凝土、凿桩头、桩头清理	m	1632.00	937.95	1530734.40	196264.32	149866.56	
11	080201008007	ϕ1500钻孔灌注桩（陆上）	1. 单桩长度、根数、土质类别详见设计图纸； 2. 桩径：ϕ1500； 3. 成孔方法：自行考虑； 4. 入岩深度：详见设计图纸； 5. 混凝土强度等级：C35 水下混凝土； 6. 埋设护筒、泥浆池建拆、成孔（含空桩部分）成孔、灌注水下混凝土、凿桩头、桩头清理	m	2744.00	1343.3	3686015.20	464394.56	365473.36	
12	080201008008	ϕ1500钻孔灌注桩（陆上）	1. 单桩长度、根数、土质类别详见设计图纸； 2. 桩径：ϕ1500； 3. 成孔方法：自行考虑； 4. 入岩深度：详见设计图纸； 5. 混凝土强度等级：C45 水下混凝土； 6. 埋设护筒、泥浆池建拆、成孔（含空桩部分）成孔、灌注水下混凝土、凿桩头、桩头清理	m	1285.00	1488.23	1912375.55	222549.15	172961.00	

序号	项目编码	项目名称	项目特征	计量单位	工程量	综合单价（元）	合价（元）	其中（元） 人工费	其中（元） 机械费	备注
13	080201008009	φ1500钻孔灌注桩（水中）	1. 单桩长度、根数、土质类别详见设计图纸； 2. 桩径：φ1500； 3. 成孔方法：自行考虑； 4. 入岩深度：详见设计图纸； 5. 混凝土强度等级：C35水下混凝土； 6. 水中平台（含空桩部分成孔）、埋设护筒、泥浆池建拆、成孔、灌注水下混凝土、凿桩头、桩头清理	m	1352.00	1453.68	1965375.36	277552.08	239939.44	
14	080201008010	φ1000钻孔灌注桩（试桩）	1. 单桩长度、根数、土质类别详见设计图纸； 2. 桩径：φ1000； 3. 成孔方法：自行考虑； 4. 入岩深度：详见设计图纸； 5. 混凝土强度等级：C35水下混凝土； 6. 埋设护筒、泥浆池建拆、成孔（含空桩部分成孔）、灌注水下混凝土、凿桩头、桩头清理	m	90.00	635.36	57182.40	8150.40	7001.10	
15	080206003001	钻孔灌注桩钢筋笼	钢筋种类、规格：HPB300，规格详见设计图纸	t	1807.415	5262.73	9511937.14	1314894.41	594729.91	
16	08B001	超声波检测管	内径50mm、壁厚3mm无缝钢管	m	134013.00	28.54	3824731.02	493167.84	67006.50	

序号	项目编码	项目名称	项目特征	计量单位	工程量	综合单价（元）	合价（元）	其中（元）		备注
								人工费	机械费	
		二、桥台锥体及地基处理						72832.87	80825.40	
17	08010301 6001	旋喷桩	1. 二重管喷旋加固 φ500； 2. 加固深度详见设计图纸； 3. 水泥强度等级为 P042.5 普通硅酸盐水泥； 4. 水泥掺入比为 45%	m	2700.00	140.04	378108.00	59697.00	80163.00	
18	08010301 6002	旋喷桩水泥掺入量每增减 1%	1. 水泥强度等级为 P042.5 普通硅酸盐水泥； 2. 水泥掺入量每增减 1%	m	100.00	15.59	1559.00		0.00	
19	08010101 1002	锥体填方	1. 锥体 A、B 组填料； 2. 密实度符合要求	m³	123.00	60.00	7380.00		0.00	
20	04030500 1001	干砌片石锥体	干砌片石锥体	m³	17.70	239.55	4240.04	1992.67	0.00	
21	08020500 2001	浆砌片石	1. M10 水泥砂浆砌片石； 2. 碎石垫层，φ100PVC 排水管； 3. 含压顶及勾缝	m³	120.00	305.33	36639.60	11143.20	662.40	
		三、下部结构工程					27910190.95	2988837.12	905466.84	
22	08020200 3001	C35 混凝土承台（陆上）	1. 混凝土强度等级：C35 混凝土； 2. 垫层、模板、支架及脚手架； 3. 冷却管（内径 50mm，壁厚 3mm 无缝钢管；通水冷却；M35 水泥浆注浆填充）	m³	7040.04	537.50	3784021.50	235137.34	47942.67	

序号	项目编码	项目名称	项目特征	计量单位	工程量	综合单价（元）	合价（元）	其中（元）		备注
								人工费	机械费	
23	080202003002	C40 混凝土承台（陆上）	1. 混凝土强度等级：C40 混凝土； 2. 垫层、模板、支架及脚手架； 3. 冷却管（内径 50mm，壁厚 3mm 无缝钢管；通水冷却；M35 水泥浆注浆填充）	m³	5121.08	565.99	2898480.07	177240.58	35642.72	
24	080202003003	C45 混凝土承台（陆上）	1. 混凝土强度等级：C45 混凝土； 2. 垫层、模板、支架及脚手架； 3. 冷却管（内径 50mm，壁厚 3mm 无缝钢管；通水冷却；M35 水泥浆注浆填充）	m³	3380.28	588.04	1987739.85	114050.65	23290.13	
25	080202003004	C35 混凝土承台（水中）	1. 混凝土强度等级：C35 混凝土； 2. 垫层、模板、支架及脚手架； 3. 含排水费用	m³	1055.05	598.45	631394.67	30818.01	2025.70	
26	080202003005	C40 混凝土承台（水中）	1. 混凝土强度等级：C40 混凝土； 2. 垫层、模板、支架及脚手架； 3. 含排水费用	m³	716.34	845.71	605815.90	23968.74	1891.14	
27	080202006001	C35 混凝土墩身	1. 混凝土强度等级：C35 混凝土； 2. 混凝土制作、浇筑、养护等； 3. 模板、支架及脚手架	m³	10632.32	812.59	8639716.91	1198049.82	621352.78	
28	080202006002	C40 混凝土刚壁墩身	1. 混凝土强度等级：C40 混凝土； 2. 混凝土制作、浇筑、养护等； 3. 模板、支架及脚手架	m³	104.00	761.80	79227.20	16734.64	3293.68	

186

序号	项目编码	项目名称	项目特征	计量单位	工程量	综合单价（元）	合价（元）	其中（元）		备注
								人工费	机械费	
29	080202006003	C45混凝土桥台台身	1. 混凝土强度等级：C45 混凝土； 2. 混凝土制作、浇筑、养护等； 3. 模板、支架及脚手架； 4. 支座底板灌无收缩水泥砂浆	m³	148.00	588.98	87169.04	7034.44	1096.68	
30	080202005001	C45混凝土桥台帽	1. 混凝土强度等级：C45 混凝土； 2. 混凝土制作、浇筑、养护等； 3. 模板、支架及脚手架	m³	8.00	618.08	4944.64	472.24	147.28	
31	080202005002	C50混凝土顶帽	1. 混凝土强度等级：C50 混凝土，含 C50 无收缩锚混凝土，M15 水泥砂浆； 2. 混凝土制作、浇筑、养护等； 3. 模板、支架及脚手架	m³	248.28	929.44	230761.36	11261.98	4128.90	
32	080202020001	C50混凝土支座垫石	1. 混凝土强度等级：C50 混凝土； 2. 混凝土制作、浇筑、养护等； 3. 模板、支架及脚手架	m³	114.59	782.78	89698.76	16550.23	347.21	
33	080206001001	现浇混凝土钢筋（HPB300）	钢筋种类、规格：HPB300，规格详见设计图纸	t	110.559	5058.14	559222.90	96683.85	6340.56	
34	080206001002	现浇混凝土钢筋（HRB400）	钢筋种类、规格：HRB400，规格详见设计图纸	t	1719.176	4781.37	8220016.55	1045688.80	155172.83	

序号	项目编码	项目名称	项目特征	计量单位	工程量	综合单价（元）	合价（元）	其中（元）		备注
								人工费	机械费	
35	080206009001	后张法预应力钢筋	1. 材质：抗拉强度标准值为1860MPa高强度低松弛钢绞线；2. 公称直径：φj15.20；3. 部位：圆形墩顶帽；4. 孔道：金属波纹管，规格详见设计图纸；5. 压浆：水泥浆强度等级不低于M50；6. 孔道制作、安装、钢绞线安装、张拉、孔道压浆、养护等	t	6.530	10180.95	66481.60	15145.81	2794.58	
36	08B002	锚具	规格：OVM M-15，详见设计图纸	套	85	300.00	25500.00		0.00	
		四、上部结构工程					83161936.67	7994279.39	3313632.84	
37	08020217001	C40混凝土刚构连续梁	1. 部位：支架上现浇刚构连续梁；2. 混凝土强度等级：C40高性能混凝土；3. 模板、支架（含预压）、脚手架及现浇支架地基处理	m³	1164.60	1333.84	1553390.06	299080.93	150908.87	
38	08020217002	C50混凝土箱梁	1. 部位：支架上现浇箱梁；2. 混凝土强度等级：C50高性能混凝土，含C50微膨胀混凝土；3. 模板、支架（含预压）、脚手架及现浇支架地基处理；4. 含封锚端防水	m³	345.00	2035.60	702282.00	157771.95	35421.15	

序号	项目编码	项目名称	项目特征	计量单位	工程量	综合单价（元）	合价（元）	其中（元）		备注
								人工费	机械费	
39	080202017003	C50 混凝土箱梁	1. 部位：移动模架施工现浇箱梁； 2. 混凝土强度等级：C50 高性能混凝土，含 C50 微膨胀混凝土； 3. 模板、支架（含预压），脚手架及现浇支架模架安装、拆除，使用等； 4. 移动模架支架地基处理； 5. 含封锚端防水	m³	14804.20	1710.62	25324360.60	877741.02	292975.12	
40	080202017004	C50 混凝土箱梁	1. 部位：悬灌筑施工现浇连续箱梁； 2. 混凝土强度等级：C50 高性能混凝土； 3. 模板、支架（含预压），脚手架、挂篮安装、拆除，墩梁临时固结及合拢段临时连接等； 4. 含封锚端防水	m³	6908.62	2093.79	14465199.47	2024916.52	2067957.22	
41	080206009002	后张法预应力钢筋	1. 材质：抗拉强度标准值为 1860MPa 高强度低松弛钢绞线； 2. 公称直径：φ15.20； 3. 部位：现浇箱梁； 4. 孔道：金属波纹管，规格详见设计图纸； 5. 压浆：水泥浆强度等级不低于 M50； 6. 孔道制作、安装，钢绞线安装、张拉，孔道压浆、养护等	t	1035.748	8349.42	8647895.07	1154941.88	22740.27	

续表

序号	项目编码	项目名称	项目特征	计量单位	工程量	综合单价（元）	合价（元）	其中（元）人工费	其中（元）机械费	备注
42	080206009003	后张法预应力钢筋	1. 材质：3-5φ5 钢绞线； 2. 部位：现浇箱梁； 3. 孔道：金属波纹管，规格详见设计图纸； 4. 压浆：水泥浆强度等级不低于M50； 5. 孔道制作、安装，钢绞线安装、张拉，孔道压浆，养护等	t	34.196	11230.72	384045.70	72807.05	7008.47	
43	080206009004	后张法预应力钢筋	1. 材质：φ32，φ25 精轧螺纹钢筋 PSB830； 2. 部位：现浇箱梁； 3. 孔道：详见设计图纸； 4. 压浆：水泥浆强度等级不低于M50； 5. 孔道制作、安装，锚具、钢筋安装、张拉，孔道压浆，养护等	t	108.050	11925.93	1288596.74	224844.49	29443.63	
44	08B003	锚具	规格：M15-12，详见设计图纸	套	697	276.00	192372.00		0.00	
45	08B004	锚具	规格：M15-13，详见设计图纸	套	646	300.00	193800.00		0.00	
46	08B005	锚具	规格：M15-15，详见设计图纸	套	74	345.00	25530.00		0.00	
47	08B006	锚具	规格：M15-16，详见设计图纸	套	1096	368.00	403328.00		0.00	
48	08B007	锚具	规格：M15-19，详见设计图纸	套	868	437.00	379316.00		0.00	
49	08B008	锚具	规格：BM15-3，详见设计图纸	套	1842	57.00	104994.00		0.00	

序号	项目编码	项目名称	项目特征	计量单位	工程量	综合单价（元）	合价（元）	其中（元）		备注
								人工费	机械费	
50	08B009	锚具	规格：JLM-25，详见设计图纸	套	1036	45.00	46620.00		0.00	
51	08B010	锚具	规格：JLM-32，详见设计图纸	套	10968	50.00	548400.00		0.00	
52	080208003001	球形钢支座	1. 规格：CGGZ-3000DX； 2. 支座制作、安装、灌浆； 3. 详见设计图纸	个	2	7166.82	14333.64	492.68	385.10	
53	080208003002	球形钢支座	1. 规格：CGGZ-3000ZX； 2. 支座制作、安装、灌浆； 3. 详见设计图纸	个	2	8396.82	16793.64	492.68	385.10	
54	080208003003	球形钢支座	1. 规格：CGGZ-4000； 2. 支座制作、安装、灌浆； 3. 详见设计图纸	个	68	11052.78	751589.04	20831.12	13971.96	
55	080208003004	球形钢支座	1. 规格：CGGZ-4000kN-DX±100； 2. 支座制作、安装、灌浆； 3. 详见设计图纸	个	2	9852.78	19705.56	612.68	410.94	
56	080208003005	球形钢支座	1. 规格：CGGZ-4000kN-ZX±100； 2. 支座制作、安装、灌浆； 3. 详见设计图纸	个	2	11592.78	23185.56	612.68	410.94	
57	080208003006	球形钢支座	1. 规格：CGGZ-4500； 2. 支座制作、安装、灌浆； 3. 详见设计图纸	个	176	13698.82	2410992.32	61703.84	38434.88	

序号	项目编码	项目名称	项目特征	计量单位	工程量	综合单价（元）	合价（元）	其中（元）		备注
								人工费	机械费	
58	08020803007	球形钢支座	1. 规格：CGGZ-5000； 2. 支座制作、安装、灌浆； 3. 详见设计图纸	个	4	15588.82	62355.28	1402.36	873.52	
59	08020803008	球形钢支座	1. 规格：CGGZ-5500kN-DX±100； 2. 支座制作、安装、灌浆； 3. 详见设计图纸	个	2	15632.35	31264.70	1151.18	464.40	
60	08020803009	球形钢支座	1. 规格：CGGZ-5500kN-ZX±100； 2. 支座制作、安装、灌浆； 3. 详见设计图纸	个	2	18422.35	36844.70	1151.18	464.40	
61	08020803010	球形钢支座	1. 规格：CGGZ-7000DX； 2. 支座制作、安装、灌浆； 3. 详见设计图纸	个	4	20522.35	82089.40	2302.36	928.80	
62	08020803011	球形钢支座	1. 规格：CGGZ-7000ZX； 2. 支座制作、安装、灌浆； 3. 详见设计图纸	个	4	20522.35	82089.40	2302.36	928.80	
63	08020803012	球形钢支座	1. 规格：CGGZ-15000kN-GD； 2. 支座制作、安装、灌浆； 3. 详见设计图纸	个	1	68634.72	68634.72	1025.59	524.84	
64	08020803013	球形钢支座	1. 规格：CGGZ-15000kN-HX±10； 2. 支座制作、安装、灌浆； 3. 详见设计图纸	个	1	68814.72	68814.72	1025.59	524.84	

续表

序号	项目编码	项目名称	项目特征	计量单位	工程量	综合单价 （元）	合价 （元）	其中（元）		备注
								人工费	机械费	
65	08020803014	球形钢支座	1. 规格：CGGZ-15000kN-ZX±100； 2. 支座制作、安装、灌浆； 3. 详见设计图纸	个	1	69354.72	69354.72	1025.59	524.84	
66	08020803015	球形钢支座	1. 规格：CGGZ-15000kN-DX±100； 2. 支座制作、安装、灌浆； 3. 详见设计图纸	个	1	59394.72	59394.72	1025.59	524.84	
67	08020803016	球形钢支座	1. 规格：CGGZ-35000kN-GD； 2. 支座制作、安装、灌浆； 3. 详见设计图纸	个	1	237084.72	237084.72	1025.59	524.84	
68	08020803017	球形钢支座	1. 规格：CGGZ-35000kN-HX±10； 2. 支座制作、安装、灌浆； 3. 详见设计图纸	个	1	234804.72	234804.72	1025.59	524.84	
69	08020803018	球形钢支座	1. 规格：CGGZ-35000kN-ZX±100； 2. 支座制作、安装、灌浆； 3. 详见设计图纸	个	2	234834.72	469669.44	2051.18	1049.68	
70	08020803019	球形钢支座	1. 规格：CGGZ-35000kN-DX±100； 2. 支座制作、安装、灌浆； 3. 详见设计图纸	个	2	200964.72	401929.44	2051.18	1049.68	

序号	项目编码	项目名称	项目特征	计量单位	工程量	综合单价（元）	合价（元）	人工费	机械费	备注
								其中（元）		
71	08020600l003	现浇混凝土钢筋（HPB300）	钢筋种类、规格：HPB300，规格详见设计图纸	t	243.178	5058.14	1230028.37	212659.16	13946.26	
72	08020600l004	现浇混凝土钢筋（HRB400）	钢筋种类、规格：HRB400，规格详见设计图纸	t	4712.216	4781.37	22530848.22	2866205.38	425324.62	
		五、附属结构工程					10300356.51	2051709.11	599516.30	
73	08020701l001	人行道栏杆	1. Q235 钢管； 2. 栏杆制作、安装	t	74.500	7405.47	551707.52	129238.88	22785.83	
74	08020800400l	伸缩缝（60型橡胶条）	1. 60 型橡胶条伸缩缝； 2. 详见设计图纸	m	649.60	900.11	584711.46	42048.61	7652.29	
75	08020800400	伸缩缝（100型橡胶条）	1. 100 型橡胶条伸缩缝； 2. 详见设计图纸	m	67.20	1300.11	87367.39	4349.86	791.62	
76	08040300400l	桥台顶防水层	2mm 厚甲基丙烯酸甲酯树脂（MMA）防滑防水层，详见设计图纸	m²	115.00	52.24	6007.60	555.45	16.10	
77	08040300400	桥台身防水层	聚氨酯防水涂料，详见设计图纸	m²	400.00	46.06	18424.00	1932.00	56.00	
78	08020800600l	桥梁泄水管	φ100PVC管，详见设计图纸	m	1216.50	23.83	28989.20	6386.63	0.00	

194

序号	项目编码	项目名称	项目特征	计量单位	工程量	综合单价（元）	合价（元）	人工费	机械费	备注
79	080208006002	桥梁泄（排）水管	φ160PVC管，详见设计图纸	m	3189.26	38.15	121670.27	16743.62	0.00	
80	080403004003	桥面防水	甲基丙烯酸甲酯树脂防滑防水层，40mm厚C40纤维混凝土保护层，详见设计图纸	m²	16135.13	78.44	1265639.60	102619.43	3227.03	
81	080203005001	预制混凝土电缆沟反遮板	1. 混凝土强度等级：C40混凝土； 2. 混凝土制作、浇筑、养护、构件安装等； 3. 模板、支架及脚手架	m³	3077.54	867.39	2669427.42	916706.84	423038.65	
82	080202020001	混凝土桥墩	1. 混凝土强度等级：C40混凝土； 2. 混凝土制作、浇筑、养护等； 3. 模板、支架及脚手架	m³	34.56	1071.61	37034.84	17472.15	2693.26	
83	080202021001	C40混凝土接触网立柱基础	1. 混凝土强度等级：C40混凝土； 2. 混凝土制作、浇筑、养护等； 3. 模板、支架及脚手架	m³	45.90	583.98	26804.68	2718.20	738.53	
84	080602002001	预制混凝土钢筋（HPB300）	钢筋种类、规格：HPB300，详见设计图纸	t	4.000	5139.07	20556.28	3711.00	268.20	
85	080602002002	预制混凝土钢筋（HRB400）	钢筋种类、规格：HRB400，详见设计图纸	t	461.631	4751.23	2193315.06	272131.47	40134.20	

序号	项目编码	项目名称	项目特征	计量单位	工程量	综合单价（元）	合价（元）	其中（元）		备注
								人工费	机械费	
86	080206001005	现浇混凝土钢筋（HRB400）	钢筋种类、规格：HRB400，规格详见设计图纸	t	285.300	4781.37	1364124.86	173533.73	25751.18	
87	080207011001	桥墩（台）检查钢梯及栏杆	详见设计图纸	t	43.700	7918.77	346050.25	83413.69	32347.18	
88	080206012001	预埋铁件	1.防落梁措施、支座、接触网、声屏障等；2.材质详见设计图纸	t	107.559	8311.03	893926.08	278147.57	40016.25	
89	08B011	综合接地及杂散电流防护	土建施工预埋部分，其余另行招标	项	1	70000.00	70000.00		0.00	
90	08B012	沉降观测点	详见设计图纸	个	292	50.00	14600.00		0.00	
		六、河（沟、渠）岸护坡					513230.50	154447.00	9047.00	
91	080101001001	挖一般土方	土壤类别、挖土深度：详见设计图纸	m³	100.00	4.90	490.00	34.00	353.00	
92	040103002003	余方弃置	1.废弃料品种：综合考虑；2.运距及处置费：见清单说明	m³	100.00	60.00	6000.00		0.00	
93	08B013	浆砌片石护坡	1.砂浆强度：M10水泥砂浆；2.垫层：砂夹碎石；3.含勾缝、压顶	m³	1575.00	321.74	506740.50	154413.00	8694.00	
合　计							176035577.31	20553121.59	10135195.44	

主要工日价格表

表 5-12

单位及专业工程名称：××市轨道交通×号线工程××站桥涵工程

序号	工 种	单位	数量	单价（元）
1	一类人工	工日	5449.23	70.00
2	二类人工	工日	281316.11	75.00

主要材料价格表

表 5-13

单位及专业工程名称：××市轨道交通×号线工程××站桥涵工程

序号	编码	材料名称	规格型号	单位	数量	单价（元）	备注
1	0101001	螺纹钢	Ⅱ级综合	t	28.15	3796.00	
2	0101001	螺纹钢	HRB400	t	4.96	3796.00	
3	0101001	HRB400		t	761.87	3796.00	
4	0109001	HPB300	（综合）	t	1843.56	3807.00	
5	0109001	圆钢	HPB300	t	1.47	3807.00	
6	0123001	型钢		t	21.54	4110.00	
7	0123011	型钢		kg	295563.00	4.11	
8	0123011	型钢 Q345B		kg	10459.75	4.51	
9	0129021	中厚钢板		t	11.89	4096.00	
10	0129349	中厚钢板	δ15 以内	kg	38739.84	4.10	
11	0129349	中厚钢板 Q345B	δ15 以内	kg	50643.25	4.50	
12	0341013	电焊条	E43 系列	kg	8463.15	6.00	
13	0401001	水泥	32.5	t	0.20	381.00	
14	0405001	碎石	综合	t	5406.76	56.31	
15	0407001	塘渣		t	46451.31	31.75	
16	0433004	非泵送商品混凝土	C25	m³	60.90	324.80	
17	0433026	泵送商品混凝土	C40	m³	7212.61	457.00	
18	0433026	C40 纤维混凝土	C40	m³	814.91	457.00	
19	0433028	泵送商品混凝土	C50	m³	22757.00	519.00	
20	0433071	细粒式沥青商品混凝土		m³	9.09	1046.00	
21	0433073	粗粒式沥青商品混凝土		m³	15.15	920.00	
22	0433101	非泵送道路混凝土	4.0MPa	m³	2391.06	325.00	
23	1155021	石油沥青		t	1.21	5200.00	
24	1401251	焊接钢管		kg	71743.09	4.72	
25	1541161	金属波纹管	φ90	m	45572.56	11.00	
26	1541161	金属波纹管	φ100	m	18278.92	12.00	
27	1541161	金属波纹管	60×19	m	10338.32	8.00	

主要机械台班价格表

表 5-14

单位及专业工程名称：××市轨道交通×号线工程××站桥涵工程

序号	机械设备名称	单位	数量	单价（元）
1	履带式推土机 75kW	台班	62.17	708.94
2	平地机 90kW	台班	27.94	557.47
3	内燃光轮压路机 8t	台班	10.06	337.14
4	内燃光轮压路机 15t	台班	103.39	590.71
5	汽车式起重机 5t	台班	227.16	407.19
6	汽车式起重机 8t	台班	60.00	610.11
7	汽车式起重机 16t	台班	322.81	931.20
8	汽车式起重机 20t	台班	96.90	1111.81
9	载货汽车 4t	台班	493.02	363.62
10	汽车式起重机 100t	台班	35.01	5038.14

第六章 隧 道 工 程

第一节 隧道工程计量与计价

本章定额由矿山法隧道（第一～十节）和盾构法隧道（第十一～二十节）两部分内容组成，共二十节 117 个子目，适用于城市轨道交通工程中的单双线隧道矿山法施工以及盾构法施工隧道工程。

一、矿山法隧道

（一）说明

（1）本章定额未包括的项目发生时，应先执行本定额其他章的相应子目，若还有缺项的，则执行本省市政工程预算定额的相关子目。当隧道工程缺项子目执行省内其他专业定额（市政工程隧道分册除外）的有关子目时，定额的人工和机械应乘以 1.2 的系数。

（2）材料垂直运输和洞内水平运输已包含在定额子目中，不得另计。

（3）定额中的隧道土、石方运输只考虑提升至井口，超过该范围的土石方运输应执行"土石方工程"的相关子目。

（4）定额中的现浇混凝土工程，喷射混凝土支护采用现场拌制混凝土，其他的现浇混凝土工程采用商品混凝土；预制混凝土构件采用现场预制混凝土。

（5）定额中钢筋用量均不包括预埋铁件，预埋铁件按实另计。

（6）开挖定额中土石方水平运距是按最远开挖点距工作井 800m 以内考虑的。若最远开挖点距工作井 800～1200m 以内，超过 800m 部分土石方水平运输机械消费量乘以系数 1.15；若最远开挖点距工作井距离 1200m 以外，超出 1200m 部分土石方水平运输机械消费量乘以系数 1.25。

（7）三线或三线以上大断面矿山法施工隧道，土、石方开挖套用双线隧道土、石方开挖相应定额子目。

（8）隧道开挖与衬砌不分工程部位综合考虑。开挖及出碴是按常用的施工方法、机械化程度进行综合编制的。开挖及衬砌定额中已综合考虑超挖回填因素，不得另计允许超挖量。

（9）开挖中的水泵台班数量，是按反坡排水每小时 10m³ 的排水量制定的，超过时，水泵台班数量按表 6-1 调整。

水 泵 台 班 数 量 调 整 系 数　　　　　　表 6-1

涌水量（m³/h）	≤10	≤15	≤20	>20
调整系数	1.00	1.20	1.35	根据治水措施另行分析计算

【例 6-1】 某单线隧道机械开挖，围岩级别Ⅱ级，反坡排水每小时 $14m^3$ 的排水量，确定套用的定额子目及基价。

【解】 [5-3]H 基价 $= 1099 + 0.26 \times (1.2 - 1) \times 30.33 = 1100.58$ 元/$10m^3$。

（10）石方开挖定额按普通爆破与光面爆破综合编制，采用光面爆破发生的机械与材料消耗变化不得进行调整。

（11）土石方清理定额仅适用于洞内塌方抢险等特殊情况，正常开挖中不得套用。

（12）隧道喷射混凝土不分工程部位，根据设计结构形式执行相应定额子目，定额中已考虑喷射操作平台搭拆费用。喷射混凝土定额按素喷和网喷综合考虑，并已包括了回弹及填平补齐的消费量。喷射混凝土材料设计配合比或钢纤维掺入量与定额不同时可换算调整。

【例 6-2】 某隧道洞内支护喷射 C20 混凝土，网喷，确定套用的定额子目及基价。

【解】 [5-15]H 基价 $= 6191 + (192.94 - 257.5) \times 13.0 = 5351.72$ 元/$10m^3$。

（13）临时支护喷射混凝土定额仅适用于施工过程中喷掌子面及临时中隔墙混凝土等支护项目，临时混凝土的拆除执行本定额第八节"拆除工程"相应子目。

【例 6-3】 某隧道喷掌子面喷射 C20 混凝土，网喷，确定套用的定额子目及基价。

【解】 [5-17]H 基价 $= 5797 + (192.94 - 257.5) \times 12.5 = 4990$ 元/$10m^3$。

（14）超前小导管及管棚定额已包括灌浆，灌浆材料配合比与定额不同时可换算调整。

（15）砂浆锚杆按 $\phi 25$ 螺纹钢编制，设计锚杆直径不同时可调整钢筋用量。

（16）注浆定额适用于隧道开挖工作面围岩加固或初衬背后压浆，分为钻孔注浆和预留孔注浆两种形式。设计浆液配合比不同时，可换算调整。

【例 6-4】 某隧道初衬背后压浆，采用 WSS 土体加固注浆，浆液采用 1:3 水泥砂浆，确定套用的定额子目及基价。

【解】 [5-30]H 基价 $= 355 + (195.13 - 257.5) \times 1.02 = 291.38$ 元/m^3。

（17）钢格栅制作安装按钢筋钢架和型钢钢架划分子目，钢筋钢架按螺纹钢和圆钢综合考虑编制。临时钢格栅子目适用于临时钢支撑及中隔壁等临时支护格栅钢架，格栅钢架材料消费量根据周转次数摊销列入定额中。

临时钢支撑应根据表 6-2 规定的周转次数编制预算；如由于工程规模或工期限制达不到规定的周转次数，可按施工组织设计的工程数量编制预算，并按表 6-2 规定的回收率计算回收金额。

临时钢支撑回收金额　　　　　　　　　　　　　　　　表 6-2

回收项目	周转次数					计算基数
	50	40	30	20	10	
型钢、钢板	—	30%	50%	65%	80%	材料原价

【例 6-5】 某隧道临时钢支撑，周转次数 10 次，确定套用的定额子目及基价。

【解】 从定额 5-30 临时钢格栅（型钢）可知，每吨定额消耗量为 406kg，周转次数 $= 406/1014 = 40$ 次，对应回收率为 30%。

[5-30]H 基价 $= 2322 + (1014 \times 0.8 - 406) \times 3.85 = 3882.02$ 元/t。

（18）隧道衬砌按模板台车、钢模板和复合模板考虑划分定额子目，模板周转材料的消耗量已综合考虑在隧道衬砌混凝土定额内，编制预算时不得另计。

（19）竖井开挖定额不分深度综合考虑。

（20）拆除洞内临时支护混凝土及拆除钢构件是按隧道内施工因素考虑的，定额中包括了废料的水平运输及垂直运输，废料的地面运弃应执行"土石方工程"的相关定额另行计算。

（21）隧道洞内临时工程适用于施工时所铺设的洞内通风、供水、动力、照明及轨道等临时管线路工程。临时工程按季度摊销量计算，"一季度内"不足一季度的按一季度内计算，超过一季度的按每增一季度计算增加费用。

（二）工程量计算规则

（1）矿山法隧道开挖土石方的工程量，按设计图示开挖断面面积乘以设计开挖长度以立方米计算。开挖断面允许超挖量已在定额中综合考虑，不得另行计算。

（2）喷射混凝土的工程量，按设计喷射厚度乘以面积以立方米计算。

（3）超前小导管和大管棚的制作、安装，均按设计图示长度以延长米计算。

（4）格栅钢架按设计图示重量以吨计算。

（5）各类锚杆的工程量均按设计图示长度以延长米计算。

（6）注浆工程量根据设计图注明的注浆材料，分别按设计浆液体积以立方米计算。

（7）隧道模筑衬砌混凝土的工程量，按设计厚度乘以面积以立方米计算。

（8）钢筋工程量按设计图示重量以吨计算。浇筑混凝土中固定钢筋位置的支撑钢筋、双层钢筋用的架立筋（铁马）、伸出构件的锚固钢筋以及设计明确的钢筋搭接，均并入钢筋工程量内。

（9）竖井挖土、石方工程量按设计结构外围水平投影面积乘以高度以立方米计算。竖井高度指实际自然地面标高至竖井垫层底标高之差。

（10）竖井喷射混凝土、衬砌混凝土，按设计图示断面尺寸乘以设计深度以立方米计算。锁口圈混凝土按设计图示尺寸以立方米计算。

（11）竖井钢爬梯制作、安装，按设计图示重量以吨计算。

（12）隧道防水板、无纺布、找平层，按设计图示铺设面积以立方米计算。细石混凝土保护层按设计图示面积乘以厚度以立方米计算。

（13）止水带、止水条、塑料排水管按设计图示铺设长度以米计算。

（14）洞内回填和竖井回填均按设计图示回填体积以立方米计算。

（15）土石方清理按坍塌土石方虚方体积以立方米计算。

（16）洞内通风按每洞口隧道施工长度减 30m 计算；压风管、水管长度按隧道施工长度加 100m 计算；照明线路长度按隧道施工长度计算，如施工组织设计规定需要按双排照明时，应按实际双线部分增加；动力线路按隧道施工长度加 50m 计算；洞内轨道长度以施工组织设计所布置的起、止点为准，定额为单线，如实际为双线应加倍计算。对所设置的道岔，每处道岔按相应轨道折合 30m 计算。

【新奥法技术小知识】新奥法就是把岩体视为连续土体，根据岩体具有的黏性、弹性、塑性的物理性质，并利用洞室开挖后围岩应力重新分布而产生的变形到松动破坏有一个时间效应的动态特性，"适时"地采用薄壁柔性支护结构（以锚喷为主）与围岩紧密贴合共同起作用，从而利用天然围岩的自身承载力，以达到洞室围岩稳定的目的。光面爆破、锚杆支护、喷射混凝土和现场量测，为新奥法四大支柱。

（1）矿山法施工的地铁车站的适用情形

1）矿山法车站主要适用于施工时不允许干扰地面交通，或因埋深过大，或拆迁过多，采用明、盖挖施工非常不经济时。

2）在埋深较大、硬质围岩时，矿山法车站有较好的适应性。

3）在第四系的松散地层中用矿山法修建地铁车站时，必须与明、盖挖方案进行全面比较，经过充分论证后采用。

4）对饱和软土地层无法疏干地下水，或者即便进行预加固和预处理，开挖后的自稳性仍很差时，可视为不适合采用矿山法施工。

（2）矿山法施工的车站主要优缺点

1）除竖井外，地面作业很少，对地面交通、地下管线、地表建筑物等周围环境影响较小，下穿河底时，不影响通航，也不受气候的影响。随着地铁车站埋深增大，其优点更加突出。

2）矿山法车站施工难度大、安全性差、造价高、工期长，而且从使用功能和运营质量分析，也远不如明、盖挖车站。

暗挖法（图 6-1、图 6-2）的最大优点就是施工时对路面交通没有干扰，对地下管线的改迁少，而且地面拆迁量也少。围岩是否有足够的自稳能力，是能否采用暗挖法施工的关键。如果围岩级别在Ⅳ级或Ⅳ级以下时，施工不必采用特别的措施，否则由于围岩的自稳能力较差，应采用特别的施工辅助措施，如采用超前注浆法对隧道周围及掌子面前方的土层进行预加固，代价通常是很高的，且质量又较难保证。一般说来，在地下水位较高的软弱土层中不考虑采用暗挖法施工，如上海等地。

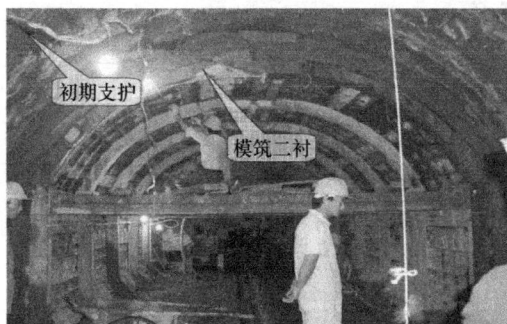

图 6-1 暗挖法施工现场图（全断面法）　　　图 6-2 暗挖法施工现场图（CRD 法）

（3）矿山法的主要施工方法

1）矿山法施工应遵循新奥法原理，即在监控信息的指导下，根据地层的自稳能力适量开挖，及时施加喷射混凝土衬砌，根据需要增加锚杆、钢筋网、钢架、二次衬砌等支护衬砌措施，使衬砌与围岩共同作用，形成支护体系，使洞室保持稳定。为提高开挖地层的自稳能力，或加大一次开挖尺度，且使工作面土体有一定的自稳时间，足以进行必要的初期支护作业，常常采用辅助工程措施对地层实施预加固，如冻结法、注浆法、深层水泥搅拌桩（或旋喷桩）法、水平水泥搅拌桩（或旋喷桩）法、管棚法等。

2) 矿山法一般应遵循的施工原则是：管超前、严注浆、短开挖、强支护、快封闭、早成环、勤量测、二次衬砌紧跟等。该原则基本概括了矿山法施工工艺要求和施工经验，针对车站隧道施工条件和工程措施，合理选择施工原则。当大跨开挖或浅埋暗挖时，为保证施工安全、减少施工对周边环境的影响，更应严密斟酌。

3) 矿山法施工方案应根据结构型式、围岩条件、辅助工程措施、环境保护要求、施工工艺等分析一次开挖的尺度及支护结构受力状态，综合评定开挖支护的经济合理性。根据地层的稳定条件和车站隧道断面的大小可以选用全断面法、短台阶法、带临时仰拱的上下台阶法。对于断面较大的隧道，考虑分部开挖、分部支护和封闭成环的需要，选择中隔壁法（CD法）、交叉中隔壁法（CRD法）和侧壁导坑法（眼镜法）。对于多跨大断面隧道，中间立柱必须先行开挖施工，形成支承，相应的施工方案有中洞法、柱洞法等。

（4）三种施工方法的经济方案比较分析

暗挖法施工方案的选择还应考虑整个车站施工组织部署的需要、不同隧道断面间的过渡、邻近隧道施工的相互影响、施工工期的要求等因素。利用监控量测获得的信息指导施工，是矿山法施工中必不可少的一个组成部分。拱顶沉降、洞周收敛等主要监测数据反馈，判断施工方法及支护结构的合理性，并据此调整支护参数和施工方法，以期达到安全、经济、快捷的施工效应。

根据表 6-3，从功能要求、技术难度、施工质量及经济性等方面出发，明挖法最优，盖挖法次之，暗挖法再次之。明挖法主要缺点是对路面交通影响比较大，而鉴于功能要求、造价和工期等对能否发挥修建地铁的社会效益和经济效益起决定作用，而施工期间对环境的影响只是一种短期效应，所以浅埋地铁车站仍首选明挖法施工。

三种施工方法的经济方案比较分析　　　　　　　　　　　　　　表 6-3

比选内容	施工方法	明挖法	盖挖法	暗挖法
投资	土建费	低	较低	高
	拆迁费	高	高	低
	自动扶梯费	低	低	高
	运营费用	低	低	高
	综合造价	低	较低	高
施工	施工难度	施工简便	技术成熟，难度小	技术复杂，难度大
	防水质量	容易保证	较容易保证	较难保证
	工期	短	较长	长
	安全性	好	较好	较差
对环境影响	商业经济活动	大	较大	小
	城市居民生活	大	较大	小
	地面交通	时间长	时间较短	没影响
	房屋拆迁量	大	大	极少
	管线拆迁量	影响大	影响大	极少

二、盾构法隧道

（一）说明

（1）盾构及车架安装包括现场吊装及试运行，拆除包括拆卸、装车，适用于 $\phi7000$ 以内的隧道施工。盾构机及车架的场外运输费用按实另计。

【盾构机技术小知识】掘进机是：用机械能破碎隧道掌子面，随即将破碎物质连续向后输出，并获得预期的洞型、洞线的机器。盾构机（图 6-3）是掘进机的一种类型，而盾构是盾构掘进机的简称，是在钢壳体保护下完成隧道掘进、拼装作业，由主机和后配套组成的机电一体化设备。

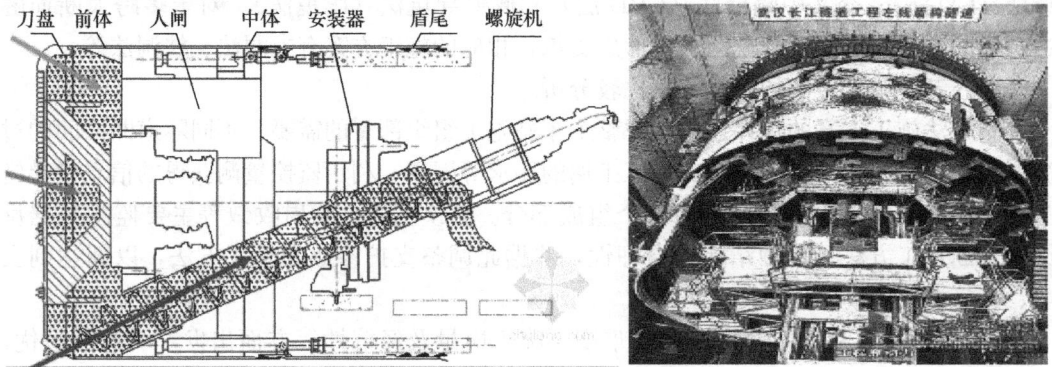

图 6-3　盾构机结构图

盾构机总体施工流程：始发井交付使用—盾构托架就位—盾构机下井安装、调试—初始掘进（$L=80\sim100m$）—负环拆除及其他调整—正常掘进—盾构机到达中间站—盾构机再次安装、调试—盾构机再次初始掘进—正常掘进—盾构机到终点站—盾构机解体外运—隧道清理准备验收。

盾构机流程：准备工作—转动刀盘—启动次级运输系统（皮带机）—启动推进千斤顶—启动首级运输系统（螺旋机）—停止掘进—安装管片—回填注浆—准备下一环掘进（图 6-4）。

图 6-4　盾构机进、出洞图

【盾构机进场技术小知识】盾构机分解为刀盘、前体、中体、盾尾、螺旋输送机等多块，整机重量约 330t，最大单件重量 97t，须委托有资质有相关业绩的运输公司承运，进场时将盾构机的部件运至工地盾构始发井处，采用分部下井组装方案：300t 履带吊车、

100t 履带吊车和 50t 履带吊车。

安装：按后续车车架 5 号、4 号、3 号、2 号、1 号在端头下井到地下二层安设连接，将切口环、主轴承、刀盘吊入井下始发基座上组装，将支撑环和盾尾吊入井下组装。

检测、测试：焊接部件进行磁探伤，刀具安装。

（2）盾构机选型，应根据地质报告、隧道复土层厚度、地表沉降量要求及掘进机技术性能等条件，由批准的施工组织设计确定。盾构掘进定额中各类型盾构机的台班费用是根据目前国内地铁工程施工使用机械综合考虑的，未包括盾构机有关需摊销费用因素，发生时该费用另计，并可在措施项目中计列。

（3）盾构掘进定额已综合考虑了盾构掘进机在穿越不同区域土层时的情况。

（4）盾构掘进在穿越密集建筑群、古文物建筑或堤防、重要管线时，对地表升降有特殊要求者，按表 6-4 中的系数调整该区域的掘进人工费。

掘进人工费调整系数   表 6-4

盾构直径 （mm）	允许地表升降量（mm）	
	±150	±100
ϕ<7000	1.0	1.2

注：允许地表升降量是指复土层厚度>1 倍盾构直径处的轴线上方地表升降量。

【例 6-6】某隧道采用土压平衡盾构机掘进，盾构直径 ϕ<7000mm，在正常段掘进时穿越密集建筑群，要求地表升降允许在±100mm，确定套用的定额子目及基价。

【解】[5-92]H 基价＝7718＋（1.2－1）×756.37＝7869.27 元/m。

（5）采用土压平衡盾构机掘进，其土方以吊出井口装车止。采用泥水平衡盾构机掘进，其排放的泥浆水以送至沉淀池止，水力出土所需的地面部分取水，排水的土建及土方外运费用另计。水力出土掘进用水按取用自然水源考虑，不计水费，若采用其他水源需计算水费时可另计。

（6）采用泥水平衡盾构，地面泥水分离费用另行计算。

【例 6-7】某隧道采用泥水平衡盾构机掘进，盾构直径 ϕ<7000mm，进洞段时通过排泥管道排放泥浆水送到沉淀池，泥浆水通过地面泥水分离系统处理后，其产生的废弃土外运 20km，确定套用的定额子目及基价。

【解】① 进洞段掘进 [5-87] 基价＝14894 元/m。

② 废弃土外运 20km[1-56]＋[1-56]H 基价＝5269＋1264×19＝29285 元/1000m³。

（7）盾构掘进定额中已综合考虑了管片的宽度和成环块数等因素，除定额另有规定外，均不得调整。

（8）预制混凝土管片及管片成环水平试拼装定额适用于施工单位现场预制管片。预制混凝土管片采用高精度钢模和高强度等级混凝土，定额中已含钢模摊销费，管片预制场地费及场外运费另计。管片的场内运输定额适用于管片预制场地驳运到中转场地堆放或预制管片自现场堆放场地运至吊装井口堆放。

（9）定额 [5-103] ～ [5-105] 仅适用于施工单位现场预制盾构管片，工厂化生产预制管片应按成品构件价格计入盾构掘进的定额基价中。

【例 6-8】某隧道预制混凝土管片 C40，预制场地离现场堆放点 20km，现场堆放点离吊装井口 400m，确定套用的定额子目及基价。

【解】① 预制钢筋混凝土管片 [5-105] 基价＝8044 元/10m³。

② 预制钢筋混凝土管片钢筋 [5-106] 基价＝5383 元/t。

③ 管片水平成环拼装 [5-107] 基价＝1360 元/环。

④ 管片场内运输 [5-108] 基价＝1360 元/环。

⑤ 管片场外运输 [5-108] 基价＝12000 元/环。

（10）管片宽度按 1.2m 考虑，厚度按 0.35m 考虑，管片尺寸不同，三元乙丙和软木衬垫耗用量可调整（图 6-5～图 6-8）。

图 6-5　管片预制钢模

图 6-6　管片钢筋

图 6-7　管片试拼装

图 6-8 管片构造图

（11）衬砌壁后压浆定额适用于同步压浆，定额中的浆液比例设计不同时，可作调整。壁后二次压浆发生时，执行矿山法隧道支护中的预留孔注浆定额。

（12）盾构基座按一次摊销考虑，摊销次数不同时可调整。

（13）联络通道开挖冷冻法加固已综合考虑冻结管路安装、冻结站标准制冷量的站型、冷冻站运转周期和材料摊销。

（14）本章定额不包括预埋铁件制作安装，发生时执行"桥涵工程"相应定额子目。

（15）盾构法施工的附属工程，如隧道端头、联络通道（泵房）开挖和结构等工程项目，应套用本定额其他章节的相应子目计算。

（二）工程量计算规则

（1）掘进过程中的施工阶段划分：

1）负环段掘进：从拼装后靠管片起至盾尾离开出洞井内壁止。

2）出洞段（始发段）掘进：从盾尾离开出洞井内壁起至盾尾离开出洞井内壁40m止。

3）正常段掘进：从出洞段掘进结束至进洞段掘进开始的全段掘进。

4）进洞段（到达段）掘进：按盾构切口距进洞井外壁5倍盾构直径的长度计算。

（2）盾构机吊装、吊拆以及盾构过站，以台·次为单位计算。车架安、拆以节为单位计算。

（3）柔性接缝环适合于盾构工作井洞门与圆隧道接缝处理，长度按管片中心圆周长计算。

（4）预制混凝土管片工程量按设计实体积加1%损耗以立方米计算。管片钢筋工程量按设计图示重量以吨计算。

（5）管片成环水平试拼装、设置密封条、管片嵌缝的工程量以环为单位计算。

（6）负环管片拆除按长度以延长米计算，适用于工作井上方能直接吊拆的施工条件。如井口已封闭，而必须在井内拆卸时，人工及机械费应乘以2.0系数计算。

（7）同步衬砌压浆工程量根据盾尾间隙所压的浆液量，按设计要求或批准的施工组织设计确定，以立方米计算。

同步注浆量计算公式：

$$Q = KL\pi(D^2 - d^2)/4 \tag{6-1}$$

式中 Q——同步压浆量（m³）；

  L——掘进长度（m）；

  D——盾构机直径，常规 6300mm（mm）；

  d——管片外径，常规 6200mm（mm）；

  K——注浆率 $K=1.3\sim2.0$（常规土体的扩孔率）。

【盾构同步注浆技术小知识】根据盾构及管片之间的建筑间隙及各土层特性合理控制出土量，根据施工经验约为开挖断面的 98%～100%。并通过分析调整，寻找最合理的数值。

通过同步注浆及时充填建筑空隙，减少施工过程中的土体变形。同步注浆量一般为建筑空隙的 130%～250%。即每推进一环同步注浆量为 2.2～4.15m³。泵送出口处的压力控制在 0.3～0.4MPa 左右。压浆量和压浆点视压浆时的压力值和地层变形监测数据而相应调整。同步注浆浆液配合比见表 6-5。

同步注浆浆液配合比　表 6-5

膨润土 （kg/m³）	水泥 （kg/m³）	粉煤灰 （kg/m³）	砂 （kg/m³）	水 （kg/m³）	稠度 （cm）	密度 （g/cm³）
71.5	90	430.15	780	340	9.8～10.3	1.79

本区域内的二次注浆模式为每间隔 5 环压注双液浆环箍，中间压注单液浆的方式。这样，既提高了隧道的早期稳定性，又能良好地控制地面沉降。注浆量根据地面沉降监测数据的情况，及时进行调整。二次注浆的浆液配合比见表 6-6。

二次注浆浆液配合比（重量比）　表 6-6

A 液		B 液
32.5 级水泥（kg）	水（L）	水玻璃（L）
1000	1000	250

【盾构超前注浆管技术小知识】在盾构机前体上，有 8 个超前注浆孔，当切口发生冒顶或塌陷时，可以通过超前注浆孔压注浆液，对刀盘前方土体进行加固改良，如图 6-9 所示。

当盾构出现异常情况时，可以通过该注浆孔向盾构四周压注浆液或封堵材料，如图 6-10 所示。

（8）盾构基座制作按设计图示重量以吨计算。

（9）联络通道开挖冷冻法根据加固土体体积以立方米计算。

【冷冻法加固技术小知识】

（1）工作原理为：利用人工制冷技术，使地层中的水结冰，将松散含水岩土变成冻土，增加其强度和稳定性，隔绝地下水，以便在冻结壁的保护下，进行地下工程掘砌作业。它是土层的物理加固方法，是一种临时加固技术，当工程需要时冻土可具有岩石般的强度，如不需要加固强度时，又可采取强制解冻技术使其融化。

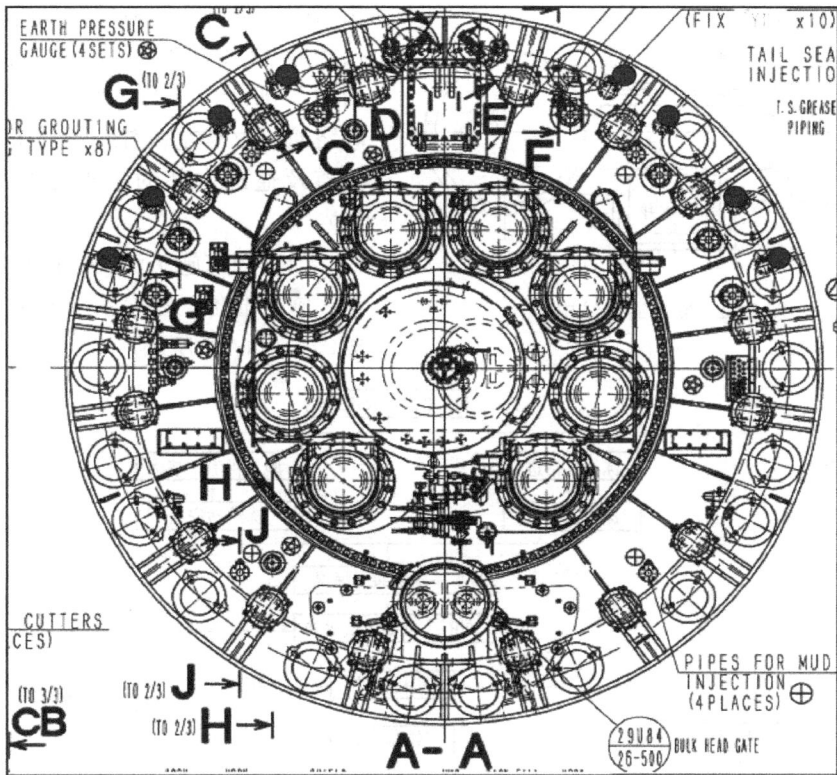

图 6-9　盾构超前注浆孔布置图

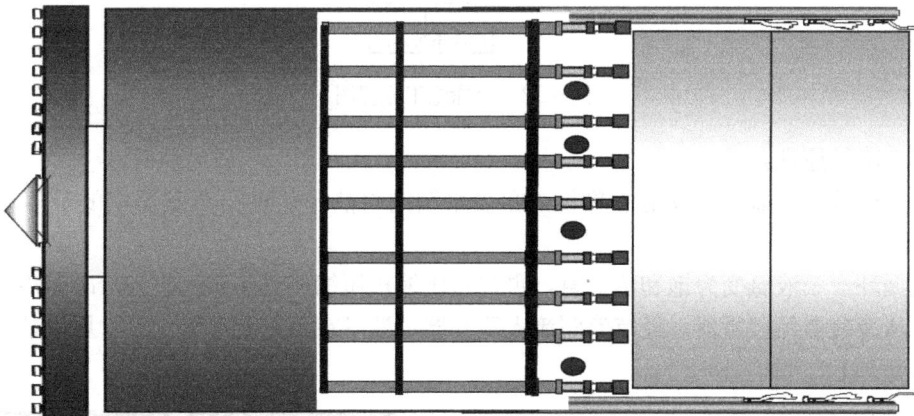

图 6-10　注浆孔开取位置示意图

（2）施工流程为：施工准备—冻结孔施工和冻结站安装—积极冻结，隧道管片加固，安装防护门—探孔检验—打开旁通道洞门—通道开挖并临时支护、开挖、结构施工全过程维护冻结—扩喇叭口—防水层铺设—通道结构层施工—集水井开挖与临时支护—集水井防水层铺设—集水井结构层施工—停冻、冻结系统拆除—冻结孔封孔—地层跟踪注浆—撤场。

（3）联络通道结构：通道为直墙圆弧拱结构，集水井为矩形结构，通道和集水井均采

209

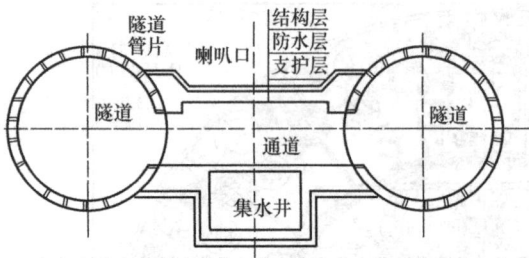

图 6-11 联络通道结构图

用两次衬砌，结构衬为钢筋混凝土，结构底部埋深约 22m，设计加固地层体积约为 2100m³，采用冻结法支护、开挖。联络通道由与左、右线隧道正交的水平通道及通道中部的集水井组成（图 6-11）。

（4）冷冻施工流程：由冷冻方案设计、施工准备、冷冻系统安装等工序组成，如图 6-12 所示。

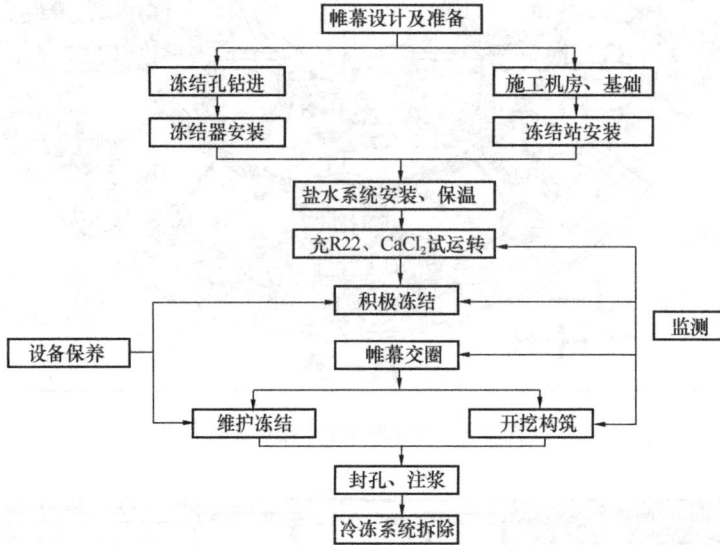

图 6-12 冷冻施工流程图

（5）冻结原理：

盐水循环——盐水吸收地层热量，在盐水箱内将热量传递给蒸发器中的液氨（图 6-13）。

氨循环——液氨变为饱和蒸汽氨，再被氨压缩机压缩成过热蒸汽进入冷凝器冷却，高压液氨从冷凝器经贮氨器，经节流阀流入蒸发器，液氨在蒸发器中气化吸收周围盐水的热量（图 6-14）。

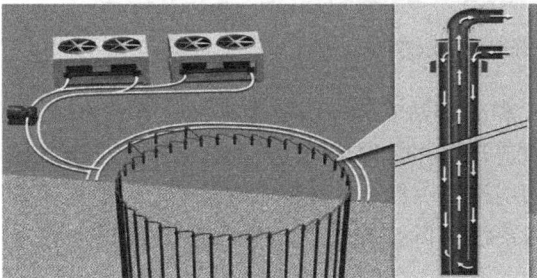

图 6-13 氨（氟利昂）—盐水冻结系统原理图

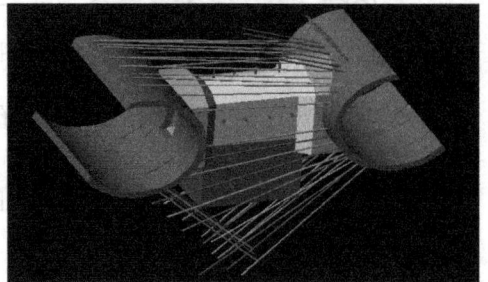

图 6-14 冷冻孔布置

冷却水循环——冷却水在冷却水泵，冷凝器和管路中的循环叫冷却水循环。将地热和压缩机产生的热量传递给大气。

（6）使用范围：冻结法适用于各类地层，主要用于煤矿井筒开挖施工。目前在地铁盾构隧道掘进施工、双线区间隧道旁通道和泵房井施工、顶管进出洞施工、地下工程堵漏抢救施工等方面也得到了广泛的应用（图6-15）。

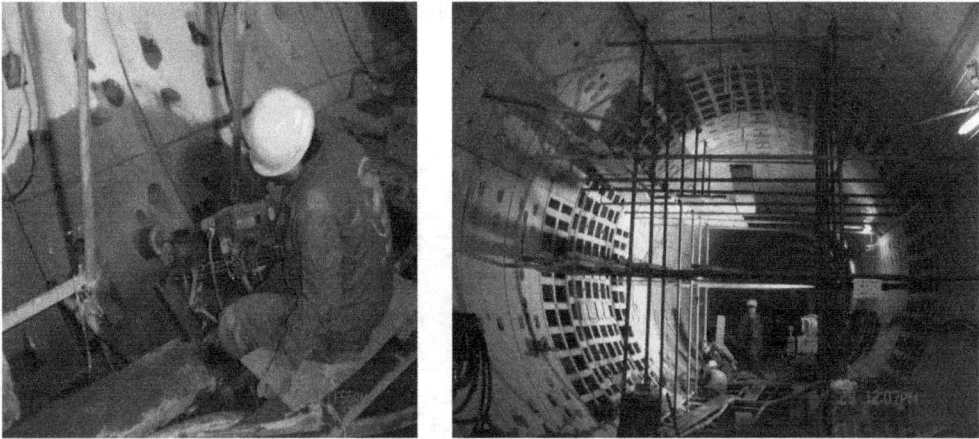

图 6-15 冷冻法施工图片

（7）主要冻结施工技术参数见表6-7。

主要冻结施工参数一览表

表 6-7

参数名称	单位	数量	备注
冻土墙设计厚度	m	2.0	
冻土墙平均温度	℃	−10	
冻土帷幕交圈时间	d	18~22	
积极冻结时间	d	50	
冻结孔个数	个	106	其中对穿孔各4个
冻结孔成孔控制间距	m	1.4	开挖区外围
冻结孔允许偏差	mm	150	
设计最低盐水温度	℃	−30~−28	冻结7d盐水温度达−20℃以下
单孔盐水流量	m³/h	3~5	
冻结管规格	mm	$\phi 89 \times 8$	低碳钢无缝钢管
测温孔	个	18	管材同冻结管
测温孔深度	m	3~6	
泄压孔个数	个	4/4	
冻结管总长度	m	828	包括冻结孔、测温孔、冷管
冻结总需冷量	万 kcal/h	8.3/6.8	工况条件

【联络通道（泵房）开挖技术小知识】

（1）开挖和构筑技术措施

1）开挖前对旁通道两侧隧道管片采用预应力支撑加固。支撑方式为：在洞口两侧的管片接缝处各设1榀支架，每榀支架设8个支撑点，均匀支撑在隧道四周，并根据隧道变形用千斤顶给各支撑点施加最大到32t的预应力，同时对钢管片接缝进行焊接。

2）设计强度与刚度较大的18号工字钢＋喷射混凝土临时支护结构，根据冻土帷幕稳定性监测情况，可以调整支护步距并增加内支撑，采取随掘随支的作业方式，以控制冻土帷幕变形（图6-16）。

图6-16 联络通道初期支护施工图片

3）采取分步开挖，先开挖水平通道，然后刷大喇叭口，施工完水平通道和喇叭口结构层后再挖集水井。

4）在开挖工程对冻土帷幕表面温度和收敛进行量测，根据测量结果调整开挖步距及支护强度，以避免因冻土帷幕变形过大而引起冻结管断裂的问题。要求冻土帷幕暴露面长度不大于1m，暴露时间不大于12h，暴露面位移不大于20mm。

5）开挖后及时对冻土帷幕进行保温。方法是在暴露的冻土帷幕表面敷设保温板，在钢支撑外侧加木背板。

6）在整个施工过程中，严密监测江底覆土和隧道变形，确保地面建筑和隧道安全。

（2）施工流程

经探孔确认冻土帷幕已交圈并达到设计厚度后即可进行旁通道的开挖与构筑施工。

开挖构筑施工流程为：积极冻结运转同时进行开挖构筑施工准备→钢管片接缝焊接→隧道预应力支撑安装→安装防护门→探孔试挖，打开洞口钢管片→通道掘进与支护层施工→施工防水层→通道钢筋混凝土结构层施工→集水井开挖与临时支护→集水井防水层施工→钢筋混凝土结构层施工→跟踪注浆。

（3）补偿注浆

注浆分充填注浆和融沉注浆，充填注浆管分别预埋在木背板与冻土、支护层与结构层之间，结构施工完3d后，即进行充填注浆。融沉注浆利用预埋在木背板与冻土之间的注浆管和隧道管片预留的注浆管，根据监测数据和冻土融化情况随时进行注浆。

1）注浆孔布置：沿通道和喇叭口环向注浆孔分布，顶部中部1个、顶部两角各1个、两侧墙各1个、底部2个；沿轴线方向，两个喇叭口各布置1环，通道布置2环；喇叭口底板布置1个；另外在集水井四个侧面上下各布置2个，集水井底板布置1个。

2）注浆管预埋：在开挖临时支护时，预埋7cm注浆管，深度至木背板后，做永久结构时，接长至结构表面，注浆管中间部位焊接止水钢板，端部留管箍接头，并用丝堵堵死。模板拆除后，凿出注浆管，接上阀门即可注浆。

3）充填注浆：充填注浆在结构完成规定龄期后进行。注入单液水泥浆，水灰比0.8：1～1：1。注浆压力不大于0.3MPa。注浆方式为自上而下，先打开所有阀门，注底层注浆孔，待上一层注浆孔在最后完成，停止本层注浆，进行上一层的注浆。

顶部的4排注浆孔在最后完成，其注浆量也较大，每孔注浆量为2m³。

充填注浆分为2～3次进行。

4）冻融注浆：在停止冻结1个月后，根据地表沉降变化量进行跟踪注浆。

（4）联络通道施工工期安排

施工准备期：3d；

冻结孔施工，同时进行冻结站安装：24d；

盐水干管间的集、配液管路连接：3d；

积极冻结：55d；

开挖和结构施工，同时进行维护冻结：30d；

收尾、撤场：5d；

合计：120d。

另外，预计融沉降跟踪注浆约为90d。

第二节　隧道工程计量与计价实例

工程名称：××市轨道交通×号线工程××区间

一、工程概况

××轨道交通×号线××区间工程，线路全长约1.747km。

二、编制依据

（1）由××设计院研究院提供的施工招标图纸（图6-17～图6-19）。

（2）由××公司编制的《××市轨道交通×号线工程××区间工程施工招标文件》等。

三、编制说明

（1）盾构区间预制钢筋混凝土管片（含复合管片）、钢管片及管片连接件为甲供材料。

（2）遇水膨胀橡胶片（条）项目仅计安装及辅材费用，其主材价已在三元乙丙橡胶弹性密封垫（包括配套材料）甲控材料中包含。

预算定额计量与计价综合单价法见表6-8～表6-11。

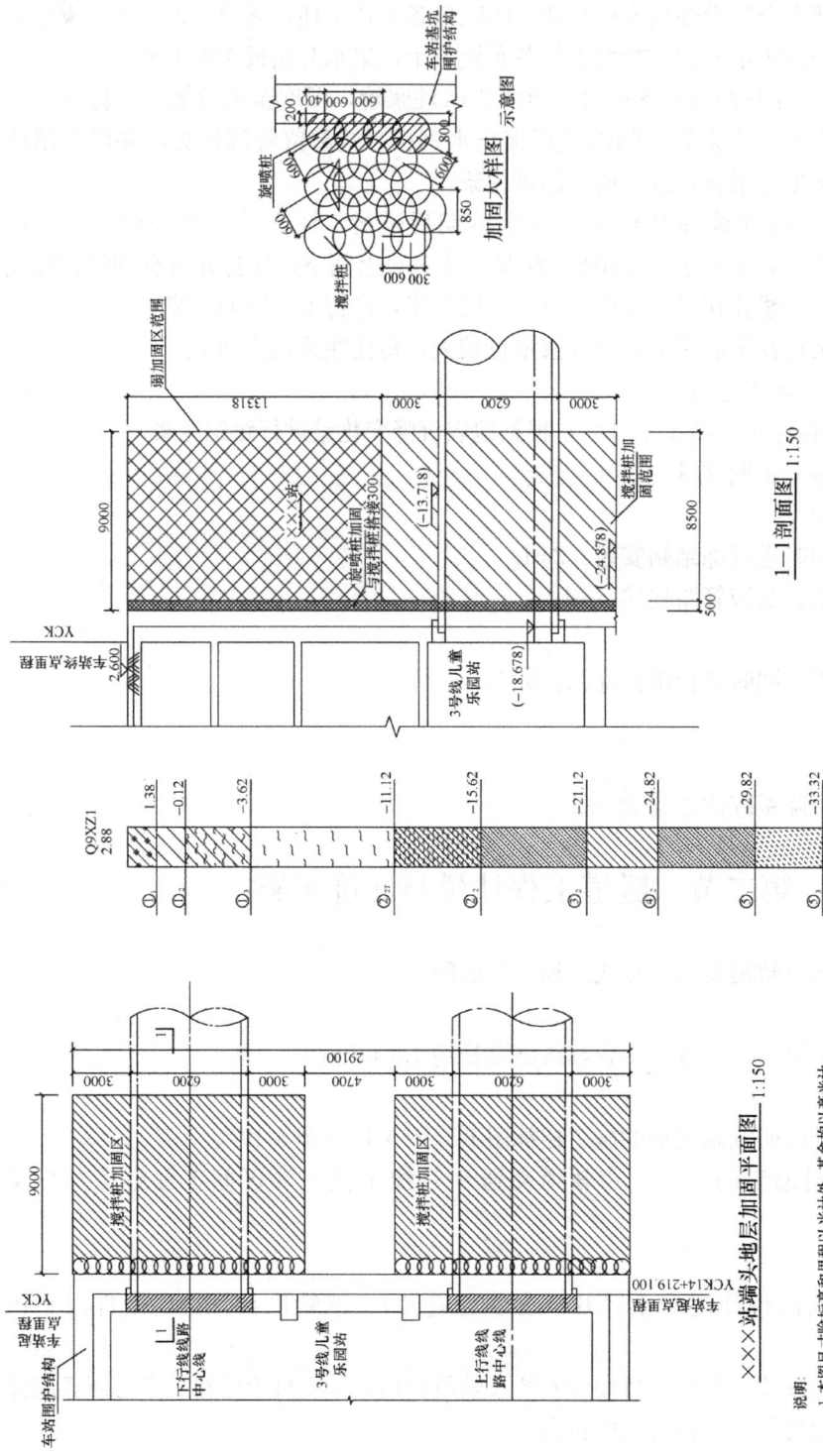

加固大样图 示意图

1—1剖面图 1:150

×××站端头地层加固固平面图 1:150

图 6-17 ×××站端头地层加固图

说明：

1. 本图尺寸除标高和里程以米计外，其余均以毫米计。
2. 车站前端结构完成后未开挖土体前应对工作井端头一定范围内土体进行加固，加固措施采用旋喷桩配合搅拌桩，靠近车站端头采用单排 $\phi 800@600$ 双管旋喷桩，搅拌桩采用 $\phi 850@600\times600$ 三轴搅拌桩。在加固端部抛做单排搅拌桩封闭未加固土体。
3. 经加固的土体应有很好的均质性、自立性，其中无侧限抗压强度不小于 0.8MPa，渗透系数应小于 $10\,cm/sec$。
4. 盾构端头加固长度按发到到达均按9m考虑。
5. 地铁区间隧道施工前应检测加固区土体是否满足盾构始发（到达）要求。
6. 在加固体端部抛做单排搅拌桩封闭未加固土体。
7. 加固体的相关参数做满足设计封闭要求时，方可于盾构到达时拆除测门围护结构。不能满足设计要求时，需报告业主、设计、监理等单位共同研究解决。
8. 本图中车站结构仅为示意，详见车站施工图。
9. 水泥土搅拌桩的水泥掺量不宜小于20%（弱加固区水泥掺量8%），水灰比为1.2～1.5，高压旋喷桩的水泥掺量不宜小于25%，水灰比为0.7～1.0。

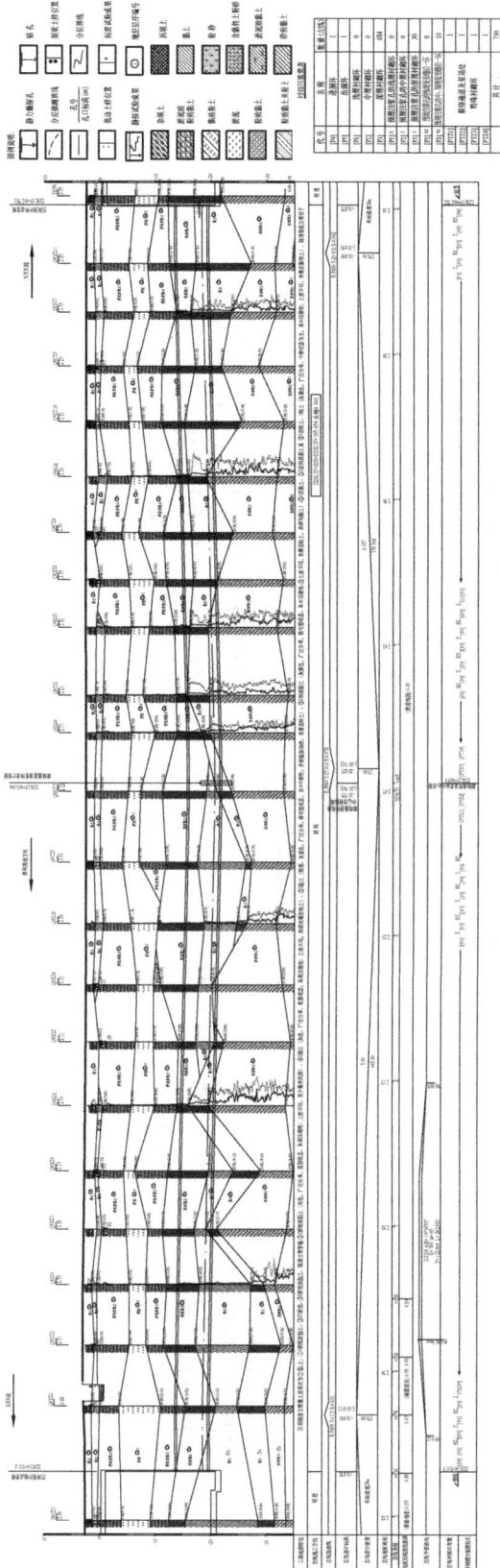

区间左线纵断面图 横向1:1000
竖向1:250

图 6-18 区间左线纵断面图

附注：

1. 图中尺寸均以米计，高程系统为1985国家高程基准。
2. 本区间采用盾构法施工，联络通道采用矿山法施工。
3. 设计标高栏中括号内数值为计入竖曲线矢距后的标高，竖曲线按20m一点计算标高修正值供施工参考。
4. 符号说明：P1-浅埋管片；P2-中理埋管片；P3-深埋管片；管片配筋型式：P5-到达环；P4-始发环。
5. 本区间管片排版未考虑施工误差，为满足盾构施工纠偏，施工单位应根据施工时实际情况选择应当使用的管片衬砌环类型，以满足施工要求。
6. 衬砌环数量表为理论值，仅供参考，具体数量以施工实际情况为准。
7. 浅埋、中埋、深埋的埋深分别为≤11m，11<h≤15m，15<h≤22m。局部位置根据盾构衬砌计算结果做适当调整。

215

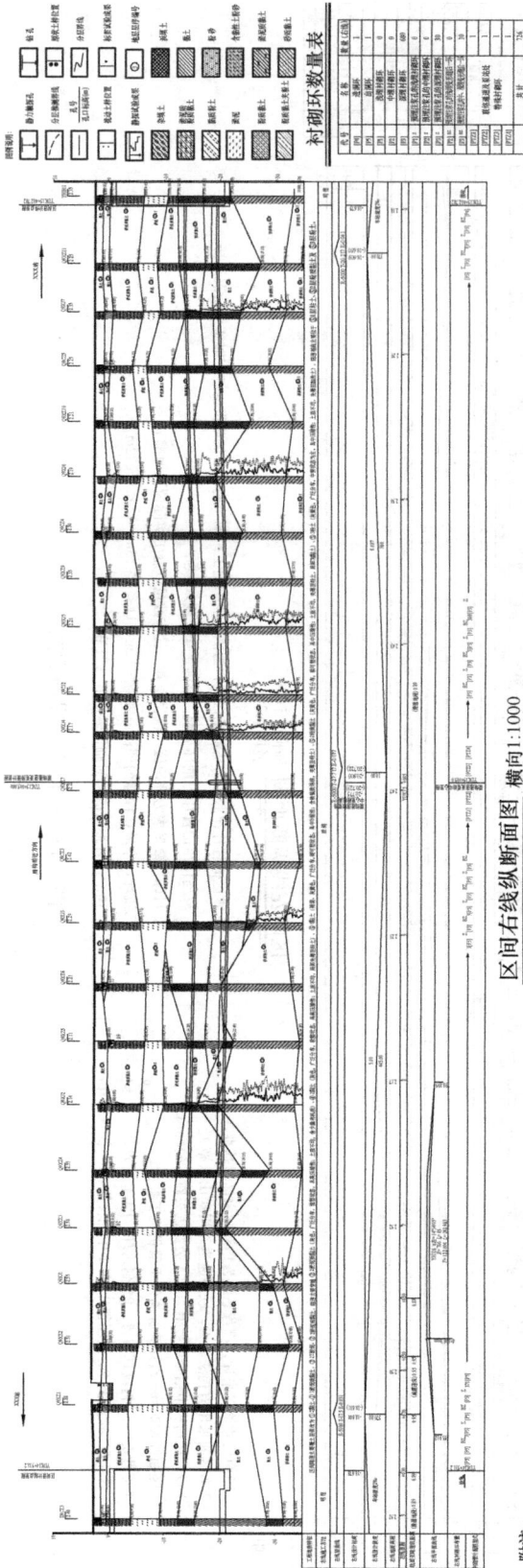

图 6-19 区间右线纵断面图

附注:
1. 图中尺寸均以米计,高程系统为1985国家高程基准。
2. 本区间采用盾构法施工,联络通道采用矿山法施工。
3. 设计标高栏中括号内数值为设计入竖曲线矢距后的标高,竖曲线按20m一点计算标高修正值供施工参考。
4. 符号说明: P5-到达环; P4-始发环;
   管片配筋型式: P1-浅埋管片; P2-中埋管片; P3-深埋管片。
5. 本区间管片排版未考虑施工误差,为满足盾构施工纠偏,施工单位应根据施工时实际情况选择应选用的管片衬砌环类型,以满足施工要求。
6. 衬砌环数量表为理论值,仅供参考,具体数量以施工实际情况为准。
7. 浅埋、中埋、深埋的埋深分别为 $h \leq 11\text{m}$, $11 < h \leq 15\text{m}$, $15 < h \leq 22\text{m}$。局部位置根据盾构衬砌计算结果做适当调整。

表 6-8

管片数量区间长度工程量计算书

代号	名称	管片环数量（左线）	管片环数量（右线）
P4	进洞环	1	1
P5	出洞环	1	1
P1	浅埋衬砌环	0	0
P2	中埋衬砌环	0	0
P3	深埋衬砌环	684	680
P1^Z	预埋注浆孔的浅埋衬砌环	0	0
P2^Z	预埋注浆孔的中埋衬砌环	0	0
P3^Z	预埋注浆孔的深埋衬砌环	30	30
P2^{BZ}	预埋注浆孔的浅埋变形缝后一环	0	0
P3^{BZ}	预埋注浆孔的中、深埋变形缝后一环	10	10
PTZ1		1	1
PTZ2	联络通道及泵站处特殊衬砌环	1	1
PTZ3		1	1
PTZ4		1	1
管片环数量合计		730	726
区间长度		876.00	871.20
区间长度合计		1747.2	
凿洞门		$3.14 \times (6.7 \div 2)^2 \times 1 \times 4$	
余方弃置		$1747.2 \times 3.14 \times (6.34 \div 2)^2$	

表 6-9

φ800@600 双管旋喷桩工程量计算书

序号	加固长（m）	加固宽（m）	加固深（m）	土体体积（m³）	根数	桩长（m）	桩体积（m³）
1	12.2	0.8	25.518	249.06	20	25.518	256.40
2	12.2	0.8	25.518	249.06	20	25.518	256.40
合计				498.11		1020.72	512.81

表 6-10

φ850@600×600 三轴双管旋喷桩工程量计算书

加固长（m）	加固宽（m）	弱加固深（m）	强加固深（m）	弱土体体积（m³）	强土体体积（m³）	根数	弱桩长（m）	强桩长（m）	弱桩体积（m³）	强桩体积（m³）
12.2	8.5	13.32	12.2	1381.08	1265.14	320	13.318	12.2	2417.11	2214.20
12.2	8.5	13.32	12.2	1381.08	1265.14	320	13.318	12.2	2417.11	2214.20
合计				2762.16	2530.28	640			4834.22	4428.40

表 6-11

分部分项工程量清单与计价表

单位及专业工程名称：××市轨道交通×号线区间工程

序号	项目编码	项目名称	项目特征	计量单位	工程量	综合单价（元）	合价（元）	其中（元）		备注
								人工费	机械费	
		盾构区间					41552028	8606371	14999657	
1	080303001001	盾构整体吊装	φ7000 以内、土压平衡盾构	台·次	1	400703.23	400703	60996	247352	
2	080303001002	盾构整体吊拆	φ7000 以内、土压平衡盾构	台·次	1	273282.45	273282	38046	178521	
3	080303010001	盾构机调头	φ7000 以内、土压平衡盾构	台·次	1	500000.00	500000		0	
4	080303002001	盾构掘进	1. 直径：6200mm； 2. 工作内容：管片安装、卸车及保管、螺栓安装、负环管片制作、安拆、衬砌同步注浆、二次压浆的材料品种、配合比、砂浆强度等级、注浆量按设计、技术标准和要求； 3. 密封舱添加材料品种：综合考虑； 4. 管片场内运输； 5. 预埋件及螺栓外露面：热喷锌合金+锌基酪酸盐涂层+抗碱涂层； 6. 缓冲垫片自行考虑； 7. 洞口衬砌环纵向拉紧联系装置安拆； 8. 具体详见技术标准和要求；	m	1747.2	14111.35	24659725	4194933	9678584	
5	080303007001	三元乙丙橡胶弹性密封垫	1. 管片成环直径、宽度、厚度：6200mm、1200mm、350mm； 2. 材料：三元乙丙橡胶弹性密封垫（包括配套材料）	环	1456	1592.76	2319059	663470	280833	

序号	项目编码	项目名称	项目特征	计量单位	工程量	综合单价（元）	合价（元）	其中（元）		备注
								人工费	机械费	
6	08B001	遇水膨胀橡胶片（条）	1. 管片成环直径、宽度、厚度：6200mm、1200mm、350mm； 2. 安装：遇水膨胀橡胶片	环	1456	739.74	1077061	663470	280833	
7	080303008001	柔性接缝环	1. 材料、规格：详见图纸； 2. 工作内容：临时止水环板、临时防水环板，拆除钢环板，拆除混凝土环圈，柔性接缝环，后浇混凝土环圈； 3. 混凝土强度等级：C40P10； 4. 其他：模板及支架自行考虑	m	84.15	9574.32	805679	273711	158959	
8	080303009001	管片嵌缝	1. 材料：聚合物水泥、聚氨酯密封胶； 2. 衬砌接缝嵌缝范围：变形缝，盾构进出洞25环，横通道中心前后25环范围内的环缝、纵缝，均采用高模量聚氨酯密封胶进行整环嵌缝处理； 3. 其余区段：拱顶45°范围内的环、纵缝采用高模量聚氨酯密封胶嵌缝，拱底90°范围采用聚合物水泥嵌缝； 4. 详见设计图纸	环	1456	730.96	1064278	709130	102284	
9	08B002	手孔封堵	1. 材料：硫铝酸盐微膨胀水泥； 2. 做法：详见图纸或技术要求	环	1456	1082.70	1576411	543394	290530	
10	081202002001	凿洞门	1. 结构形式、强度：详见设计图纸； 2. 拆除方式根据技术标准要求自行考虑； 3. 外运及处置自行考虑	m³	140.95	364.04	51311	59950	13922	

219

序号	项目编码	项目名称	项目特征	计量单位	工程量	综合单价（元）	合价（元）	其中（元）		备注
								人工费	机械费	
11	08B003	盾构土体加固	1. 部位：XX站端头； 2. 工作内容：φ850@600×600三轴搅拌桩+φ800@600双管高压旋喷桩加固； 3. 水泥掺量：三轴搅拌桩强加固区域为20%，弱加固区处为8%；高压旋喷桩处为25%，详见设计图纸； 4. 置换土外运及处置自行考虑	项	1	1703687.43	1703687	214520	718476	
12	08B004	盾构土体加固	1. 部位：XX站端头； 2. 工作内容：φ850@600×600三轴搅拌桩+φ800@600双管高压旋喷桩加固； 3. 水泥掺量：三轴搅拌桩强加固区域为20%，弱加固区处为8%；高压旋喷桩处为25%，详见设计图纸； 4. 置换土外运及处置自行考虑	项	1	1763769.86	1763770	219795	764368	
13	08B005	联络通道及泵站	1. 联络通道通长度：隧道左右线中心线长17m； 2. 部位：YDK13+000； 3. 工作内容：冻结法加固、矿山法施工，详见设计图纸； 4. 其他：含融化后置费用及余方弃置	项	1	3111753.56	3111754	964956	333034	
14	08B006	余方弃置	1. 废弃料品种：综合考虑； 2. 运距：自行考虑； 3. 含陆域渣土处置费	m³	55140.14	40.72	2245307	8606371	1951961	
		合　计					41552028	8606371	14999657	

第七章 辅 助 工 程

第一节 辅助工程计量与计价

本章定额适用于地铁辅助性工程，包括脚手架、降水和排水、地表监测及其他工程等，共4节119个子目。

一、脚手架

（一）说明

（1）脚手架子目主要按金属脚手架考虑，使用时不管采用何种材质脚手架，均按本子目执行。钢管脚手架已包括斜道及拐弯平台的搭设。砌筑物高度超过1.2m即可计算脚手架搭拆费用。

【脚手架工程技术小知识】 脚手架是专门为高空施工操作、堆放和运送材料，并保证施工安全而设置的架设工具或操作平台。通常包括脚手架的搭设与拆除、安全网铺设，铺、拆、翻脚手片等全部内容。当建筑物超过规范允许搭设脚手架高度（不宜超过50m）时，应采用钢挑架，钢挑架上下间距通常不超过18m。

脚手架有木脚手架、毛竹脚手架和金属脚手架，金属脚手架常见钢管脚手架、碗扣式脚手架和移动架。

（2）防护脚手架定额按双层考虑，基本使用期为六个月，不足或超过六个月按相应定额调整，不足1个月按一个月计。

【例7-1】 某高架车站双层防护脚手架，使用期8.5个月，确定套用的定额子目及基价。

【解】 根据定额说明可知，实际使用期=8.5-6=3个月（不足1个月按一个月计）。

基价=[6-9]+[6-10]H=2263+259×3=3040元/100m²。

（3）暗挖、盖挖车站搭拆洞内脚手架时，定额人工乘以1.2系数。

【例7-2】 某地下两层车站采用暗挖法施工，确定脚手架套用的定额子目及基价。

【解】 [6-2] H基价=707+（1.2-1）×291.28=765.25元/100m²。

（4）进、排风井相应定额子目乘以1.4系数计算，活塞风井按相应子目乘以2.0系数计算。

【例7-3】 某地下标准两层车站，设置一座风井，井高12m，确定脚手架套用的定额子目及基价。

【解】 [6-5] H基价=501×1.4=701.4元/座。

（二）工程量计算规则

（1）钢管脚手架面积按长度乘以高度的垂直投影面积以平方米计算，不扣减洞口的面积。

【例 7-4】某工程搭设单排脚手架，外围长度为 220m，高度 16m，洞口面积 1000m²，试计算套用的定额子目及工程直接费。

【解】脚手架面积＝长×宽＝220×16＝3520m²。

套定额［6-4］基价＝696 元/100m²。

直接工程费＝3520×696/100＝24499.20 元。

（2）砌筑独立柱和混凝土独立柱的脚手架工程量按柱身周长加 3.6m 乘以柱高度套用单排脚手架。

【例 7-5】某工程有三根独立钢筋混凝土柱，柱长 1.5m，柱宽 1.2m，高度 4m，试计算套用的定额子目及工程直接费。

【解】脚手架面积＝(柱周长＋3.6)×柱高度×柱根数＝(1.5×2＋1.2×2＋3.6)×4×3＝108m²。

套定额［6-3］基价＝532 元/100m²。

直接工程费＝108×532/100＝574.56 元。

（3）风井电梯井脚手架按底板面至顶板底高度套用相应子目以座计算。

（4）人行过道防护脚手架按水平投影面积计算。

（5）满堂脚手架工程量按顶棚水平投影面积计算，工作面高度为房屋层高；斜顶棚（屋面）按房屋平均层高计算；局部层高超过 3.6m 以上的房屋，按层高超过 3.6m 以上部分的面积计算。无顶棚的屋面构架等建筑构造的脚手架，按施工组织设计规定的脚手架搭设的外围水平投影面积计算。

【例 7-6】某工程满堂脚手架面积为 30000m²，层高 6.5m，试计算套用的定额子目及直接工程费。

【解】根据定额说明可知，层高超过 5.2m 以上需要计算满堂脚手架的增加费，即每增加 1.2m 计算一次增加系数，不足 1.2m 按半次增加系数计算。

脚手架增加系数＝6.5－5.2＝1.3m。

套定额基价＝［6-7］＋［6-8］×1.5＝603＋124×1.5＝789 元/100m²。

直接工程费＝30000×789/100＝236700 元。

（6）彩钢板施工护栏定额子目分基础及护栏，按其垂直投影面积以平方米计算。定额中未包括护栏的美化装饰费用。

二、井点降水

（一）说明

（1）井点降水项目适用于地下水位较高的粉砂土、砂质粉土、黏质粉土或淤泥质夹薄层砂性土的地层。

（2）轻型井点、喷射井点、大口径井点的采用由施工组织设计确定。一般情况下，降水深度 6m 以内采用轻型井点，6m 以上 30m 以下采用相应的喷射井点，特殊情况下可选用大口径井点。井点使用时间按施工组织设计确定。喷射井点定额包括两根观察孔制作。喷射井点管包括了内管和外管。井点材料使用摊销量中已包括井点拆除时的材料损耗量。井点间距根据地质和降水要求由施工组织设计确定，一般轻型井点管间距为 1.2m，喷射井点管间距为 2.5m，大口径井点管间距为 10m。真空深井、直流深井和承压井降水的安装拆除以每口井计算，使用以每口井·天计算。

【例 7-7】某工程于地下水位较高的粉砂土处，降水深度为 5m，需要采用轻型井点，试计算套用的定额子目及基价。

【解】根据定额说明可知，井点降水需要套用安装、拆除和使用定额。

安装、拆除基价＝[6-11]＋[6-12]＝1071＋293＝1364 元/10 根。

使用基价＝[6-13]＝282 元/(套·d)。

(3) 直流深井降水成孔直径不同时，只调整相应的粗砂含量，其余不变，PVC-U 加筋管直径不同时，调整管材价格的同时，按管子周长的比例调整相应的密目网及钢丝。

【例 7-8】有直流深井 10 座，井管深 25m，钻孔 D800，试计算套用的定额子目及基价。

【解】根据定额说明可知，直流深井降水需要套用安装拆除和使用两个定额子目。

安装拆除基价＝[6-39]＋[6-40]H＝5372＋233×5＝6537 元/座。

使用基价＝[6-13]＝49 元/(套·d)。

(4) 承压井降水成孔直径不同时，只调整相应的粗砂含量，其余不变。若管材材质或管材直径不同时，调整管材价格的同时，按管子周长的比例调整相应的密目网及钢丝。

(二) 工程量计算规则

(1) 轻型井点 50 根为一套；喷射井点 30 根为一套；大口径井点以 10 根为一套。井点使用定额单位为套·天，一天系按 24h 计算。除轻型井点外累计根数不足一套者按一套计算；轻型井点尾数 25 根以内的按 0.5 套计，超过 25 根的按一套计算。井点管的安装、拆除以根计算。

【例 7-9】某工程于地下水位较高的黏质粉土处，降水深度为 8m，需要采用喷射井点，工程施工降水 6 个月，布设降水管长度为 350m，试确定套用的定额子目及直接工程费。

【解】根据定额说明可知，喷射井点管间距 2.5m，30 根为一套，累计根数不足一套者按一套计算。

1) 工程量计算：

喷射井点管根数＝361/2.5＝144.4 根＝145 根。

使用套数＝145/30＝5 套。

2) 定额套用：

安装、拆除基价＝[6-14]＋[6-15]＝4653＋1036＝5689 元/10 根。

使用基价＝[6-16]＝1404 元/套天。

3) 直接工程费：

安装、拆除直接工程费＝145×5689/10＝82490.5 元。

使用直接工程费＝5×1404×30×6＝1263600 元。

降水直接工程费＝82490.5＋1263600＝1346090.5 元。

(2) 湿土排水工程量按所挖湿土方量进行计算，抽水工程量按所需或实际的排水量进行计算。

三、监测

(一) 说明

(1) 监测是地铁工程施工中对地铁工程周围地表、建筑物、地下水及地铁构筑物本身的位移、压力、应力的测试的信息反馈，适用于建设单位确认需要监测的工程项目，同时监测单位应及时向建设单位提供可靠的测试数据，并将数据整理成册，为设计及建设单位提供监测依据。包括测点布设、地质雷达探测及监控测试三部分。

（2）既有线监测中未含配合费用，发生时需根据实际情况另行计算。

（3）连续监测时监测室的建设费、场地租用费、软件使用费、建立监测室所需用电线、连接线等费用均未计入定额内，发生时应根据实际情况另行确定与计算。

（4）地表监测共分为测点布设、雷达监测和监测测试这3个分项。

1）测点布设分为地表沉降测点、建筑物变形测点、土体分层沉降测点、土体水平位移、孔隙水压力测孔、水位观察孔、地下管线沉降位移、混凝土构造物钢筋应力、钢筋混凝土应变测点、钢结构应力应变测点、界面土压力测点、桩体水平位移测点、钢支撑轴力、混凝土支撑轴力、基坑回弹测点、隧道沉降及收敛监测点和既有线变形测点等12个项目。

2）雷达监测分为地下空洞土体密实度扫描、拱顶土体密实度扫描、侧墙土体密实度扫描、钢筋拱架间距、钢筋位置间隔和结构厚度这6个项目。

3）监测测试分为沉降、倾斜、裂缝、土体分层沉降、土体水平位移、钢筋应变应力、混凝土应变应力、孔隙水压力、水位、土压力、管线沉降、应力应变连续监控、轨距、轨道高差、三向位移连续监控等17个项目。

【例7-10】某地下标准两层车站，需要监测基坑四周的土体位移，共布设孔深20m的测试点，确定测点套用的定额子目及基价。

【解】[6-58] 基价＝1309元/孔。

（二）工程量计算规则

（1）监测点布设分为地表和地下两部分，其中地表测孔深度与定额不同时可内插计算，工程量按设计图纸以点或孔为单位计算。

【例7-11】某地下标准两层车站，需要监测基坑的孔隙水压力，共布设孔深18m的测试点100孔，确定测点套用的定额基价及直接工程费。

【解】根据定额说明可知，测孔深为18m，介于定额孔深在10m与20m之间，采用内插计算。

[6-61]基价＝816－(816－675)/10×(20－18)＝787.8元/孔。

直接工程费＝100×787.8＝78780元。

（2）地质雷达探测根据测量的线路以测线/km为单位计算。

（3）监控测试中人工监测根据测点以点次为单位计算，连续监测根据监测项目以组日为单位计算，测试时间应根据施工组织设计或施工方案确定计算。

第八章　轨道工程计量与计价

第一节　轨道工程计量与计价

一、轨道

（一）说明

（1）轨节拼装、隧道内整体道床铺轨、地面碎石道床铺轨、桥面铺轨、道岔尾部无枕、库内人工铺轨等子目中均按照有缝线路编制，如用于无缝线路，则应扣除接头夹板、接头螺栓带帽、弹簧垫圈等材料。

（2）铺轨定额已考虑因铺设短轨而引起接头增加所需接头夹板和螺栓的数量，其中木枕部分定额的钢轨接头道钉系全部按 5 个考虑。

（3）本节轨节拼装定额按基地集中拼装考虑，如考虑现场人工散拼，则人工消耗量乘以 1.5 系数。

（4）轨节拼装定额仅适用于机械铺轨。轨节拼装如用于直线电机轨道，则人工消耗量乘以 1.8 系数。

（5）整体道床铺轨子目已综合钢轨支撑架的摊销费用。

（6）长轨枕轨节拼装及铺轨定额中，如不用硫磺锚固工序，应扣除硫磺、水泥、黄砂中粗砂、滑石粉、石油沥青、机械油、煤及石蜡材料消耗量。

（7）轨枕中已综合高强塑料套管。

（8）橡胶浮置板、凸形浮置板、钢弹簧浮置板购置价不含在定额中，需另行计算。

（9）道岔尾部无枕地段铺轨，系指道岔根端至末根岔枕中心距离（L）已铺长岔枕地段的铺轨。长岔枕铺设的内容已综合在铺道岔定额子目中。

（10）换铺长钢轨定额应与铺设工具轨、无缝线路轨料定额配套使用。该定额包含工具轨的回收运输。

（11）铺设长钢轨中的铺设子目，不包括长轨焊接费用，发生时执行本章长轨焊接相应子目。

（12）钢轨焊接定额中包含焊头落锤试验内容及费用。

（13）工地钢轨焊接定额如用于道岔内钢轨焊接时，人工、机械消耗量乘以 1.1 系数。

（14）无缝线路接头定额按厂制胶结接头编制，包含接头钢轨数量，如接头钢轨轨型长度不同，可进行抽换。

（二）工程量计算规则

（1）铺轨工程量按设计图示每股道的中心线长度（不含道岔长度）以千米为单位计算。铺轨工程量不扣除接头轨缝处长度。道岔长度是指从基本轨前端至辙叉根端的距离。特殊道岔以设计图纸为准。

（2）道岔尾部无枕地段铺轨，按道岔根端至末根岔枕的中心距离以千米为单位计算。

（3）长轨压接焊作业线、长轨铺轨机安拆与调试定额，在一个铺轨基地仅按安拆一次计算。

（4）长钢轨焊接按焊接工艺划分，以接头设计图示数量个数计算。

（5）正线应力放散及锁定定额，按放散锁定长度和次数，以千米·次为单位计算，道岔应力放散定额，按放散道岔数量和次数，以组·次为单位计算。

（6）轨料运输按图示重量以吨为单位计算。

二、铺道岔

（一）说明

（1）碎石道床地段铺设道岔，岔枕是按木枕和钢筋混凝土枕分别考虑的；整体道床地段铺设道岔，岔枕是按钢筋混凝土短岔枕考虑的。

（2）整体道床铺道岔所采用的支撑架类型、数量是按施工组织设计计算的，其支撑架的安拆整修用工已含在定额内。

（3）定额中道岔轨枕扣件按分开式弹性扣件计列，如设计类型与定额不同时，相应扣件类型按设计数量进行换算。

（4）道岔内已综合扣件、非金属件（如橡胶垫板）等材料。

（5）铺道岔按人工铺设编制。

（二）工程量计算规则

铺设道岔按道岔类型、岔枕及扣件型号、道床形式划分，以组为单位计算。

三、铺道床

（一）说明

（1）定额混凝土按 C30 商品混凝土编制，设计要求不同时进行换算。

（2）粒料道床设用于石质、级配碎石、级配砾石基床和桥梁、隧道地段。当用于土质基床地段时，定额人工、材料、机械消耗量乘以系数 1.05。

（3）沉落整修定额仅适用于人工铺设面渣地段，定额中已包含的人工机械消耗，不含补渣的道渣材料消耗。

（4）加强沉落整修项目适用于线路开通后，其行车速度要求达到每小时 45km 以上时使用，当无此要求时，则应按规定采用沉落整修项目，两个项目不能同时使用。

（二）工程量计算规则

（1）整体道床按设计图示断面面积乘以设计图示长度以立方米为单位计算，道床变形缝如为预留，应扣除其预留体积，如道床整体施工后再予以切割分设的，则不予扣除。

（2）模板工程按模板与混凝土的实际接触面积以平方米为单位计算。

（3）钢筋工程按钢筋设计重量以吨为单位计算。

（4）铺粒料道床底渣、线间石渣按设计断面面积乘以设计长度以 1000m³ 为单位计算。

（5）铺粒料道床面渣应按设计断面面积乘以设计长度，并扣除轨枕所占道床体积以 1000m³ 为单位计算。

（6）沉落整修需补渣的数量按设计图示数量计算，并计 2‰ 的操作损耗。

（7）线路沉落整修按线路设计长度扣除道岔所占长度以千米为单位计算。

（8）道岔沉落整修以组为单位计算。

（9）加强沉落整修按正线线路设计长度（含道岔）以正线公里为单位计算。

四、线路

（一）说明

（1）定额中安装轨距杆、防爬器、防爬支撑是按厂家成套产品安装考虑的。

（2）铺设护轮轨定额，系按单侧编制，双侧安装时按实际长度折合为单侧工作量。

（3）铺设平交道口项目其计量的单位 10m 宽系指道路面宽度，夹角系指铁路与道路中心线相交之锐角；本项目是按木枕地段 50kg 钢轨、板厚 100mm、夹角 90°设立的。

（4）单线道口采用混凝土、钢筋、道口卧轨定额子目组合使用；股道间道口采用钢筋混凝土及道口栏目定额子目组合使用。

（5）安装线路及信号标志的洞内标志，按金属搪瓷标志综合考虑，洞外标志和永久性基标按混凝土标志考虑。

（6）机车压道项目仅适用于碎石道床人工铺轨线路。

（二）工程量计算规则

（1）安装绝缘轨距杆按直径、设计数量以根为单位计算。

（2）安装防爬支撑分木枕、混凝土枕地段按设计数量以个为单位计算。

（3）安装防爬器分木枕、混凝土枕地段按设计数量以个为单位计算。

（4）安装钢轨伸缩调节器分桥面、桥头引线以对以单位计算。

（5）安装护轮轨工程量，按图示长度以延长米为单位计算。

（6）铺设弯轨及梭头按图示数量以处为单位计算，每处含头尾两侧。

（7）平交道口分单线道口和股道间道口，均按道口路面宽度以 10m 宽为单位计算。遇有多个股道间道口时，应按累加宽度计算。单线道口面板混凝土按设计图示数量以立方米为单位计算，单线道口面板钢筋按设计图示数量以吨为单位计算，单线道口面板道口卧轨按道口通行宽度以米为单位计算，股道间混凝土按设计图示尺寸以立方米计算，股道间道口栏木按线路间道口面积以平方米计算。道口面积计算公式为：道口面积＝道口宽度（道口铺面宽）×道口长度（相邻两股道枕木头之间的距离）。

（8）车挡、挡车器、线路涂油器均以处为单位计算。

（9）安装线路及信号标志按设计数量以个为单位。

（10）机车压道按线路设计长度（含道岔）以千米为单位计算。

（11）轨道常备材料中铺轨备料按铺轨设计图示数量以千米为单位计算。

（12）轨道常备材料中铺道岔备料以组为单位计算。

五、施工过程图片

施工过程如图 8-1～图 8-15 所示。

图 8-1　长枕埋入式整体道床轨排铺设

图 8-2　成型的长枕埋入式整体道床

图 8-3　成型的现浇钢弹簧浮置板道床

图 8-4　隔离式减振垫铺设

图 8-5　成型的短轨枕承轨台式整体道床

图 8-6　梯形轨枕轨排架设

图 8-7　纵向轨枕轨排架设

图 8-8　成型的梯形轨枕整体道床

图 8-9　成型的纵向轨枕整体道床

图 8-10　碎石道床轨排铺设

图 8-11　道砟捣固作业

图 8-12　成型的碎石道床

图 8-13　无缝线路钢轨端头打磨除锈

图 8-14　无缝线路钢轨焊接施工

图 8-15　无缝线路应力放散及线路锁定

第二节　轨道工程计量与计价实例

工程名称：××市轨道交通×号线×期工程正线铺轨工程施工（Ⅰ标段）

一、工程概况

××市轨道交通×号线×期工程正线铺轨工程施工（Ⅰ标段）包括××站（不含）至D区间13号墩正线、辅助线及南车联络线铺轨工程。

其中，正线为：××站至D区间13号墩有限K21＋068～K32＋568.179（左线K21＋068～K32＋568.179）。

辅助线为：在××站设单渡线，在××站设停车线，总长0.443km。

联络线为：正线与南车基地联络线自正线岔心起铺设0.063km。

道岔为：铺设60-9单开道岔9组，60-9的5m交叉渡线1组。

二、编制依据

（1）《建设工程工程量清单计价规范》GB 50500—2013；

（2）《城市轨道交通工程工程量计算规范》GB 50861—2013；

（3）《浙江省建设工程工程量清单计价指引》；

（4）《浙江省建设工程计价规则》（2010版）；

（5）《浙江省建设工程计价依据》（2010版）；

（6）××设计院提供的××是轨道交通×号线×期工程施工设计图纸等，目录详见招标文件。

预算定额计量与计价综合单价法见表8-1～表8-9。

道岔工程量计算表

表 8-1

序号	线别	车站名称	道岔编号	岔心里程	开向	轨型	道岔类型	数量（组）
1	上行线	大硬站	岔 P012502	SK38+437.729	左开	60kg/m	9号单开	1
2	下行线	大硬站	岔 P012501	XK38+437.729	右开	60kg/m	9号单开	1
3	右存车线	大硬站	岔 P012509	STK38+680.729	右开	60kg/m	9号单开	1
4	左存车线	大硬站	岔 P012507	XTK38+680.729	左开	60kg/m	9号单开	1
5	上行线	长江路站	岔 P012801	SK44+163.929	左开	60kg/m	9号单开	1
6	下行线	长江路站	岔 P012802	XK44+201.729	左开	60kg/m	9号单开	1
7	上行线	霞浦站	岔 P012902	SK45+655.729	左开	60kg/m	9号单开	1
8	下行线	霞浦站	岔 P012901	XK45+655.729	右开	60kg/m	9号单开	1
合计								8
1	上行线	大硬站	岔 P012510	SK38+716.729	右开	60kg/m	9号单开	1
2	下行线	大硬站	岔 P012508	XK38+716.729	左开	60kg/m	9号单开	1
合计								2
1	停车线	大硬站	岔 P012503	XTK38+473.729	左开	60kg/m	9号单开	
2	停车线	大硬站	岔 P012505	STK38+473.729	右开	60kg/m	9号单开	1
3	停车线	大硬站	岔 P012506	XTK38+518.729	左开	60kg/m	9号单开	
4	停车线	大硬站	岔 P012504	STK38+518.729	右开	60kg/m	9号单开	
5	停车线	霞浦站	岔 P012903	XTK45+691.729	左开	60kg/m	9号单开	
6	停车线	霞浦站	岔 P012905	STK45+691.729	右开	60kg/m	9号单开	1
7	停车线	霞浦站	岔 P012906	XTK45+736.729	左开	60kg/m	9号单开	
8	停车线	霞浦站	岔 P012904	STK45+736.729	右开	60kg/m	9号单开	
合计								2

铺轨工程量计算表（1）　　　　　　　　　　　　表 8-2

项目名称		高架段无缝线路轨道　WJ-2A 扣件（1600 对/km）				
序号	线别	起讫里程		断链（m）	道床长度（m）	备注
1	下行线	XK33+000.000	XK33+319.849	0.000	319.849	
2	下行线	XK33+319.849	XK33+704.637	0.000	384.788	
3	下行线	XK33+704.637	XK33+752.140	0.000	47.503	
4	下行线	XK33+752.140	XK34+174.302	0.000	422.162	

铺轨工程量计算表（2）　　　　　　　　　　　　表 8-3

项目名称		高架段无缝线路轨道　WJ-2A 扣件（1680 对/km）				
序号	线别	起讫里程		断链（m）	道床长度（m）	备注
1	下行线	ZK32+568.179	ZK33+000.000	0.000	431.821	
2	下行线	ZK39+698.825	ZK40+319.171	0.000	620.346	
3	出场线	CK0+220.000	CK0+261.620	0.000	41.620	
4	出场线	CK0+261.620	CK0+263.642	0.455	2.477	
5	出场线	CK0+263.642	CK0+370.000	0.000	106.358	
6	出场线	CK0+650.000	CK0+789.914	0.000	139.914	
7	出场线	CK0+789.914	CK0+798.692	−4.852	3.926	

铺轨工程量计算表（3）　　　　　　　　　　　　表 8-4

项目名称		高架段无缝线路轨道　双层垫板扣件（1680 对/km）				
序号	线别	起讫里程		断链（m）	道床长度（m）	备注
1	出场线	CK0+370.000	CK0+467.000	0.000	97	
2	出场线	CK0+469.788	CK0+650.000	0.000	180.212	
3	入场线	RK0+370.000	RK0+467.000	0.000	97	
4	入场线	RK0+470.241	RK0+650.000	0.000	179.759	
合计：				0	553.971	

铺轨工程量计算表（4）　　　　　　　　　　　　表 8-5

项目名称		高架段无缝线路轨道　WJ-2A 扣件（1600 块/km）				
序号	线别	起讫里程		断链（m）	道床长度（m）	备注
1	出场线	ZK37+697.179	ZK37+888.000	0.000	190.821	
2	出场线	ZK40+364.660	ZK40+433.979	0.000	69.319	
3	出场线	ZK40+433.979	ZK40+555.519	0.000	121.54	
4	出场线	ZK40+555.519	ZK40+577.509	0.000	21.99	
5	出场线	ZK40+577.509	ZK40+597.119	0.000	19.61	

高架铺道床工程混凝土工程量计算表

表 8-6

序号	项目名称	混凝土整体道床						
		项目编号				混凝土强度等级	
		道床类型	单位	数量	道床板块长（m）或板块数	C40	
						定额〔(m³/板)或(m³/组)〕	使用数量（m³）
1	高架一般段道床	WJ-2A 扣件型扣件一般整体道床直线段（1600 对/km）	km	9.24035	6.25	2.8	4140
2	高架一般段道床	WJ-2A 扣件型扣件一般整体道床曲线段（1600 对/km）	km	5.50857	2.5	1.285	2831
3	高架一般段道床	WJ-2A 扣件型扣件一般整体道床直线段（1680 对/km）	km	1.17104	6	2.68	523
4	高架一般段道床	WJ-2A 扣件型扣件一般整体道床曲线段（1680 对/km）	km	1.51929	2.4	1.23	779

专业工程招标控制价计算表

表 8-7

工程名称：××市轨道交通×号线×期工程正线铺轨工程施工（Ⅰ标段）　　第 1 页　共 1 页

序号	费用名称	计算公式	金额（元）
1	工程量清单分部分项工程费	∑（分部分项工程量×综合单价）	91899784
2	措施项目费	2.1+2.2	5234250
2.1	施工技术措施项目	∑（技术措施工程量×综合单价）	4698002
2.2	施工组织措施项目	∑（定额人工费＋定额机械费）×费率	536249
其中	安全文明施工费	（定额人工费＋定额机械费）×费率	355415
	其他措施项目费	（定额人工费＋定额机械费）×费率	180834
3	其他项目	3.1+3.2+3.3+3.4	
3.1	暂列金额		
3.2	暂估价		
3.3	计日工		
3.4	总承包服务费		
4	规费	4.1+4.2	835351
4.1	排污费、社保费、公积金	（定额人工费＋定额机械费）×费率	722815
4.2	农民工工伤保险费	按各地市相关规定记取	112535
5	危险作业意外伤害保险费	（定额人工费＋定额机械费）×费率	52114
6	税金	（1+2+3.3+3.4+4+5）×费率	3506229
	合计	1+2+3+4+5	101527728

232

分部分项工程量清单与计价表

表 8-8

工程名称：××市轨道交通×号线×期工程正线铺轨工程施工（Ⅰ标段）

序号	项目编码	项目名称	项目特征	计量单位	工程量	综合单价（元）	合价（元）	其中（元）		备注
								人工费	机械费	
							58859019.15	2194039.56	3106520.83	
		一、铺轨工程								
1	080501001001	地下段无缝线路轨道（1600 DTⅢ2型扣件 根/km）	1. 一般减振地段； 2. 道床形式：整体道床； 3. 线路类型：无缝线路； 4. 钢轨类型：60kg/mU75V钢轨； 5. 扣件类型：DTⅢ2型扣件； 6. 轨枕类型：C50预应力混凝土长轨枕； 7. 轨枕数量：1600根/km	km	1.656	2101114.39	3479445.43	155459.05	221025.61	
2	080501001002	地下段无缝线路轨道（1680 DTⅢ2型扣件 根/km）	1. 一般减振地段； 2. 道床形式：整体道床； 3. 线路类型：无缝线路； 4. 钢轨类型：60kg/mU75V钢轨； 5. 扣件类型：DTⅢ2型扣件； 6. 轨枕类型：C50预应力混凝土长轨枕； 7. 轨枕数量：1680根/km	km	2.224	2158879.12	4801347.16	215215.10	298265.18	
3	080501001003	地下段无缝线路轨道（1600 双层垫板扣件 根/km）	1. 中等减振地段； 2. 道床形式：整体道床； 3. 线路类型：无缝线路； 4. 钢轨类型：60kg/mU75V钢轨； 5. 扣件类型：双层垫板扣件； 6. 轨枕类型：C50预应力混凝土长轨枕； 7. 轨枕数量：1600根/km	km	0.269	2873019.34	772842.20	25252.71	35903.31	

序号	项目编码	项目名称	项目特征	计量单位	工程量	综合单价（元）	合价（元）	其中（元）		备注
								人工费	机械费	
4	080501001004	地下段无缝线路轨道（1680双层垫板扣件（1680根/km）	1. 中等减振地段； 2. 道床形式：整体道床； 3. 线路类型：无缝线路； 4. 钢轨类型：60kg/mU75V钢轨； 5. 扣件类型：双层垫板扣件； 6. 轨枕类型：C50预应力混凝土长轨枕； 7. 轨枕数量：1680根/km	km	0.16	2969379.31	475100.69	15483.10	21457.93	
5	080501002001	地面段无缝线路轨道（1760弹条Ⅰ型扣件（1760根/km）	1. U形槽； 2. 道床形式：碎石道床； 3. 线路类型：无缝线路； 4. 钢轨类型：60kg/mU75V钢轨； 5. 扣件类型：弹条Ⅰ型扣件； 6. 轨枕类型：国铁新Ⅱ型预应力长轨枕； 7. 轨枕数量：1760根/km	km	0.478	1635911.63	781965.76	47638.69	64412.65	
6	080501002002	地面段无缝线路轨道（1600DTⅢ2型扣件（1600根/km）	1. 青王岭隧道一般减振地段； 2. 道床形式：整体道床； 3. 线路类型：无缝线路； 4. 钢轨类型：60kg/mU75V钢轨； 5. 扣件类型：DTⅢ2型扣件； 6. 轨枕类型：C50预应力混凝土长轨枕； 7. 轨枕数量：1600根/km	km	2.857	2101114.39	6002883.81	268204.42	381322.56	

序号	项目编码	项目名称	项目特征	计量单位	工程量	综合单价（元）	合价（元）	其中（元）		备注
								人工费	机械费	
7	080501002003	地面段无缝线路轨道双层垫板扣件（1600根/km）	1. 育王岭隧道中等减振地段； 2. 道床形式：整体道床； 3. 线路类型：无缝线路； 4. 钢轨类型：60kg/mU75V 钢轨； 5. 扣件类型：双层垫板扣件； 6. 轨枕类型：C50 预应力混凝土长轨枕； 7. 轨枕数量：1600 根/km	km	0.02	2873019.34	57460.39	1877.52	2669.39	
8	080501003001	高架段无缝线路轨道WJ-2A 扣件（1600对/km）	1. 一般减振地段； 2. 道床形式：整体道床； 3. 线路类型：无缝线路； 4. 钢轨类型：60kg/mU75V 钢轨； 5. 扣件类型：WJ-2A 扣件； 6. 轨枕类型：C50 预应力混凝土短轨枕； 7. 轨枕数量：1600 对/km	km	8.938	2272599.47	20312494.06	797861.03	1154546.13	
9	080501003002	高架段无缝线路轨道WJ-2A 扣件（1680对/km）	1. 一般减振地段； 2. 道床形式：整体道床； 3. 线路类型：无缝线路； 4. 钢轨类型：60kg/mU75V 钢轨； 5. 扣件类型：WJ-2A 扣件； 6. 轨枕类型：C50 预应力混凝土短轨枕； 7. 轨枕数量：1680 对/km	km	2.464	2338905.12	5763062.22	227104.32	319114.86	

序号	项目编码	项目名称	项目特征	计量单位	工程量	综合单价(元)	合价(元)	其中 人工费	其中 机械费	备注
10	080501003003	高架段无缝线路轨道（1600对/km）	1. 中等减振地段； 2. 道床形式：整体道床； 3. 线路类型：无缝线路； 4. 钢轨类型：60kg/mU75V钢轨； 5. 扣件类型：双层垫板扣件； 6. 轨枕类型：C50预应力混凝土短轨枕； 7. 轨枕数量：1600对/km	km	1.663	2819832.42	4689381.31	148449.64	214814.30	
11	080501003004	高架段无缝线路轨道（1680对/km）	1. 中等减振地段； 2. 道床形式：整体道床； 3. 线路类型：无缝线路； 4. 钢轨类型：60kg/mU75V钢轨； 5. 扣件类型：双层垫板扣件； 6. 轨枕类型：C50预应力混凝土短轨枕； 7. 轨枕数量：1680对/km	km	1.97	2913499.72	5739594.45	181572.85	255136.47	
12	080501003005	高架段无缝线路轨道（160块WJ-2A扣件/km）	1. 高等减振地段； 2. 道床形式：整体道床； 3. 线路类型：无缝线路； 4. 钢轨类型：60kg/mU75V钢轨； 5. 扣件类型：WJ-2A扣件； 6. 轨枕类型：梯式纵向轨枕； 7. 轨枕数量：160块/km	km	0.56	8464913.32	4740351.46	75709.50	127078.44	

序号	项目编码	项目名称	项目特征	计量单位	工程量	综合单价（元）	合价（元）	其中（元）		备注
								人工费	机械费	
13	080501006001	高架段有缝线路轨道 WJ-2A 扣件（1600 对/km）	1. 岔区和联络线地段； 2. 道床形式：整体道床； 3. 线路类型：有缝线路； 4. 钢轨类型：60kg/mU75V 钢轨； 5. 扣件类型：WJ-2A 扣件； 6. 轨枕类型：C50 预应力混凝土短轨枕； 7. 轨枕数量：1600 对/km	km	0.44	2143386.84	943090.21	34211.62	10774.00	
		二、铺道岔工程					5225570.08	115242.84	16161.38	
14	080502001001	铺单开道岔	1. 轨型：60kg/m 钢轨 U75V； 2. 岔枕类型：混凝土长岔枕； 3. 道床类型：整体道床； 4. 道岔号：60kg/m 钢轨 9 号单开道岔	组	9	360292.21	3242629.89	83310.12	12146.04	
15	080502003001	铺交叉渡线道岔	1. 轨型：60kg/m 钢轨 U75V； 2. 岔枕类型：混凝土长岔枕； 3. 道床类型：整体道床； 4. 道岔号：60kg/m 钢轨 9 号道岔间距 5.0m 同距交叉渡线	组	1	1982940.19	1982940.19	31932.72	4015.34	
		三、铺道床工程					16281711.50	1443820.96	156862.62	
16	080503001001	碎料道床	1. 部位：U 形槽； 2. 道床形式：碎石道床； 3. 道作：单层道作；	m³	1075.50	306.27	329393.39	8894.39	6453.00	
17	080503002001	混凝土整体道床	1. 部位：地下段及育王岭隧道； 2. 混凝土强度等级：C35； 3. 20mm 厚沥青木板伸缩缝； 4. 模板及支架材质、支撑高度、摊销（或租赁）等自行考虑	m³	14259.00	608.70	8679453.30	735051.45	36075.27	

序号	项目编码	项目名称	项目特征	计量单位	工程量	综合单价（元）	合价（元）	其中（元） 人工费	其中（元） 机械费	备注
18	080503002002	混凝土整体道床	1. 部位：高架段； 2. 混凝土强度等级：C40； 3. 模板及支架材质、支撑高度、摊销（或租赁）等自行考虑	m³	8152.00	526.39	4291131.28	252304.40	18505.04	
19	080206001001	现浇混凝土钢筋、连接筋	1. 材质、规格：HPB300钢筋； 2. 部位：混凝土整体道床； 3. 含预埋件；	t	188.000	4720.81	887512.28	167440.32	21826.80	
20	080206001002	现浇混凝土钢筋、连接筋	1. 材质、规格：HRB400钢筋； 2. 部位：混凝土整体道床； 3. 含预埋件；	t	495.000	4230.75	2094221.25	280130.40	74002.50	
		四、轨道加强设备及护轮轨					1992687.00	53483.54	12774.76	
21	080504001001	护轮轨	1. 防脱护轨； 2. 规格：15kg/m； 3. 详见设计图纸及技术标准和要求	km	3.624	228201.65	827002.78	27071.28	6990.51	
22	080504003001	钢轨伸缩调节器	1. 60kg/m钢轨伸缩调节器； 2. 详见设计图纸及技术标准和要求	对	14	83219.63	1165074.82	26409.60	5784.24	
23	080504004001	防爬设备	1. 防爬设备； 2. 详见设计图纸及技术标准和要求	个	2	304.70	609.40	2.66	0.00	
		五、线路有关工程					720663.12	13976.72	1887.30	
24	080505001001	百米标	1. 名称：百米标； 2. 材质：铝合金板材1.5mm厚，表面涂刷反光材料（Ⅰ级或Ⅱ级反光膜）； 3. 详见设计图纸及技术标准和要求	个	239	243.13	58108.07	1892.88	0.00	

序号	项目编码	项目名称	项目特征	计量单位	工程量	综合单价（元）	合价（元）	人工费	机械费	备注
								其中（元）		
25	080505001002	圆曲线要素标	1. 名称：圆曲线要素标； 2. 材质：铝合金板材 1.5mm 厚，表面涂刷反光材料（Ⅰ级或Ⅱ级反光膜）； 3. 详见设计图纸及技术标准和要求	个	38	243.13	9238.94	300.96	0.00	
26	080505001003	圆曲线和缓和曲线始终点标	1. 名称：圆曲线和缓和曲线始终点标； 2. 材质：铝合金板材 1.5mm 厚，表面涂刷反光材料（Ⅰ级或Ⅱ级反光膜）； 3. 详见设计图纸及技术标准和要求	个	148	243.13	35983.24	1172.16	0.00	
27	080505001004	竖曲线标起终点标	1. 名称：竖曲线标起终点标； 2. 材质：铝合金板材 1.5mm 厚，表面涂刷反光材料（Ⅰ级或Ⅱ级反光膜）； 3. 详见设计图纸及技术标准和要求	个	96	243.13	23340.48	760.32	0.00	
28	080505001005	坡度标	1. 名称：坡度标； 2. 材质：铝合金板材 1.5mm 厚，表面涂刷反光材料（Ⅰ级或Ⅱ级反光膜）； 3. 详见设计图纸及技术标准和要求	个	49	243.13	11913.37	388.08	0.00	
29	080505001006	限速标	1. 名称：限速标； 2. 材质：铝合金板材 · 表面涂刷反光材料； 3. 详见设计图纸及技术标准和要求	个	21	143.13	3005.73	166.32	0.00	

序号	项目编码	项目名称	项目特征	计量单位	工程量	综合单价（元）	合价（元）	其中（元）		备注
								人工费	机械费	
30	080505001007	警冲标	1. 名称：警冲标； 2. 材质：铝合金管材，表面涂刷反光材料； 3. 详见设计图纸及技术标准和要求	个	9	243.13	2188.17	71.28	0.00	
31	080505001008	控制基标（位置标）	1. 名称：控制基标（位置标）； 2. 材质：铝合金板材 1.5mm厚； 3. 详见设计图纸及技术标准和要求	个	336	113.13	38011.68	2661.12	0.00	
32	080505001009	位移观测桩（位置标）	1. 名称：控制基标（位置标）； 2. 材质：铝合金板材 1.5mm厚； 3. 详见设计图纸及技术标准和要求	个	60	113.13	6787.80	475.20	0.00	
33	080505001010	停车标	1. 名称：停车标； 2. 材质：铝合金板材，表面涂刷反光材料； 3. 详见设计图纸及技术标准和要求	个	8	163.13	1305.04	63.36	0.00	
34	080505001011	一度停车标	1. 名称：一度停车标； 2. 材质：铝合金板材，表面涂刷反光材料； 3. 详见设计图纸及技术标准和要求	个	2	163.13	326.26	15.84	0.00	

序号	项目编码	项目名称	项目特征	计量单位	工程量	综合单价（元）	合价（元）	其中		备注
								人工费	机械费	
35	080505001012	进站预告标	1. 名称：进站预告标； 2. 材质：铝合金板材，表面涂刷反光材料； 3. 详见设计图纸及技术标准和要求	个	24	163.13	3915.12	190.08	0.00	
36	080505003001	车挡	1. 名称：液压缓冲滑动式车挡； 2. 详见设计图纸及技术标准和要求	处	2	103594.11	207188.22	1555.20	0.00	
37	080505004001	钢轨涂油器	1. 名称：钢轨涂油器； 2. 详见设计图纸及技术标准和要求	个	7	40719.28	285034.96	1008.00	1155.98	
38	08B001	盖板	1. 铸铁材料； 2. 尺寸：2400mm×260mm	块	20	389.16	7783.20	99.80	3.40	
39	040501002001	过轨钢管	规格及尺寸：DN100	m	216.00	58.03	12534.48	1507.68	727.92	
40	040501004001	过轨塑料管	规格及尺寸：DN32	m	48.00	8.07	387.36	132.48	0.00	
41	040501004002	过轨塑料管	规格及尺寸：DN50	m	24.00	15.90	381.60	90.96	0.00	
42	040501004003	过轨塑料管	规格及尺寸：DN70	m	48.00	31.91	1531.68	242.88	0.00	
43	040501004004	过轨塑料管	规格及尺寸：DN100	m	96.00	56.07	5382.72	640.32	0.00	
44	040501004005	过轨塑料管	规格及尺寸：DN150	m	60.00	105.25	6315.00	541.80	0.00	
		六、杂散电流					4569572.49	152231.55	68.66	
45	08B002	杂散电流	1. 由铜端子同尾部连接的 φ16 圆钢（圆钢为低碳圆钢表面镀锌）采用放热焊接组成； 2. 连接端子按设计图纸要求布置、制作、安装； 3. 详见设计图纸及技术标准和要求	项	1	4569572.49	4569572.49	152231.55	68.66	

241

序号	项目编码	项目名称	项目特征	计量单位	工程量	综合单价（元）	合价（元）	其中（元）		备注
								人工费	机械费	
		七、备品备料					4550561.00	0.00	0.00	
46	08B003	尖轨	60kg/m钢轨，9号单开道岔、左开、直线段	根	8	19080.00	152640.00		0.00	
47	08B004	尖轨	60kg/m钢轨，9号单开道岔、左开、曲线段	根	8	19080.00	152640.00		0.00	
48	08B005	尖轨	60kg/m钢轨，9号单开道岔、右开、直线段	根	6	19080.00	114480.00		0.00	
49	08B006	尖轨	60kg/m钢轨，9号单开道岔、右开、曲线段	根	6	19080.00	114480.00		0.00	
50	08B007	基本轨	60kg/m钢轨，9号单开道岔、左开、直线段	根	8	12180.00	97440.00		0.00	
51	08B008	基本轨	60kg/m钢轨，9号单开道岔、左开、曲线段	根	8	12180.00	97440.00		0.00	
52	08B009	基本轨	60kg/m钢轨，9号单开道岔、右开、直线段	根	6	12180.00	73080.00		0.00	
53	08B010	基本轨	60kg/m钢轨，9号单开道岔、右开、曲线段	根	6	12180.00	73080.00		0.00	
54	08B011	岔心	60kg/m钢轨，9号单开道岔、左开	个	5	26000.00	130000.00		0.00	
55	08B012	岔心	60kg/m钢轨，9号单开道岔、右开	个	3	26000.00	78000.00		0.00	
56	08B013	护轨	60kg/m钢轨，9号单开道岔、左开	对	5	15000.00	75000.00		0.00	
57	08B014	护轨	60kg/m钢轨，9号单开道岔、右开	对	3	15000.00	45000.00		0.00	
58	08B015	普通岔心	60kg/m钢轨，9号交叉渡线	个	3	26000.00	78000.00		0.00	

序号	项目编码	项目名称	项目特征	计量单位	工程量	综合单价（元）	合价（元）	其中（元）人工费	其中（元）机械费	备注
59	08B016	锐角岔心	60kg/m钢轨，9号交叉渡线	个	3	35460.00	106380.00		0.00	
60	08B017	钝角岔心	60kg/m钢轨，9号交叉渡线	个	3	36460.00	109380.00		0.00	
61	08B018	交渡护轨	60kg/m钢轨，9号交叉渡线	套	3	30000.00	90000.00		0.00	
62	08B019	滑床板	60kg/m钢轨，9号单开道岔，左开	组	3	13360.00	40080.00		0.00	
63	08B020	滑床板	60kg/m钢轨，9号单开道岔，右开	组	3	13360.00	40080.00		0.00	
64	08B021	扣件	60kg/m钢轨，9号单开道岔	套	547	105.00	57435.00		0.00	
65	08B022	垫板	60kg/m钢轨，9号单开道岔	套	547	365.00	199655.00		0.00	
66	08B023	连接零件	60kg/m钢轨，9号单开道岔	套	1094	205.00	224270.00		0.00	
67	08B024	轨距块	60kg/m钢轨，9号单开道岔	块	1094	8.00	8752.00		0.00	
68	08B025	滑床板	60kg/m钢轨，9号交叉渡线	组	3	54015.00	162045.00		0.00	
69	08B026	扣件	60kg/m钢轨，9号交叉渡线	套	774	97.00	75078.00		0.00	
70	08B027	垫板	60kg/m钢轨，9号交叉渡线	套	774	270.00	208980.00		0.00	
71	08B028	连接零件	60kg/m钢轨，9号交叉渡线	套	1548	55.00	85140.00		0.00	
72	08B029	轨距块	60kg/m钢轨，9号交叉渡线	块	1548	8.00	12384.00		0.00	
73	08B030	钢轨	60kg/m-U75V-25m无孔	根	40	8868.60	354744.00		0.00	
74	08B031	钢轨	60kg/m-U75V-6.25m有孔	根	60	2217.20	133032.00		0.00	
75	08B032	伸缩调节器	U75V	组	4	120000.00	480000.00		0.00	
76	08B033	防脱护轨	1. 普通护轨；2. 8m/根，含支架、螺栓、扣板	根	42	3360.00	141120.00		0.00	
77	08B034	防脱护轨（弯头）	防脱护轨（弯头）	对	84	1600.00	134400.00		0.00	

序号	项目编码	项目名称	项目特征	计量单位	工程量	综合单价（元）	合价（元）	其中（元）		备注
								人工费	机械费	
78	08B035	接头夹板及螺栓	60kg/m 钢轨用	套	154	389.00	59906.00		0.00	
79	08B036	臌包夹板及螺栓	1. 60kg/m 钢轨用；2. 双面刨切	套	123	500.00	61500.00		0.00	
80	08B037	钢轨急救器及螺栓	60kg/m 钢轨用	套	62	500.00	31000.00		0.00	
81	08B038	挡车器	液压缓冲滑移式	组	1	120000.00	120000.00		0.00	
82	08B039	DT-Ⅲ 扣件	部位:地下线—一般地段及育王岭隧道—一般地段	套	100	240.00	24000.00		0.00	
83	08B040	DT-Ⅲ 2 扣件（6 号轨距块）	部位:地下线—一般地段及育王岭隧道—一般地段	块	1000	2.50	2500.00		0.00	
84	08B041	DT-Ⅲ 2 扣件（8 号轨距块）	部位:地下线—一般地段及育王岭隧道—一般地段	块	500	2.50	1250.00		0.00	
85	08B042	DT-Ⅲ 2 扣件（10 号轨距块）	部位:地下线—一般地段及育王岭隧道—一般地段	块	500	2.50	1250.00		0.00	
86	08B043	DT-Ⅲ 2 扣件（12 号轨距块）	部位:地下线—一般地段及育王岭隧道—一般地段	块	1000	2.50	2500.00		0.00	
87	08B044	DT-Ⅲ 2 扣件（弹条）	部位:地下线—一般地段及育王岭隧道—一般地段	根	300	15.00	4500.00		0.00	
88	08B045	DT-Ⅲ 2 扣件（1mm 轨下调高垫板）	部位:地下线—一般地段及育王岭隧道—一般地段	块	1000	1.00	1000.00		0.00	
89	08B046	DT-Ⅲ 2 扣件（2mm 轨下调高垫板）	部位:地下线—一般地段及育王岭隧道—一般地段	块	1000	2.00	2000.00		0.00	

序号	项目编码	项目名称	项目特征	计量单位	工程量	综合单价（元）	合价（元）	其中（元）人工费	其中（元）机械费	备注
90	08B047	DT-Ⅲ2扣件（5mm轨下调高垫板）	部位:地下线—一般地段及育王岭隧道—一般地段	块	500	3.00	1500.00		0.00	
91	08B048	DT-Ⅲ2扣件（8mm轨下调高垫板）	部位:地下线—一般地段及育王岭隧道—一般地段	块	1000	5.00	5000.00		0.00	
92	08B049	DT-Ⅲ2扣件（5mm板下调高垫板）	部位:地下线—一般地段及育王岭隧道—一般地段	个	200	5.00	1000.00		0.00	
93	08B050	DT-Ⅲ2扣件（10mm板下调高垫板）	部位:地下线—一般地段及育王岭隧道—一般地段	个	300	8.00	2400.00		0.00	
94	08B051	DT-Ⅲ2扣件（螺旋道钉Ⅱ型）	部位:地下线—一般地段及育王岭隧道—一般地段	块	50	18.00	900.00		0.00	
95	08B052	双层垫板减振扣件	部位:地下线及育王岭隧道	套	20	540.00	10800.00		0.00	
96	08B053	双层垫板减振扣件（6号轨距块）	部位:地下线及育王岭隧道	块	200	2.50	500.00		0.00	
97	08B054	双层垫板减振扣件（8号轨距块）	部位:地下线及育王岭隧道	块	50	2.50	125.00		0.00	
98	08B055	双层垫板减振扣件（10号轨距块）	部位:地下线及育王岭隧道	块	50	2.50	125.00		0.00	

序号	项目编码	项目名称	项目特征	计量单位	工程量	综合单价（元）	合价（元）	其中（元）		备注
								人工费	机械费	
99	08B056	双层垫板减振扣件（12号轨距块）	部位：地下线及育王岭隧道	块	200	2.50	500.00		0.00	
100	08B057	双层垫板减振扣件（弹条）	部位：地下线及育王岭隧道	根	50	15.00	750.00		0.00	
101	08B058	双层垫板减振扣件（1mm轨下调高板）	部位：地下线及育王岭隧道	块	150	1.00	150.00		0.00	
102	08B059	双层垫板减振扣件（2mm轨下调高板）	部位：地下线及育王岭隧道	块	150	2.00	300.00		0.00	
103	08B060	双层垫板减振扣件（5mm轨下调高板）	部位：地下线及育王岭隧道	块	50	3.00	150.00		0.00	
104	08B061	双层垫板减振扣件（8mm轨下调高板）	部位：地下线及育王岭隧道	块	150	5.00	750.00		0.00	
105	08B062	双层垫板减振扣件（5mm板下调高垫板）	部位：地下线及育王岭隧道	块	10	5.00	50.00		0.00	

| 序号 | 项目编码 | 项目名称 | 项目特征 | 计量单位 | 工程量 | 综合单价（元） | 合价（元） | 其中（元） | | 备注 |
								人工费	机械费	
106	08B063	双层垫板减振扣件（10mm板下调高垫板）	部位：地下线及青王岭隧道	块	40	8.00	320.00		0.00	
107	08B064	双层垫板减振扣件	部位：高架段	套	150	540.00	81000.00		0.00	
108	08B065	双层垫板减振扣件（6号轨距块）	部位：高架段	块	1500	2.50	3750.00		0.00	
109	08B066	双层垫板减振扣件（8号轨距块）	部位：高架段	块	500	2.50	1250.00		0.00	
110	08B067	双层垫板减振扣件（10号轨距块）	部位：高架段	块	500	2.50	1250.00		0.00	
111	08B068	双层垫板减振扣件（12号轨距块）	部位：高架段	块	1500	2.50	3750.00		0.00	
		合计					91899784.34	3972795.16	3294275.53	

表 8-9

工程名称：××市轨道交通×号线×期工程正线铺轨工程施工（Ⅰ标段）

序号	编码	材料名称	规格型号	单位	数量	单价（元）	备注
1	0101001	螺纹钢	Ⅱ级综合	t	504.90	3138.00	
2	0109001	圆钢	（综合）	t	191.76	3266.00	
3	0433024	泵送商品混凝土	C40	m³	8522.51	455.00	
4	0433024	泵送商品混凝土	C35	m³	15920.17	435.00	
5	1201021	汽油	综合	kg	2251.28	9.55	
6	3801460	碎石道碴	单层道砟	t	1925.15	160.00	
7	3801480	钢轨伸缩调节器（桥面用）	60kg 0.6m	对	14.00	80000.00	
8	3801490	液压缓冲滑动式车挡		个	2.00	100000.00	
9	3801507	百米标		个	239.00	230.00	
10	3801507	圆曲线要素标		个	38.00	230.00	
11	3801507	圆曲线和缓曲线始终点标		个	148.00	230.00	
12	3801507	竖曲线标起终点标		个	96.00	230.00	
13	3801507	坡度标		个	49.00	230.00	
14	3801507	限速标		个	21.00	130.00	
15	3801507	警冲标		个	9.00	230.00	
16	3801507	控制基标（位置标）		个	336.00	100.00	
17	3801507	位移观测桩（位置标）		个	60.00	100.00	
18	3801507	停车标		个	8.00	150.00	
19	3801507	一度停车标		个	2.00	150.00	
20	3801507	进站预告标		个	24.00	150.00	
21	3801513	防爬支撑（混凝土）		个	2.02	300.00	
22	3801556	钢轨涂油器		个	7.00	40000.00	
23	3801573	钢轨	60kg 25m	根	35.30	8868.60	
24	3801573	钢轨	60kg 25m U75V	根	1897.82	8868.60	
25	3801578	混凝土长枕		根	11761.74	220.00	
26	3801578	国铁新Ⅱ型预应力长轨枕		根	805.45	200.00	
27	3801597	混凝土短枕		块	50380.13	102.00	
28	3801597	梯式纵向轨枕		块	89.87	38000.00	
29	3801598	接头夹板	60kg	块	72.23	225.00	
30	3801599	接头夹板	50kg	块	1163.12	180.00	
31	3801600	接头夹板	38kg	块	580.38	150.00	
32	3801604	塑料垫板	护轨	块	63782.40	5.00	
33	3801609	中间扣板	50kg	块	11633.04	6.00	
34	3801652	双层垫板扣件	双层垫板扣件	套	1466.79	450.00	
35	3801653	DTⅢ2型扣件	DTⅢ2型扣件	套	21979.98	210.00	

序号	编码	材料名称	规格型号	单位	数量	单价（元）	备注
36	3801653	弹条Ⅰ型扣件	弹条Ⅰ型扣件	套	1687.61	55.00	
37	3801656	WJ-2A 扣件	WJ-2A 扣件	套	40200.88	280.00	
38	3801657	双层垫板扣件	双层垫板扣件	套	11976.62	450.00	
39	3801724	单开道岔	60kg 9 号 AT（混凝土枕用）	组	9.00	240000.00	
40	3801740	混凝土岔枕	（交叉渡线 60kg 9 号间距 5.0m）	组	1.00	330000.00	
41	3801742	混凝土岔枕	60kg 9 号（单开道岔用）	组	9.03	80000.00	
42	3801747	交叉渡线	60kg 9 号间距 5.0m（混凝土岔枕）	组	1.00	1500000.00	
43	主材	排流端子		个	28141.00	150.00	